beck'sche reihe

bsr

„Ich denke, also bin ich" – Descartes' berühmter Satz ist nicht zufällig Motto dieses Reiseführers durch zweieinhalbtausend Jahre Philosophie: Hier geht es nicht um trockenes Faktenwissen, sondern um lebendige, zeitgerechte und auch kritische Auseinandersetzung mit elementaren Texten der Philosophie. Von den Vorsokratikern bis zur Gegenwart reicht das Spektrum der Auswahl, die Ekkehard Martens nicht nur sorgfältig zusammengestellt, sondern auch sachkundig interpretiert und kommentiert hat. Angeregt durch eine Fülle von Querverweisen, von sachlichen und biographischen Hintergrundinformationen, nimmt der Leser teil am Gespräch der großen Philosophen. Eine spannende, kompetente und verständliche Einführung in die Philosophie für alle, die selber denken wollen.

Ekkehard Martens ist Professor für Didaktik der Philosophie an der Universität Hamburg. Seine Hauptarbeitsgebiete sind Antike Philosophie, Ethik, Angewandte Philosophie, Philosophieren mit Kindern und Philosophiedidaktik.

Ich denke, also bin ich

Grundtexte der Philosophie

Eingeleitet und kommentiert von
Ekkehard Martens

Verlag C.H. Beck

Erste Auflage. 2000
Zweite Auflage. 2001
Dritte Auflage. 2003

Vierte Auflage. 2006

Gesamtherstellung: Druckerei C. H. Beck, Nördlingen
Umschlagentwurf: +malsy, Willich
Printed in Germany
ISBN-10: 3 406 42164 4
ISBN-13: 978 3 406 42164 8

www.beck.de

Inhalt

Einleitung

„Ich denke, also bin ich"

Denkerfahrungen mit Grundtexten der Philosophie

Der Satz „Ich denke, also bin ich" steht in einem philosophischen Text, er ist nur in einem bestimmten Argumentationszusammenhang zu verstehen und hat einen prominenten Platz in der Philosophiegeschichte. Man kann lernen und dann wissen, daß er in Descartes' „Abhandlung zur Methode des richtigen Vernunftgebrauchs" steht, ferner daß er als sicheres Wissen von Wirklichkeit am Ende eines methodischen Zweifels an allem Wirklichkeitswissen gemeint ist, und schließlich, daß der Satz die Bewußtseinsphilosophie der Neuzeit begründet hat. Damit hätte man zwar Philosophie, aber noch nicht philosophieren gelernt. Nach Kant kann man sogar nie Philosophie, sondern nur philosophieren lernen. Was aber heißt philosophieren? Nach Kant heißt philosophieren, „das Talent der Vernunft in der Befolgung ihrer allgemeinen Prinzipien [...] üben" (Kritik der reinen Vernunft, A 838/B 866). Auch mit dieser Textauskunft aber haben wir nur ein Wissen von Philosophie, und zwar der Philosophie Kants, wissen aber immer noch nicht, was philosophieren heißt. Andere Philosophen haben das Philosophieren ganz anders verstanden, etwa Parmenides als Staunen über den Kosmos oder die Wohlgeordnetheit des Ganzen, Sokrates als wissendes Nichtwissen, Hegel als Vergewisserung des Absoluten, Marx als praktische Weltveränderung oder Wittgenstein als Sprachkritik. Als historisches Wissen der Philosophie kann man lernen, daß bei den Philosophen keine Einigung besteht, was Philosophie oder philosophieren heißt.

Descartes' Satz „Ich denke, also bin ich" ist genauso wenig als Wissen einfach zur Kenntnis zu nehmen wie das Kantsche Diktum vom „philosophieren lernen". Allerdings könnte der oben ausgelassene Zusatz von Kant weiterhelfen: „an gewissen vorhandenen Versuchen üben". Man kann im Umgang mit philosophischen

Texten philosophieren lernen, indem man versucht, sich allmählich in den Dialog der Philosophen miteinander hineinzudenken, ihre Behauptungen und Gründe genauer zu verstehen und kritisch aufeinander zu beziehen. Dadurch lernt man allmählich, die eigenen Behauptungen und Gründe zu klären und sich kritisch am Gespräch der Philosophen zu beteiligen, indem man sie als Dialogpartner und Denkanstoß liest und als Antwort auf die eigenen Fragen und Antworten wiederliest. Ähnlich betont auch Kant an der zitierten Stelle, das Philosophieren lernen an vorhandenen Versuchen geschehe „immer mit Vorbehalt des Rechts der Vernunft, jene selbst in ihren Quellen zu untersuchen und zu bestätigen, oder zu verwerfen". Einige prüfende Fragen, etwa hinsichtlich Descartes' Behauptung „Ich denke, also bin ich", liegen sehr nahe. Sind wir wirklich primär oder ausschließlich denkende Wesen? Hat Descartes recht? Was hat er wirklich gemeint? Sind seine Begriffe klar und seine Argumente haltbar? Von welchen persönlichen oder zeithistorischen Erfahrungen ging er aus? Sind seine Fragen überhaupt interessant oder noch wichtig für uns? Was heißt eigentlich, sich selbst im Denken zu erfahren? Was heißt denken? Was erfahren wir dabei? Ein Antwortversuch wäre, sich einfach auf den Weg des Denkens zu begeben – „an gewissen vorhandenen Versuchen".

Philosophische Texte sind Autoritäten, die uns etwas zu sagen haben, aber nichts vorsagen können. Sie können weder die wahren Fragen stellen noch die wahren Antworten geben. Philosophische Texte können uns allerdings in unserem eigenen Denken weiterhelfen und den sprichwörtlichen Blick über den Tellerrand erweitern. Kaum glaubt man aber, endlich den erhofften Weitblick zu haben, zeigen sich immer wieder neue Grenzen, Abgründe oder Aussichten. Das macht jedoch nicht den Versuch sinnlos weiterzudenken. Bei jedem neuen Blick zeigt sich Neues, alte Einsichten werden in ihrer Begrenztheit sichtbar und neue Aussichten machen uns neugierig, unruhig, besorgt oder befreit. Philosophie kann geradezu als der beharrliche Versuch verstanden werden, im Bewußtsein des begrenzten Blicks immer wieder neue Blicke auf ein größeres Ganzes zu gewinnen. Nicht der eine, selbstsichere Blick, sondern die vielen, unabschließbaren Blicke vom jeweiligen Teil zum jeweiligen Ganzen machen den eigentümlichen Reiz, aber auch die Mühe des Philosophierens aus. Beides, den Reiz und die

Mühe, kann man besonders intensiv bei einem ersten oder erneuten Einblick in die über zweiundeinhalbtausendjährige Geschichte philosophischer Denkerfahrungen seit der griechischen Antike erleben – andere Kulturen, etwa die indische oder chinesische, mögen andere Umgangsformen mit der Welt ausgeprägt haben, eher meditative oder handlungspraktische. Zwar läßt sich keine kontinuierliche Abrundung des philosophischen Blicks zu einem endgültigen Ziel hin feststellen, aber im Rückblick lassen sich die bisherigen Ausblicke als Erweiterung unseres Horizonts und als Korrektur früherer und gegenwärtiger Blickverengungen verstehen. So wird häufig eine Abfolge grundsätzlicher philosophischer Perspektiven behauptet: anfangs der Blick auf das Seiende selbst, um zu erkennen, was ist – die ontologische Perspektive von Parmenides oder Platon; dann der Blick auf unser Bewußtsein, um zu erkennen, was wir erkennen – die mentalistische Perspektive von Descartes oder Kant; schließlich der Blick auf die sprachliche Form unseres Erkennens, um zu erkennen, wie wir erkennen – die linguistische Perspektive seit Wittgenstein oder, in einem erweiterten Sprachverständnis, die symbolistische Perspektive Cassirers, die neben der begrifflich-argumentativen auch künstlerische, mythologische oder religiöse Interpretationsweisen von Wirklichkeit umfaßt. Diese drei Perspektiven lassen sich auf die drei Fragen zuspitzen: Was ist? Was erkennen wir? Was bedeutet dieser Ausdruck?

Die Abfolge ist jedoch keine Ablösung durch bessere, fortschrittlichere Perspektiven, sondern eine Neuakzentuierung der jeweils vorigen, von Anfang an miteinander verwobenen Perspektiven. So will auch Platon beim (ontologischen) Blick auf das Seiende das (mentalistische) „Auge des Geistes" (linguistisch) aus den Fesseln der wandelbaren Sprache befreien und bezieht auch (symbolistisch) Mythen, Metaphern und Vergleiche mit ein; ferner bewegt sich auch die Bewußtseinsphilosophie eines Descartes innerhalb der Sprache, arbeitet ebenfalls mit Bildern und Vergleichen und ist auf das ausgerichtet, was wirklich ist; Wittgenstein schließlich will die Wirklichkeit der Welt und des Geistes in der Sprache erfassen und bedient sich ebenfalls zahlreicher bildlicher Vergleiche. Ein anderer Versuch, die Vielfalt der Blicke in einer umfassenderen Perspektive zu bündeln, sind die vier Fragen Kants: „Was kann ich wissen?", „Was soll ich tun?", „Was darf ich hoffen?“ und – darin einmündend – „Was ist der Mensch?“ (Logik, A 25/26). Aber auch Kants inhaltliche Bestimmung der Philosophie ist nicht abschließend gemeint. In der Tat kommen uns gegenwärtig auch andere Inhalte in den Blick, etwa die Frage, wie wir im umfassenden Sinne gut leben können. Oder auf die Fragen Kants bezogen, wie wir als Menschen mit unserem (wissenschaftlichen) Wissen, (technischen) Tun und (diesseitigen) Hoffen angemessen in der Natur des Ganzen leben und handeln können. Derartige Überlegungen sind angesichts der gegenwärtigen moralisch-praktischen und ökologischen Krise in einem doppelten Sinne Provokationen *der* Philosophie, ihr gegenüber und von ihr ausgehend. Schließlich ist auch die Philosophie als der Versuch zu nennen, die Welt nicht nur verschieden zu interpretieren, sondern sie auch gemäß ihrer „wahren“ Interpretation zum „wahren“ Glück hin zu verändern, sei es durch eine gesellschaftlich-politische oder sei es durch eine wissenschaftlich-technische Praxis.

Ziel der vorliegenden Textsammlung ist weder eine systematische Einführung in die Methoden, Inhalte und Ergebnisse der Philosophie noch in das Werk großer Philosophen oder der wenigen Philosophinnen der Philosophiegeschichte. Vielmehr könnte der philosophische Blick anhand einiger Grundtexte der Philosophie geübt, differenziert und erweitert werden. Die Grundtexte sind ohne Anspruch auf kanonische Vollständigkeit auf Grund eigener, natürlich subjektiver und selektiver Denkerfahrungen an der Schule und Hochschule daraufhin ausgesucht worden, ob sie uns in einen Prozeß des Nach- und Weiterdenkens hineinziehen können. Bei ihrer Auswahl spielten vor allem die drei Kriterien eine Rolle, ob sie Grundprobleme existentieller, gesellschaftlicher oder theoretischer Art ansprechen, ob sie für die Denk- und Realgeschichte von ihrem gedanklichen Inhalt her besonders prägend waren und noch sind, und schließlich, ob sie sich gut lesen lassen, indem sie uns in ihrer grundsätzlichen, geradezu kindlich naiven Fragestellung und in ihrer sprachlichen Darstellung wirklich ansprechen. Die Grundtexte sind daher nicht nur klassische, sondern inhaltlich und sprachlich auch elementare Texte. Nicht immer allerdings sind alle drei Kriterien miteinander vereinbar. Im Zweifelsfall wurden Texte nach dem dritten Kriterium bevorzugt, etwa Texte mit Metaphern, Bildern, konkreten Beispielen oder besonders verständlicher, begrifflich-argumentativer Sprache. Gerade gut lesbare Texte können auch jüngeren Leserinnen und Lesern sowie einem breiteren Kreis philosophisch Interessierter die Lektüre erleichtern und Freude an der Philosophie erwecken oder verstärken.

Allerdings sind philosophische Texte, erst recht Textauszüge, grundsätzlich nicht leicht zu lesen und zu verstehen. Als Lesehilfe werden daher sämtliche Texte kommentiert: durch Hinweise zum Leben und Werk ihrer Verfasser, durch Bezug auf den größeren Textzusammenhang, durch kurze Interpretationen, Vernetzung der Texte miteinander, Anmerkungen zu ihrer Wirkungsgeschichte und schließlich durch knappe Sacherläuterungen. Die Kommentare hätten dann ihr Ziel erreicht, wenn sie das Lesen der Textauszüge, auch das Weiterlesen der ganzen Texte sowie weiterer Texte anregen und erleichtern könnten, vor allem aber, wenn sie das Weiterdenken über die angesprochenen Grundfragen belebten. Zwar verweisen die einzelnen Texte und Kommentare aufeinander, können aber auch einzeln für sich je nach Lust und Laune gelesen werden. Arbeitet man allerdings die Texte von vorne bis hinten nacheinander durch, hat man erhebliche Anstrengungen durchzumachen. Nicht anders aber als bei einer Berg- oder Segeltour machen die Anstrengungen auch Spaß, wenn man die Weite des Horizonts erblickt und die Kraft des eigenen Denkens und des umfassenden Seins erfährt – ich denke, also ich bin, wenn ich auch mehr und anderes bin als Denken.

1. Die sieben Weisen: Lebensmaximen

1. Kleobulos

Maßhalten ist das Beste. – Den Vater muß man ehren. – Gern hören und nicht viel reden. – Seinen Mitbürgern das Beste raten. – Herr der Lust sein. – Nichts mit Gewalt tun. – Kinder erziehen. – Den Feind des Volkes als Staatsfeind betrachten. – Beim Weine nicht Sklaven züchtigen; sonst glaubt man, du wärest betrunken. – Ein Mädchen aus gleichem Stande heiraten. Denn nimmst du eine aus vornehmem Geschlecht, erhältst du Herren und nicht Verwandte.

2. Solon

Nichts zu sehr. – Fliehe die Lust, die Unlust gebiert. – Freunde erwirb nicht rasch; die du aber erworben hast, verwirf nicht rasch. – Wenn du gehorchen gelernt hast, wirst du auch zu befehlen verstehen. – Rate deinen Mitbürgern nicht das Angenehmste, sondern das Beste. – Sei gegen deine eigenen Angehörigen milde. – Erschließe das Unsichtbare aus dem Sichtbaren.

3. Chilon

Erkenne dich selbst. – Preise den Gestorbenen glücklich. – Ehre den Älteren. – Wähle lieber Verlust als schimpflichen Gewinn; denn jener bringt nur einmal Gram, dieser immer. – Beherrsche den Zorn. – Gehorche den Gesetzen. – Erleidest du Unrecht, versöhne dich. Wirst du aber mißhandelt, so wehre dich.

4. Thales

Übernimm eine Bürgschaft, und schon ist das Unheil da. – Sei nicht reich durch Schlechtigkeit. – Die Liebe, die du den Eltern erweist, erwarte selber im Alter von deinen Kindern. – Unerfreulich ist Untätigkeit. – Schädlich ist Mangel an Selbstbeherrschung. – Schwer erträglich ist Mangel an Erziehung. – Sei nicht untätig, auch dann nicht, wenn du reich bist. – Laß dich eher beneiden als bemitleiden. – Halte Maß. – Trau nicht allen.

5. Pittakos

Den rechten Augenblick erkennen! – Von dem, was du vorhast, sprich nicht. Denn wenn es dir nicht glückt, wirst du verlacht. – Das Land ist sicher; auf das Meer ist kein Verlaß. – Gewinn ist unersättlich.

6. Bias

Die meisten Menschen sind schlecht. – Geh langsam ans Werk; was du aber angefangen hast, bei dem harre aus. – Sei weder gutmütig noch bösmütig. – Was du Gutes vollbringst, das schreibe den Göttern zu, nicht dir.

7. Periander

Gefährlich ist vorschnelles Wesen. – Die Lüste sind vergänglich, die Tugenden unvergänglich. – Im Glück sei mäßig, im Unglück besonnen. – Zeige dich würdig deiner Eltern. – Sei gegen deine Freunde, ob sie Glück oder Unglück haben, immer derselbe.

Bei den Sprüchen der sieben Weisen sind alle drei Punkte umstritten: die Bedeutung der Sprüche, die Zahl sieben und die Eigenschaft Weisheit. Insgesamt wurden in der Antike über zwanzig Persönlichkeiten des sechsten Jahrhunderts v. Chr. im griechischen Mutterland und in dessen kleinasiatischen Siedlungen oder Kolonien als Weise bezeichnet; die Zahl sieben dagegen orientiert sich an einer Aufzählung Platons (Protagoras 343 a). Weise ferner wurden die Männer wegen ihres praktischen Könnens genannt, vor allem als Kaufleute oder Gesetzgeber, sowie wegen ihrer Lebensklugheit und Lebensmaximen. Beides, das praktische Können und eher theoretische Wissen, liegt in der Bedeutung des umgangssprachlichen griechischen „sophos“. Am bekanntesten unter den sieben Weisen sind Thales und Solon. Thales gilt als Begründer der Philosophie, insofern er als erster ein Urprinzip des Ganzen annahm, das Wasser. Weniger spekulative Geister setzen als Beginn der Philosophie exakt den 28. Mai 585 v. Chr. an, für den Thales zutreffend eine Sonnenfinsternis berechnet hatte. Zugleich war Thales ein erfolgreicher Kaufmann, der sich rechtzeitig durch wissenschaftliche Wetterprognosen ein lukratives Monopol für Olivenpressen verschaffte – darauf aber sei es ihm, so Aristoteles in der „Politik", als einem Philosophen nicht angekommen. Solon ferner war legendärer Gesetzgeber Athens und ersetzte das Adels- durch das Gleichheitsprinzip. Die praktische Lebensweisheit der sieben Weisen schließlich dokumentiert sich in einzelnen Sprüchen oder Lebensmaximen, denen jeder mehr oder weniger zustimmen kann.

Die Bedeutung der Sprüche liegt aber nicht nur in ihrer lebenspraktischen Klugheit als Summe praktischer Lebenserfahrung, vergleichbar anderen Weisheitssprüchen, etwa der jüdischen Tradition, sondern kann auch in einem tieferen Sinn verstanden werden. So ist etwa die Selbsterkenntnis (Chilon) das Hauptmotiv sokratischen Philosophierens (Texte 3, 4) und das Maßhalten (Kleobulos, Thales) das Grundprinzip der aristotelischen Lehre von der Tugend als Mitte zwischen zwei Extremen (Text 9). Inwiefern aber handelt es sich bei den Sprüchen der sieben Weisen um Philosophie und nicht bloß um gehobeneres Sprücheklopfen? Nach Hegel, der in seiner Philosophiegeschichte strenge Noten verteilt, erscheinen uns die Sprüche „zum Teil sehr oberflächlich und abgedroschen". Er fügt jedoch einschränkend hinzu, daß zwar „unserer Reflexion allgemeine Sätze ganz gewöhnlich" sind, daß es aber „ein anderes ist, dergleichen Allgemeines in der Form der Allgemeinheit zuerst zur Vorstellung zu bringen". Daher lassen sich die Sprüche der sieben Weisen als erste philosophische Denkversuche lesen, mit denen zu beginnen sich immer noch lohnt. Gerade in ihrer direkten Art und in ihrer Kürze laden sie zum eigenen Weiterdenken ein, auch darüber, was eigentlich Philosophie ist. In der weiteren Philosophiegeschichte sind die Einsichten oder Behauptungen der sieben Weise der Sache nach immer wieder variiert und vertieft worden.

2. Parmenides: Das Lehrgedicht vom Sein und Denken

Überall hin, wonach mir der Sinn steht, tragen mich die Rosse. Nachdem sie mich auf den kundereichen Weg gebracht hatten, die Göttinnen, der von Stadt zu Stadt den wissenden Mann führt, brauste ich dahin. Denn es zogen mich die vieles wissenden Rosse, und die Sonnenmädchen wiesen den Weg. Verlassen das Haus der Nacht und zurückgeschlagen die Schleier des Hauptes, lenkten sie zum Lichte die Fahrt, und des Wagens Achse, von zwei wirbelnden Kreisen beflügelt, knirschte pfeifend.

Da steht das lichte Tor der Pfade des Tages und der Nacht – ein Türsturz faßt es ein und eine steinerne Schwelle – riesige Flügeltüren verschließen es; die vielesrächende Dike verwahrt die hin und her vergeltenden Schlüssel. Ihr sprachen die Mädchen schmeichelnd zu, daß sie ihnen den verpflöckten Riegel, den unbeflügelten, vom Tore stoße. Und das Tor, aufspringend, öffnete breit den sonst verschlossenen Schlund: die erzbeschienten Pfosten drehten sich in ihren Pfannen, und gerade hindurch lenkten die Mädchen Pferde und Wagen.

Die Göttin empfing mich, ergriff voll Huld meine Rechte, nahm das Wort und sprach: „Jüngling, der Du, von göttlichen Wagenlenkern geleitet, mit den Rossen, die Dich tragen, Dich unserem Hause nahst, sei mir gegrüßt! Kein geringes Geschick, sondern Themis und Dike leitete Dich, diesen Weg zu nehmen, der da außerhalb ist der von Menschen betretenen Pfade. So sollst Du denn alles erfahren: der wohlgerundeten Wahrheit nie wankendes Herz und das Scheinwesen menschlicher Satzung, die ohne Verlaß ist und ohne Wahrheit. Aber gleichwohl sollst Du auch das erfahren, wie das nur Gesetzte geltend werden sollte und wie solche Geltung alles mit ihrem Scheinwesen hat durchdringen müssen.

Wohlan, so will ich denn sagen – Du aber vernimm und pflege die Kunde –, welche Wege des Suchens und Fragens allein zu sehen sind: der eine, daß es ist und daß nicht nicht sein kann, das ist der Weg der Überzeugung, der die Wahrheit unzertrennlich begleitet. Der andere aber, daß es nicht ist und nicht sein kann – ein Pfad, so sage ich, ganz und gar nicht zu begehen. Denn Nichtsein kannst Du nicht erkennen, noch sagen – es ist nicht zu fassen. Denn es ist dasselbe: daß Erkennen ist und daß Sein ist. Schau im Geiste das Abwesende, obwohl es abwesend ist, gleichwohl als ein beständig Anwesendes! Denn was ist, läßt sich nicht abschneiden, so daß es sich nicht an Sein hielte, weder kann es sich überallhin dem Lauf der Dinge folgend zerstreuen, noch wieder zusammenballen. Sein ist mir ein Allgemeinsames. Von wo ich auch beginne, dorthin kehre ich wieder zurück. Was man sagen und erkennen kann, das muß auch sein, Nichtsein ist nicht. Das Dir ständig zu sagen, halte ich Dich an. Zunächst warne ich Dich daher vor jenem Weg des Suchens. Dann aber auch vor dem, auf dem die Sterblichen einherstraucheln, des Wissens bar, Doppelköpfe. Denn Hilflosigkeit steuert in ihrer Brust einen schwankenden Sinn. So werden sie dahingetrieben, taub zugleich und blind, vor den Kopf geschlagen, urteilslose Scharen, bei denen Sein und Nichtsein als dasselbe gilt und dann wieder nicht als dasselbe, und denen sich jeder Weg in sich selbst zurückwendet. Denn das kannst Du nie erzwingen, daß Nichtseiendes sei. Drum halte von diesem Weg des Fragens fern den Gedanken. Laß Dich nicht durch die Gewohnheit und ihr vieles Erfahren auf ihn zwingen, nicht durch das Walten der ziellosen Augen, des brausenden Gehörs und der Zunge – entscheide, Dich besinnend, die vielumstrittene Frage, wie ich sie Dir verkündet habe. Nur ein Weg bleibt übrig: Sein ist. Auf diesem Wege stehen viele Zeichen. Sein ist ungeboren und unvernichtbar. Es ist ganz und heil, ohne Wanken und nicht erst zu vollenden. Es ist nie Gewesenes und nie Kommendes, da es jetzt ist, alles zugleich, eins, sich mit sich zusammenhaltend. Welchen Ursprung willst Du auch für es erkunden wollen? Wie, woher soll es angewachsen sein? Weder lasse ich Dich sagen oder denken: Es kommt aus dem Nichtsein – unsagbar und undenkbar ist doch, daß nichts ist. Welche Notwendigkeit hätte es wohl drängen können, früher oder später, anfangend mit dem Nichts, zu entstehen? So ist entweder ganz und gar oder überhaupt nicht. Noch auch kann die Kraft der Überzeugung zulassen, daß etwas aus dem Nichtsein zu ihm hinzutretend entstehe. Daher hat auch Dike dem Sein nicht freigegeben, zu entstehen oder zu vergehen, nachlassend die Fesseln, sondern hält es fest. Der Prüfstein dafür ist: Es ist oder ist nicht. Nun war entschieden, wie Notwendigkeit gebot, den einen Weg zu lassen: er ist undenkbar, unsagbar, er ist der wahre Weg nicht. Der andere dagegen ist und ist wahr. Wie sollte also Sein je zugrunde gehen? Wie sollte Sein je entstehen? Wenn Sein erst entsteht, so ist es nicht, noch auch, wenn es irgendwann entstehen wird. So ist Entstehen ausgelöscht und Vergehen verschollen.

Sein ist auch nicht teilbar, denn es ist ganz und gar in sich gleich, nicht da etwas mehr, das es verhinderte zusammenzuhalten, noch dort etwas weniger. Ganz voll ist es von Sein. So hält das Ganze mit sich zusammen. Sein ist dem Sein das nächste.

Auch unbewegbar in den Schranken mächtiger Bande gehalten ist es da, ohne Anfang und ohne Aufhören. Denn Entstehung und

Vernichtung sind fernab verschlagen, von unzweideutigem Zeugnis verstoßen. Als das Selbige, im Selbigen verharrend, ist es über sich selbst hingelagert und verharrt so fest auf seinem Grunde. Denn eine starke Notwendigkeit hält es in der Bande der Schranken, die es rings umschränken. Daher kann das Sein auch nicht ein Unvollendetes sein. Als Sein ist es unbedürftig, das Nichts dagegen würde gänzlich bedürftig sein.

Das ist dasselbe, daß Erkennen ist und der Gedanke, daß Sein ist. Denn nicht ohne das Sein, in dem es ausgesprochen ist, kannst Du das Erkennen finden. Nichts ist ja und nichts wird je ein anderes sein neben und außer dem Sein. Da die Moira es gebunden hat, ganz und unbeweglich zu sein, deshalb ist alles nur Name, was die Sterblichen gesetzt haben, meinend, es sei wahr: Entstehen und Vergehen, bald Sein, bald Nichtsein, Wandel des Orts und Wechsel der leuchtenden Farbe.

Aber da eine letzte Schranke ist, ist es überallher in sich vollendet, vergleichbar der Masse eines wohlgerundeten Balles, von der Mitte aus überall von gleicher Dichte. Sein darf ja nicht da oder dort stärker oder schwächer sein. Denn es kann weder sein, daß ein Nichts es hinderte, zur Gleichheit mit sich zu gelangen, noch daß Sein hier mehr, dort weniger Sein sein könnte, da es ganz und gar unverletzlich ist. Da überallher gleich, rührt es überall gleichmäßig an seine Grenzen.

Hier ende ich mein festes Künden und Erkennen im Reiche der Wahrheit. Von nun an erfahre das Scheinwesen der sterblichen Setzungen, hörend meiner Worte trügendes Gefüge.

Sie kamen nämlich überein, zwei Gestalten mit Namen zu benennen, nur eine könne nicht sein – darin irrten sie. Sie unterschieden sie als Gegensätze an Gestalt und setzten ihre Zeichen voneinander gesondert: hier der Flamme ätherisches Feuer, milde, sehr leicht, mit sich selber überall dasselbe, mit dem anderen aber nicht dasselbe. Aber auch jenes setzten sie für sich, auf die entgegengesetzte Seite, die lichtlose Nacht, dicht und schwer an Gestalt. Diese Weltordnung will ich Dir verkünden, in der ganzen Glaubhaftigkeit ihres Scheins, so daß keines Menschen Meinung Dich je überholen wird.

Aber da alles Licht und Nacht benannt war und diese beiden nach ihren Kräften zugeteilt waren diesem und jenem, ist alles zugleich voll von Licht und unsichtbarer Nacht, die sich die

Waage halten, ohne daß eines mit dem anderen irgend mit sein kann.

Erfahren sollst Du das Wesen des Äthers und alle die Zeichen im Äther und der reinen heiligen Sonnenfackel sengendes Wirken, und woher sie entstanden sind, sowie das wandernde Wirken und Wesen des rundäugigen Mondes. Erfahren sollst Du auch, woher der alles umfassende Himmel ward und wie Notwendigkeit ihn in ihre Bande schlug, zu halten das Gefüge der Sterne.

Wie die Erde, die Sonne, der Mond, der gemeinsame Äther, die himmlische Milchstraße und der äußerste Olympos und der Sterne heiße Kraft gedrängt wurden zu entstehen.

Die engeren Kränze füllten sich mit ungemischtem Licht, die anderen mit nächtiger Finsternis, und dazwischen ergießt sich der lodernden Flamme Bereich. In der Mitte des Ganzen aber ist die Göttin, die alles steuert. Überall waltet sie der weherfüllten Geburt und der Vermischung. Sie sendet das Weib dem Manne, den Mann dem Weibe zur Paarung.

Als ersten aller Götter ersann sie den Eros.

Nachterhellendes, die Erde umirrendes, erborgtes Licht (der Mond), immer schielend nach den Strahlen der Sonne.

Wie je sich der Geist die vielirrenden Glieder gemischt hat, so tritt er den Menschen zur Seite. Denn es ist immer dasselbe, was da sinnt in den Menschen, ihre leibliche Natur, allem und jedem. Ihr Erkennen ist nichts als ein Mehr in der Mischung.

Zur Rechten die Knaben, zur Linken die Mädchen.

Wenn Frau und Mann die Keime der Liebe mischen, dann bildet die Kraft aus zweierlei Blut in den Adern eine neue Mischung und wenn sie diese wohl bewahrt, dann formt sie wohlgebaute Körper. Wenn aber die Kräfte in dem vermischten Samen miteinander streiten und in dem gemischten Körper nicht zu einem werden, dann werden sie grauenhaft das entstehende Leben mit doppelgeschlechtlichem Wesen heimsuchen.

So erwuchs dies nach glaubhaftem Schein und ist nun und wird sich weiter nähren und schließlich ein Ende nehmen. All dem aber haben die Menschen Namen als Zeichen gesetzt, jedem Einzelnen.

Parmenides lebte im unteritalienischen Elea, dem heutigen Veglia; er ist um 540 oder 515 v. Chr. geboren, sein Todesjahr ist unbekannt. Er stammt aus einer reichen, angesehenen Familie und war als Gesetzgeber und Politiker in seiner Heimatstadt tätig. Möglicherweise hat er in Ägypten Astronomie und Logik studiert. Parmenides ist von Xenophanes beeinflußt, der nach der Eroberung seiner Heimatstadt Ephesos als Rhapsode umherzog und sich schließlich in Elea niederließ. Wie dieser sieht auch Parmenides die Physis oder Natur des Ganzen als eine in sich ruhende göttliche Einheit an und wendet sich gegen die Auffassung Heraklits, daß sich alles Sein in einem ständigen Werden und Vergehen befinde. In seinem Lehrgedicht formuliert Parmenides als erster die grundlegenden Unterscheidungen, die über Platon die europäische Denkgeschichte bis heute bestimmen: Einheit und Vielheit, Ruhe und Bewegung, Sein und Denken, wahre Einsicht und bloße Meinung, Schein und Wirklichkeit.

Parmenides verkündet seine Lehre vom Sein und Denken in Form eines Lehrgedichts, das dichterische Vision und logische Klarheit miteinander verbindet. Seine Denkerfahrung des Seins ist als Wirklichkeitsfrage ein Zentralthema der ganzen nachfolgenden europäischen Philosophiegeschichte. Selten aber hat ein Philosoph derartig umfassend wie Parmenides die Wirklichkeit als Ganzes zu erfassen und beschreiben versucht. Zum Sein gehört auch der Mensch, indem er dessen denkend gewahr wird und sich in seinem Denken mitten inne im Sein erfährt.

Bei aller logischen Strenge seines Denkens im einzelnen geht Parmenides von einer Gesamtvision aus, die ihm die Göttin nach einem mühsamen Weg mitteilt: nur Sein ist, Nichtsein ist nicht („ist“ wird nicht prädikativ, sondern als Existenzaussage im Sinne von „es gibt“ verwendet). Die Seinserfahrung ist derartig überwältigend oder geradezu göttlich für Parmenides, daß er sie nicht als Sterblicher in seiner Begrenztheit auszusprechen wagt, sondern als Ausdruck des göttlichen Seins selbst einer Göttergestalt in den Mund legt und sich einer hymnischen Sprache bedient. Vom göttlichen Ganzen läßt sich nur göttlich angemessen reden. Wie für Xenophanes aber verbindet sich auch für Parmenides mit Gott nicht mehr die Vorstellung einer allmächtigen Person als übermächtigem Menschen oder Herrscher, sondern das Göttliche in einem unpersönlichen Sinn als Kosmos oder „Schmuck, Ordnung“ der Wirklichkeit selbst. Die Vision des göttlichen Seins läßt sich in der Tat nicht mit den normalen Mitteln des hin- und hergehenden, dianoetischen oder diskursiven Denkens begründen und beschreiben, sondern ist die Erfahrung und Beschreibung eines Denkens oder Blicks, dem sich das Sein unmittelbar wie ein wohlgerundeter „Ball“ evident darstellt und das sich in ihm wie ein Teil des Ganzen wiederfindet.

Das parmenideische „Denken“ als noetisches oder intuitives Innewerden trägt Züge der etymologischen Herleitung des griechischen „noein“ von der Wurzel *snf*. So „schnüffelt“ auch ein Tier unmittelbar etwas und ist mit seiner Nase ganz dabei; „es riecht“, der Riechende und zugleich das Gerochene. Auch das Denken des Seins ist in einem doppelten Sinne zu verstehen: als unser Gewahrwerden des Seins, zu dem wir selbst gehören, und als Gewahrwerden dieses Seins selbst in uns. Die dichterische Form der göttlichen Wahrheitsverkündung steht in der Tradition der Museninspiration in der „Theogonie“ Hesiods und drückt, wie Platons Mythen und Bilder (Texte 3, 4, 5), die Grenze des nicht mehr Sagbaren aus. Dennoch ist das „Denken“ des Seins außer auf die visionäre Kraft auch auf die begrifflichen Mittel der menschlichen Sprache angewiesen – wir sterblichen Menschen sind es, die das Göttliche zu „denken“ versuchen. Die Notwendigkeit auch dianoetischer oder diskursiver Sprache neben der Verkündigungssprache der Göttin der Wahrheit drückt Parmenides wieder in Mythen und Bildern aus. Es sind Göttinnen, Dike und Themis, die als Hüterinnen der Rechtsordnung den Weg zur Wahrheit überwachen und die Schlüsselgewalt zum Tor der Wahrheit innehaben. Ohne diskursives Denken und Sprechen ist intuitive Erfahrung und Beschreibung des Seins selbst nicht möglich, wie sich auch für Platon die Stufen des Seins und Erkennens darstellen (Text 6). Und selbst die zwingende Kraft des logischen Denkens und Seins erfährt Parmenides als geradezu göttlich, als Schicksal (Moira).

Noch heute kann man im italienischen Veglia, mehr als hundert Kilometer südlich von Neapel, den Denkweg des Parmenides ganz konkret aufspüren, den steilen, steinigen Weg mit den Wagenspuren, die steinerne Schwelle, die Türangel und das Tor am Gipfel des Berges, durch das hindurch sich die Weite der Landschaft öffnet. Natürlich läßt sich die Vielheit der Erscheinungen ebenso wenig wie das Hin- und Herdenken unserer Deutungen verleugnen, weder im modernen Veglia noch im antiken Elea. Auch Parmenides versucht im zweiten Teil seines Lehrgedichts, der Vielheit und den Meinungen der Sterblichen gerecht zu werden, und entwickelt eine Lehre vom Aufbau des Kosmos und Entstehen des Menschen. Wie allerdings beide Teile, die Lehre von der Einheit und von der Vielheit, miteinander vereinbar sind, versucht Parmenides nicht zu erklären, soweit wir jedenfalls aus den Fragmenten entnehmen können. Dennoch hat er für den Blick auf das Ganze der Wirklichkeit grundlegende Hinsichten entwickelt, die das Sein und Denken in ihrer vollen Lebendigkeit noch vor jeder Spaltung in Sinnlichkeit und Vernunft zu umfassen versuchen. Der Streit, was Wirklichkeit ist, welche Stellung der Mensch in ihr einnimmt, wie er sie erkennen kann und ob Metaphysik als Lehre von den ersten und letzten Dingen möglich ist, hält seit Parmenides die Philosophie in Atem. Auch ein „postmetaphysisches" Zeitalter kann die Frage nach dem Umfang, Ursprung und Sinn des Ganzen nicht loswerden, bis in die moderne Weltraumfahrt und Makrophysik hinein. Und mit welchem Grund sollte die Welt der menschlichen Gesellschaft und exakten Wissenschaft wirklich alles gewesen sein? Kann sich ein Teil selbst zum Ganzen erklären oder die Frage nach dem Ganzen als sinnlos abtun?

3. Platon: Vom Wissen und Nichtwissen des Sokrates

Das scheint mir meines Teils wohl etwas Schönes zu sein, wenn jemand imstande wäre, Menschen zu erziehen, wie Gorgias der Leontiner und Prodikos der Keier und auch Hippias von Elis. Denn diese alle, ihr Männer, verstehen es, in allen Städten umherziehend die Jünglinge – die dort unter ihren Mitbürgern zu wem sie wollten sich unentgeltlich halten könnten – diese also überreden sie, mit Hintansetzung jenes Umgangs sich Geld bezahlend zu ihnen zu halten und ihnen noch Dank dazu zu wissen. Ja es gibt auch hier noch einen andern Mann, einen Parier, von dessen Aufenthalt ich erfuhr. Ich traf nämlich auf einen Mann, der den Sophisten mehr Geld gezahlt hat als alle übrigen zusammen, Kallias, den Sohn des Hipponikos. Diesen fragte ich also, denn er hat zwei Söhne: Wenn deine Söhne, Kallias, sprach ich, Füllen oder Kälber wären, wüßten wir wohl einen Aufseher für sie zu finden oder zu dingen, der sie gut und tüchtig machen würde in der ihnen angemessenen Tugend, es würde nämlich ein Zureiter sein oder ein Landmann: nun sie aber Menschen sind, was für einen Aufseher bist du gesonnen ihnen zu geben? Wer ist wohl in dieser menschlichen und bürgerlichen Tugend ein Sachverständiger? Denn ich glaube doch, du hast darüber nachgedacht, da du Söhne hast. Gibt es einen, sprach ich, oder nicht? O freilich, sagte er. Wer doch, sprach ich, und woher ist er und um welchen Preis lehrt er? Euenos der Parier, antwortete er, für fünf Minen. Da pries ich den Euenos glücklich, wenn er wirklich diese Kunst besäße und so vortrefflich lehrte. Ich also würde gewiß mich recht damit rühmen und großtun, wenn ich dies verstände: aber ich verstehe es eben nicht, ihr Athener.

Vielleicht nun möchte jemand von euch einwenden: Aber Sokrates, was ist denn also dein Geschäft? Woher sind diese Verleumdungen dir entstanden? Denn gewiß, wenn du nichts Besonderes betreibest vor andern, es würde nicht solcher Ruf und Gerede entstanden sein, wenn du nicht ganz etwas anderes tätest als andere Leute. So sage uns doch, was es ist, damit wir uns nicht aufs Geratewohl unsere eigenen Gedanken machen über dich. Dies dünkt mich mit Recht zu sagen, wer es sagt, und ich will versuchen, euch zu zeigen, was dasjenige ist, was mir den Namen und den üblen Ruf gemacht hat. Hört also, und vielleicht wird manchen von euch bedünken, ich scherzte: glaubt indes sicher, daß ich die reine Wahrheit rede. Ich habe nämlich, ihr Athener, durch nichts anderes als durch eine gewisse Weisheit diesen Namen erlangt. Durch was für eine Weisheit aber? Die eben vielleicht die menschliche Weisheit ist. Denn ich mag in der Tat wohl in dieser weise sein; jene aber, deren ich eben erwähnt, sind vielleicht weise in einer Weisheit, die nicht dem Menschen angemessen ist; oder ich weiß nicht, was ich sagen soll, denn ich verstehe sie nicht, sondern wer das sagt, der lügt es und sagt es mir zur Verleumdung.

Und ich bitte euch, ihr Athener, erregt mir kein Getümmel, selbst wenn ich euch etwas vorlaut zu reden dünken sollte. Denn nicht meine Rede ist es, die ich vorbringe; sondern auf einen ganz glaubwürdigen Urheber will ich sie euch zurückführen. Über meine Weisheit nämlich, ob sie wohl eine ist und was für eine, will ich euch zum Zeugen stellen den Gott in Delphoi. Den Chairephon kennt ihr doch. Dieser war mein Freund von Jugend auf, und auch euer, des Volkes, Freund war er und ist bei dieser letzten Flucht mit geflohen und mit euch auch zurückgekehrt. Und ihr wißt doch, wie Chairephon war, wie heftig in allem, was er auch beginnen mochte. So auch, als er einst nach Delphoi gegangen war, erkühnte er sich, hierüber ein Orakel zu begehren; nur, wie ich sage, kein Getümmel, ihr Männer. Er fragte also, ob wohl jemand weiser wäre als ich. Da leugnete nun die Pythia, daß jemand weiser wäre. Und hierüber kann euch dieser sein Bruder hier Zeugnis ablegen, da jener bereits verstorben ist.

Bedenkt nun, weshalb ich dieses sage; ich will euch nämlich erklären, woher die Verleumdung gegen mich entstanden ist. Denn nachdem ich dieses gehört, gedachte ich bei mir also: Was meint doch der Gott und was will er etwa andeuten? Denn das bin ich mir doch bewußt, daß ich weder viel noch wenig weise bin. Was meint er also mit der Behauptung, ich sei der Weiseste? Denn lügen wird er doch wohl nicht; das ist ihm ja nicht verstattet. Und lange Zeit konnte ich nicht begreifen, was er meinte; endlich wendete ich mich gar ungern zur Untersuchung der Sache auf folgende Art. Ich ging zu einem von den für weise Gehaltenen, um dort, wenn irgendwo, das Orakel zu überführen und dem Spruch zu zeigen: Dieser ist doch wohl weiser als ich, du aber hast auf mich ausgesagt. Indem ich nun diesen beschaute, denn ihn mit Namen zu nennen ist nicht nötig; es war aber einer von den Staatsmännern, auf welchen schauend es mir folgendermaßen erging, ihr Athener. Im Gespräch mit ihm schien mir dieser Mann zwar vielen andern Menschen und am meisten sich selbst sehr weise vorzukommen, es zu sein aber nicht. Darauf nun versuchte ich ihm zu zeigen, er glaubte zwar, weise zu sein, wäre es aber nicht; wodurch ich dann ihm selbst verhaßt ward und vielen der Anwesenden. Indem ich also fortging, gedachte ich bei mir selbst, als dieser Mann bin ich nun freilich weiser. Denn es mag wohl eben keiner von uns beiden etwas Tüchtiges oder Sonderliches wissen; allein dieser meint etwas zu wissen, obwohl er nicht weiß, ich aber, wie ich eben nicht weiß, so meine ich es auch nicht. Ich scheine also um dieses wenige doch weiser zu sein als er, daß ich, was ich nicht weiß, auch nicht glaube zu wissen. Hierauf ging ich dann zu einem andern von den für noch weiser als jener Geltenden, und es dünkte mich eben dasselbe, und ich wurde dadurch auch ihm und vielen andern verhaßt.

Nach diesem ging ich schon nach der Reihe vor, bemerkend freilich und bedauernd, und auch in Furcht darüber, daß ich mich verhaßt machte; doch aber dünkte es mich notwendig, des Gottes Sache über alles andere zu setzen; und so mußte ich denn gehen, immer dem Orakel nachdenkend, was es wohl meine, zu allen, welche dafür galten, etwas zu wissen. Und beim Hunde, ihr Athener, – denn ich muß die Wahrheit zu euch reden – wahrlich, es erging mir so. Die Berühmtesten dünkten mich beinahe die Armseligsten zu sein, wenn ich es dem Gott zufolge untersuchte, andere, minder Geachtete aber noch eher für vernünftig gelten zu können. Ich muß euch wohl mein ganzes Abenteuer berichten, mit was für Arbeiten gleichsam ich mich gequält habe, damit das Orakel mir ja ungetadelt bliebe. Nach den Staatsmännern nämlich ging ich zu den Dichtern, den tragischen sowohl als den dithyrambischen und den übrigen, um dort mich selbst durch die Tat zu überführen als unwissender denn sie. Von ihren Gedichten also diejenigen vornehmend, welche sie mir am vorzüglichsten schienen ausgearbeitet zu haben, frage ich sie aus, was sie wohl damit meinten, auf daß ich auch zugleich etwas lernte von ihnen. Schämen muß ich mich nun freilich, ihr Männer, euch die Wahrheit zu sagen: dennoch soll sie gesagt werden. Um es nämlich geradeheraus zu sagen, fast sprachen alle Anwesenden besser als sie selbst über das, was sie gedichtet hatten. Ich erfuhr also auch von den Dichtern in kurzem dieses, daß sie nicht durch Weisheit dichteten, was sie dichten, sondern durch eine Naturgabe und in der Begeisterung, eben wie die Wahrsager und Orakelsänger. Denn auch diese sagen viel Schönes, wissen aber nichts von dem, was sie sagen; ebenso nun ward mir deutlich, erging es auch den Dichtern. Und zugleich merkte ich, daß sie glaubten, um ihrer Dichtung willen auch in allem übrigen sehr weise Männer zu sein, worin sie es nicht waren. Fort ging ich also auch von ihnen mit dem Glauben, sie um das nämliche zu übertreffen wie auch die Staatsmänner.

Zum Schluß nun ging ich auch zu den Handarbeitern. Denn von mir selbst wußte ich, daß ich gar nichts weiß, um es geradeheraus zu sagen, von diesen aber wußte ich doch, daß ich sie vielerlei Schönes wissend finden würde. Und darin betrog ich mich nun auch nicht; sondern sie wußten wirklich, was ich nicht wußte, und waren insofern weiser. Aber, ihr Athener, denselben Fehler wie die Dichter, dünkte mich, hatten auch diese trefflichen Meister. Weil er seine Kunst gründlich erlernt hatte, wollte jeder auch in den andern wichtigsten Dingen sehr weise sein; und diese ihre Torheit verdeckte jene ihre Weisheit. So daß ich mich selbst auch befragte im Namen des Orakels, welches ich wohl lieber möchte, so sein wie ich war, gar nichts verstehend von ihrer Weisheit und auch nicht behaftet mit ihrem Unverstande, oder aber in beiden Stücken so sein wie sie. Da antwortete ich denn mir selbst und dem Orakel, es wäre mir besser, so zu sein, wie ich bin.

Aus dieser Nachforschung also, ihr Athener, sind mir viele Feindschaften entstanden, und zwar die beschwerlichsten und lästigsten, so daß viel Verleumdung daraus entstand, und auch der Name, daß es hieß, ich wäre ein Weiser. Es glauben nämlich jedesmal die Anwesenden, ich verstände mich selbst auf das, worin ich einen andern zuschanden mache. Es scheint aber, ihr Athener, in der Tat der Gott weise zu sein und mit diesem Orakel dies zu sagen, daß die menschliche Weisheit sehr weniges nur wert ist oder gar nichts, und offenbar nicht dies vom Sokrates zu sagen, sondern nur mich zum Beispiel erwählend, sich meines Namens zu bedienen, wie wenn er sagte: Unter Euch, ihr Menschen, ist der der Weiseste, der wie Sokrates einsieht, daß er in der Tat nichts wert ist, was die Weisheit anbelangt. Dieses nun gehe ich auch jetzt noch umher nach des Gottes Anweisung zu untersuchen und zu erforschen, wo ich nur einen für weise halte von Bürgern und Fremden; und wenn er es mir nicht zu sein scheint, so helfe ich dem Gott und zeige ihm, daß er nicht weise ist. Und über diesem Geschäft habe ich nicht Muße gehabt, weder in den Angelegenheiten der Stadt etwas der Rede Wertes zu leisten, noch auch in meinen häuslichen; sondern in tausendfältiger Armut lebe ich wegen dieses dem Gotte geleisteten Dienstes.

Über dieses aber folgen mir die Jünglinge, welche die meiste Muße haben, der reichsten Bürger Söhne also, freiwillig und freuen sich, zu hören, wie die Menschen untersucht werden; oft auch tun sie es mir nach und versuchen selbst, andere zu untersuchen, und finden dann, glaube ich, eine große Menge solcher Menschen, welche zwar etwas zu wissen glauben, aber wenig oder nichts wissen. Deshalb nun zürnen die von ihnen Untersuchten mir und nicht sich und sagen, Sokrates ist doch ein ganz ruchloser Mensch und verdirbt die Jünglinge. Und wenn sie jemand fragt, was doch treibt er und was lehrt er sie: so haben sie freilich nichts zu sagen, weil sie nichts wissen; um aber nicht verlegen zu erscheinen, sagen sie dies, was gegen alle Freunde der Wissenschaft bei der Hand ist, die Dinge am Himmel und unter der Erde, und keine Götter glauben und Unrecht zu Recht machen. Denn die Wahrheit, denke ich, möchten sie nicht sagen wollen, daß sie nämlich offenbar werden als solche, die zwar vorgeben, etwas zu wissen, wissen aber nichts. Weil sie nun, denke ich, ehrgeizig sind und heftig, und ihrer viele, welche einverstanden miteinander und sehr scheinbar von mir reden: so haben sie schon lange und gewaltig mit Verleumdungen euch die Ohren angefüllt. [...]

Solange ich noch atme und es vermag, werde ich nicht aufhören, nach Weisheit zu suchen und euch zu ermahnen und zu beweisen, wen von euch ich antreffe, mit meinen gewohnten Reden, wie: Bester Mann, als ein Athener, aus der größten und für Weisheit und Macht berühmtesten Stadt, schämst du dich nicht, für Geld zwar zu sorgen, wie du dessen aufs meiste erlangst, und für Ruhm und Ehre, für Einsicht aber und Wahrheit und für deine Seele, daß sie sich aufs beste befinde, sorgst du nicht und hieran willst du nicht denken? Und wenn jemand unter euch dies leugnet und behauptet, er denke wohl daran, werde ich ihn nicht gleich loslassen und fortgehen, sondern ihn fragen und prüfen und ausforschen. Und wenn mich dünkt, er besitze keine Tugend, behaupte es aber: so werde ich es ihm verweisen, daß er das Wichtigste geringer achtet und das Schlechtere höher. So werde ich mit Jungen und Alten, wie ich sie eben treffe, verfahren, und mit Fremden und Bürgern, um soviel mehr aber mit euch Bürgern, als ihr mir näher verwandt seid. Denn so, wißt nur, befiehlt es der Gott.

Und ich meines Teils glaube, daß noch nie ein größeres Gut dem Staate widerfahren ist als dieser Dienst, den ich dem Gott leiste. Denn nichts anderes tue ich, als daß ich umhergehe, um jung und alt unter euch zu überreden, ja nicht für den Leib und für das Vermögen zuvor noch überhaupt so sehr zu sorgen wie für die Seele, daß diese aufs beste gedeihe, indem ich zeige, daß nicht aus dem Reichtum die Tugend entsteht, sondern aus der Tugend der Reichtum und alle andern menschlichen Güter insgesamt, eigentümliche und gemeinschaftliche. Wenn ich nun durch solche Reden die Jugend verderbe, so müßten sie ja schädlich sein; wenn aber jemand sagt, ich rede etwas anderes als dies, der sagt nichts. Demgemäß nun, würde ich sagen, ihr Athenischen Männer, gehorcht nun dem Anytos oder nicht, sprecht mich los oder nicht, aber seid gewiß, daß ich auf keinen Fall anders handeln werde, und müßte ich noch so oft sterben.

Kein Getümmel, ihr Athener, sondern harrt mir aus bei dem, was ich euch gebeten, mir nicht zu toben über das, was ich sage, sondern zu hören. Auch wird es euch, glaube ich, heilsam sein, wenn ihr zuhört. Denn ich bin im Begriff, euch noch manches andere zu sagen, worüber ihr vielleicht schreien möchtet; aber keineswegs tut das. Denn wißt nur, wenn ihr mich tötet, einen solchen Mann, wie ich sage, so werdet ihr mir nicht größeren Schaden zufügen als euch selbst. Denn Schaden zufügen wird mir weder Meletos noch Anytos im mindesten. Sie könnten es auch nicht; denn es ist, glaube ich, nicht in Ordnung, daß dem besseren Manne von dem schlechteren Schaden geschehe. Töten freilich kann mich einer, oder vertreiben oder des Bürgerrechtes berauben. Allein dies hält dieser vielleicht und sonst mancher für große Übel, ich aber gar nicht; sondern weit mehr dergleichen tun, wie dieser jetzt tut, einen andern widerrechtlich suchen hinzurichten.

Daher ich auch jetzt, ihr Athener, weit davon entfernt bin, um meiner selbst willen mich zu verteidigen, wie einer wohl denken könnte, sondern um euretwillen, damit ihr nicht gegen des Gottes Gabe an euch etwas sündigt durch meine Verurteilung. Denn wenn ihr mich hinrichtet, werdet ihr nicht leicht einen andern solchen finden, der ordentlich, sollte es auch lächerlich gesagt scheinen, von dem Gotte der Stadt beigegeben ist, wie einem großen und edlen Rosse, das aber eben seiner Größe wegen sich zur Trägheit neigt und der Anreizung durch einen Sporn bedarf.

Nach einem viel zitierten Ausspruch des Philosophen Alfred North Whitehead besteht die Denktradition Europas „aus einer Reihe von Fußnoten zu Platon“ (Process and Reality, 1929). Daher nehmen Platons Texte in dieser Sammlung auch einen recht umfangreichen Raum ein, zumal sie in der Regel lebendig und anschaulich geschrieben sind (zu Platon siehe Text 5). Platon wiederum setzt seinem Lehrer Sokrates in seinen Dialogen ein bleibendes Denkmal, indem er ihn in der Regel als Hauptunterredner auftreten läßt. So ist Platons Philosophie selbst wieder eine Reihe von Fußnoten zu Sokrates. Sie läßt sich als Versuch verstehen, die philosophische Tätigkeit des Sokrates in ihren Grundlagen herauszuarbeiten, ohne daß sie Sokrates selbst bereits klar gewesen sein müßten oder er ihnen hätte zustimmen können.

Sokrates (469–399 v. Chr.) lebte als einfacher Bürger in Athen und führte auf dem Marktplatz und auf Sportstätten als Treffpunkt der athenischen Männer und Jugendlichen Gespräche. Seine Mutter war die Hebamme Phainarete, sein Vater war der Bildhauer Sophroniskos. Verheiratet war Sokrates mit der „zänkischen" Xanthippe, deren Charakterisierung eher dem Klischee von Philosophen als der Wirklichkeit entspricht. Sokrates hatte drei Kinder, von denen das jüngste zur Zeit seiner Hinrichtung noch ein Säugling war. Die Tugend der Tapferkeit als beharrliches Suchen nach der Wahrheit und Eintreten für ihre Verwirklichung zeichnet Sokrates' gesamtes Leben aus. So wird seine persönliche Tapferkeit als Soldat gerühmt, ebenfalls seine Zivilcourage als Ratsherr der Polis, der sich unter Lebensgefahr gegen einen ungesetzlichen Volksbeschluß wandte. Sokrates hinterließ, wie Konfuzius, Jesus oder Epiktet, keine Schriften. Offensichtlich kam es ihm in erster Linie auf eine praktische Weisheit als Selbsterkenntnis und Bemühen um ein gutes Leben an. Im Gegensatz zum xenophontischen Sokrates als Vertreter der traditionellen Wertvorstellungen von Tapferkeit, Besonnenheit oder Frömmigkeit in den „Erinnerungen" geht es dem platonischen Sokrates weder darum, die traditionellen Wertvorstellungen wiederherzustellen, noch darum, sie grundsätzlich zu leugnen, sondern darum, sie zu prüfen und auf eine neue Weise zu begründen und zu praktizieren. Athen hatte nach dem siegreichen Kampf der Griechen gegen die Tyrannis der Perser unter Perikles eine Blütezeit an Macht, Reichtum und Wissenschaft erlebt. Den anschließenden Kampf mit Sparta dagegen um die Vorherrschaft in Griechenland (Peloponnesischer Krieg 431–404 v. Chr.) verlor Athen und erlebte eine Zeit des Niedergangs. Bei der einsetzenden Schuldzuweisung geriet Sokrates in den Verdacht einer zerstörerischen Aufklärung. Wie die Sophisten leugne er die grundlegenden Werte, und wie die neueren Naturphilosophen leugne er die Göttlichkeit der Gestirne. Als aufklärerischer Sophist und Naturphilosoph war Sokrates bereits dem Spott des Aristophanes in den „Wolken" ausgesetzt, schließlich aber wurde er offiziell vor Gericht angeklagt, er verderbe die Jugend mit seiner Lehre und leugne die Götter, und wurde hingerichtet.

In seiner „Verteidigungsrede" (Apologie) gegen die Anklage des Anytos und Meletos weist Sokrates beide Anklagepunkte zurück. Mit der neueren Naturphilosophie nach Art des Anaxagoras habe er nichts zu tun und als Lehrer oder Erzieher der Jugend nach Art der Sophisten sei er nie aufgetreten. In diesem Text wendet sich Sokrates zu Beginn deutlich gegen den Erziehungs- und Wissensanspruch der Sophisten. In anderen Dialogen Platons setzt sich Sokrates mit den führenden Sophisten Gorgias oder Protagoras ausführlicher auseinander (siehe die gleichnamigen Dialoge). Das von diesen gelehrte Rhetorik- und Realienwissen bleibe in seinen Zielen oder im Gebrauch unklar und die von ihnen vertretenen Ziele wie Karriere, Macht und Reichtum seien selber auf ihren Wert hin zu prüfen. Bei seiner Prüfung geht auch Sokrates von den herkömmlichen Werten aus, unterzieht sie aber ebenfalls einer grundsätzlichen Prüfung. So ist beispielsweise die „Männertugend" Tapferkeit (so wörtlich das griechische „andreia") lediglich für eine spezielle Gruppe einer bestimmten Zeit gültig, die homerische Heldenwelt, sie ist aber nicht allgemein für jeden Menschen gültig. Nach der Allgemeingültigkeit der Tugend aber im Unterschied zu spezifischen Rollenerwartungen fragt Sokrates. Damit stellt er als erster Philosoph die Begründungsfrage. Ihm geht es nicht um die faktische, sondern begründete Geltung von Tugenden oder Werten. So wird etwa im Dialog „Laches" die allgemeingültige Idee der Tapferkeit im Umriß sichtbar: als beharrliches Festhalten an dem, was zu Recht als schlecht zu fürchten oder als gut zu erstreben ist. Was aber das Gute ist und daß man nach ihm streben soll, kann Sokrates nicht nach Art eines aufschreibbaren Definitionswissens oder in Form mathematischer Sätze lehren. Er kann lediglich mit Hilfe seiner Hebammenkunst (Text 4) seine Gesprächspartner mit der Frage konfrontieren und sie daran erinnern, was ihnen wirklich wichtig und was für sie wirklich gut ist. Letzte Gründe und sichere Urteile im Einzelfall dagegen kann Sokrates nicht geben. Vielmehr lebt er selbst ein Leben nach der Maxime, sich tagtäglich neu über seine Lebensweise oder die Tugend Rechenschaft abzugeben; für ihn ist „ein ungeprüftes Leben nicht lebenswert" (Platon, Apologie 38a), aber das Leben hat keineswegs seinen höchsten Wert in dieser Prüfung.

Das berühmte wissende Nichtwissen des Sokrates ist keineswegs leicht zu enträtseln. Weder hat Sokrates selbst nach Art Platons den Versuch einer metaphysischen Letztbegründung unternommen noch nach Art der Existenzphilosophie Kierkegaards (Text 28) zu einem irrationalen „Sprung" aufgefordert. Er vertraute einfach in seinem persönlichen Denken und Handeln auf die Kraft der prüfenden Vernunft und der gemeinsamen Moral, nach der Unrechtleiden besser als Unrechttun ist. Ähnlich wird sich auch Kant bei der Begründung des kategorischen Imperativs auf ein inneres „Faktum" nach Art des Sokrates berufen (Text 25). Inhaltlich aber läßt sich das wissende Nichtwissen des Sokrates durchaus eindeutig bestimmen. Es ist keine allgemeine Wissensskepsis, sondern bezieht sich zunächst auf ethische Fragen. Nach dem Orakelspruch Apollons ist „niemand weiser" als beispielsweise Sokrates, insofern er sich kein Wissen in den „wichtigsten Dingen" einbildet. Auch Sokrates selbst behauptete von sich ein Wissen oder eine Weisheit, die darin besteht, daß man sich „um seine Seele sorgen" müsse und daß die menschliche „Tugend" oder (wörtlich aus dem griechischen „arete" übersetzt) „Bestform" nicht im Besitz äußerer Güter, sondern im wirklich guten Gebrauch dieser Güter liege. Sein Wissen ist aber nicht in Definitionssätzen aufschreibbar und lehr- bzw. lernbar, ebenfalls keine bloß relative, unverbindliche Meinung, aber auch keine rational begründbare letzte Vernunfteinsicht, sondern eine grundlegende Selbst-Erfahrung, wie man am besten leben kann. Wir wissen nicht, was das Gute ist, wissen aber, daß wir danach suchen sollen und können, als „Freunde der Weisheit" oder Philosophen, statt als „Weise" oder Sophisten. Die Inhalte des sokratischen Wissens sind also unmißverständlich, seine Begründung aber ist es weniger. Als Grund für seine Überzeugung gibt Sokrates zwar Apollon an, den Gott des delphischen Orakels, und beruft sich auf die innere Stimme seines „Dämonions". Bei seiner sonstigen Ablehnung der traditionellen Göttervorstellungen aber (siehe Platon, Euthyphron) muß man annehmen, daß er sich nicht auf eine letzte Autorität von außen beruft, sondern deren Geltung gerade ironisch in Frage stellt. So unterzieht er auch das delphische Orakel selber der Prüfung als „Rechenschaftgeben". Das sokratische Philosophieren ist ein Selbstdenken, ein „Sporn" oder eine „Stechfliege" (beides griech. „myops").

Mit seinem wissenden Nichtwissen in ethischen und überhaupt in allen Fragen hat Sokrates der ganzen nachfolgenden Philosophie grundlegende Probleme aufgegeben. Kann sich ethisches Leben und Handeln vielleicht doch auf eine letzte Begründung stützen, wie Platon oder Kant zu zeigen versuchen (Text 5, 6, 25)? Oder sind Vernünftigkeit und Moralität bloßes Überlebens- und Herrschaftsinstrument, wie Nietzsche glauben machen will (Text 30)? Vielleicht würde Sokrates zu beiden Versuchen sagen: Wir wissen es einfach nicht. Aber in einem seid ihr beiden Kontrahenten einig: Ihr fragt nach dem Guten, und hoffentlich lebt ihr auch so. – Hat Sokrates recht?

4. Platon: Die sokratische Hebammenkunst im Sklavengespräch

MENON: Meinst du dies so schlechthin, daß wir nicht lernen, sondern daß, was wir so nennen, nur ein Erinnern ist? Kannst du mich wohl belehren, daß sich dieses so verhält?

SOKRATES: Schon eben sagte ich, daß du schlau bist, Menon; auch jetzt fragst du, ob ich dich lehren kann, der ich doch behaupte, es gebe keine Belehrung, sondern nur Erinnerung, damit ich nur gleich mit mir selbst im Widerspruch erscheine.

MENON: Nein wahrlich, Sokrates, nicht in solcher Absicht sagte ich es, sondern aus Gewohnheit. Wenn du mir also irgendwie zeigen kannst, daß es sich so verhält, wie du sagst, so tue es.

SOKRATES: Freilich ist dies nicht leicht, ich will es aber doch unternehmen, dir zuliebe. Rufe mir also von den vielen Dienern hier, welche dich begleiten, irgendeinen her, welchen du willst, damit ich es dir an diesem zeige.

MENON: Sehr gern. Du da, komm her.

SOKRATES: Er ist doch ein Hellene und spricht hellenisch?

MENON: Sehr gut; er ist im Hause aufgezogen.

SOKRATES: Merke also wohl auf, wie er dir erscheinen wird, ob, als erinnerte er sich oder als lernte er von mir.

MENON: Das will ich tun.

SOKRATES: Sage mir also, Knabe, weiß du wohl, daß ein Viereck eine solche Figur ist?

KNABE: Das weiß ich.

SOKRATES: Gibt es also ein Viereck, welches alle diese Seiten, deren vier sind, gleich hat?

KNABE: Allerdings.

SOKRATES: Hat es nicht auch diese beiden, welche durch die Mitte hindurchgehen, gleich?

KNABE: Ja.

SOKRATES: Ein solcher Raum nun kann doch größer oder kleiner sein.

KNABE: Freilich.

SOKRATES: Wenn nun diese Seite zwei Fuß hätte und diese auch zwei; wieviel Fuß enthielte das Ganze? – Überlege es dir so: Wenn es hier zwei Fuß hätte, hier aber nur einen, enthielte dann nicht der ganze Raum einmal zwei Fuß?

KNABE: Ja.

SOKRATES: Da er nun aber auch hier zwei Fuß hat, wird er nicht von zweimal zwei Fuß?

KNABE: Das wird er.

SOKRATES: Zweimal zwei Fuß ist er also?

KNABE: Ja.

SOKRATES: Wieviel nun zweimal zwei Fuß sind, das rechne aus und sage es.

KNABE: Vier, o Sokrates.

SOKRATES: Kann es nun nicht einen andern Raum geben, der das doppelte von diesem wäre, sonst aber ein ebensolcher, in dem alle Seiten gleich sind, wie in diesem?

KNABE: O ja.

SOKRATES: Wieviel Fuß muß er enthalten?

KNABE: Acht Fuß.

SOKRATES: Gut! Nun versuche auch, mir zu sagen, wie groß jede Seite in diesem Viereck sein wird. Nämlich die des ersten ist von zwei Fuß; die aber jenes doppelten?

KNABE: Offenbar, so Sokrates, zweimal so groß.

SOKRATES: Siehst du wohl, Menon, wie ich diesen nichts lehre, sondern alles nur frage? Und jetzt glaubt er zu wissen, wie groß die Seite ist, aus der das achtfüßige Viereck entstehen wird. Oder denkst du nicht, daß er es glaubt?

MENON: Allerdings.

SOKRATES: Weiß er es aber wohl?
MENON: Wohl nicht.
SOKRATES: Er glaubt aber doch es entstehe aus der doppelten?
MENON: Ja.
SOKRATES: Sieh nun zu, wie er sich weiter so erinnern wird, wie man sich erinnern muß.

Du aber sage mir, aus der doppelten Seite, sagst du, entstehe das doppelte Viereck? Ich meine aber ein solches, nicht etwa eins, das hier lang ist, dort aber kurz; sondern es soll nach allen Seiten gleich sein, wie dieses hier, aber das Zwiefache von diesem, also achtfüßig: Sieh nun zu, ob du noch meinst, dies werde aus der zwiefachen Seite entstehen?
KNABE: So meine ich.
SOKRATES: Wohl! Dies wird doch die zwiefache von dieser, wenn wir hier noch eine ebenso große hinzusetzen?
KNABE: Allerdings.
SOKRATES: Und aus dieser, glaubst du, werde das achtfüßige Viereck entstehen, wenn wir vier solche nehmen?
KNABE: Ja.
SOKRATES: So laß uns von ihr vier gleiche aufzeichnen. Nicht wahr also, dies wäre, was du für das achtfüßige hältst?
KNABE: Allerdings.
SOKRATES: Sind nun nicht in ihm diese vier, deren jedes diesem Vierfüßigen gleich ist?
KNABE: Ja.
SOKRATES: Wie groß ist es also? Nicht viermal so groß?
KNABE: Nicht anders.
SOKRATES: Ist nun das viermal so große das zwiefache?
KNABE: Nein, beim Zeus.
SOKRATES: Sondern das wievielfache?
KNABE: Das vierfache.
SOKRATES: Aus der zwiefachen Seite also entsteht uns nicht das zwiefache, sondern das vierfache Viereck.
KNABE: Du hast recht.
SOKRATES: Denn von vier ist das Vierfache sechzehn. Nicht?
KNABE: Ja.
SOKRATES: Das achtfüßige aber, von welcher Seite entsteht das? Nicht wahr, aus dieser entsteht das vierfache?

KNABE: Das sage ich auch.

SOKRATES: Und das vierfüßige entsteht aus dieser halben?

KNABE: Ja.

SOKRATES: Wohl. Das achtfüßige aber, ist es nicht von diesem hier das Zwiefache, von diesem aber die Hälfte?

KNABE: Allerdings.

SOKRATES: Muß es also nicht aus einer größeren Seite entstehen als diese und aus einer kleineren als diese? Oder nicht?

KNABE: Ich wenigstens denke so.

SOKRATES: Schön! Denn immer nur, was du denkst, mußt du antworten. Und sage mir, hatte nicht diese zwei Fuß, diese aber vier?

KNABE: Ja.

SOKRATES: Also muß des achtfüßigen Vierecks Seite größer sein als diese zweifüßige und kleiner als die vierfüßige?

KNABE: Das muß sie.

SOKRATES: So versuche denn zu sagen, wie groß du meinst, daß sie sei.

KNABE: Dreifüßig.

SOKRATES: Gut. Wenn sie dreifüßig sein soll, so wollen wir von dieser noch die Hälfte dazunehmen, so wird sie dreifüßig; denn dies sind zwei Fuß, und dies ist ein Fuß, und auf dieser Seite ebenso sind dies zwei, dies einer. Und dies wird nun das Viereck, welches du meinst.

KNABE: Ja.

SOKRATES: Wenn es nun hier drei Fuß hat und hier auch drei Fuß: so wird das ganze Viereck von dreimal drei Fuß.

KNABE: Offenbar.

SOKRATES: Dreimal drei aber, wieviel Fuß sind das?

KNABE: Neun.

SOKRATES: Wieviel Fuß aber sollte das zwiefache enthalten?

KNABE: Acht.

SOKRATES: Auch nicht aus der dreifüßigen Seite also wird uns das achtfüßige Viereck.

KNABE: Freilich nicht.

SOKRATES: Von welcher also, das versuche doch uns genau zu bestimmen; und wenn du es nicht durch Zählen willst, so zeige uns nur, von welcher.

KNABE: Aber beim Zeus, Sokrates, ich weiß es nicht.

SOKRATES: Siehst du wohl, Menon, wie weit er schon fortgeht im Erinnern? Denn zuerst wußte er zwar auch keineswegs, welches die Seite des achtfüßigen Vierecks ist, wie er es auch jetzt noch nicht weiß: allein er glaubte damals, es zu wissen, und antwortete dreist fort als ein Wissender und glaubte nicht, in Verlegenheit zu kommen. Nun aber glaubt er schon in Verlegenheit zu sein, und wie er es nicht weiß, so glaubt er es auch nicht zu wissen.

MENON: Du hast recht.

SOKRATES: Steht es also nun nicht besser mit ihm in Bezug auf die Sache, die er nicht wußte?

MENON: Auch das dünkt mich.

SOKRATES: Indem wir ihn also in Verlegenheit brachten und zum Erstarren, wie der Zitterrochen, haben wir ihm dadurch etwa Schaden getan?

MENON: Mich dünkt nicht.

SOKRATES: Vielmehr haben wir vorläufig etwas ausgerichtet, wie es scheint, damit er herausfinden kann, wie sich die Sache verhält. Denn jetzt möchte er es wohl gern suchen, da er es nicht weiß; damals aber glaubte er, ohne Schwierigkeiten vor vielen oftmals gut zu reden über das zwiefache Viereck, daß es auch eine zwiefach so lange Seite haben müsse.

MENON: So mag es wohl sein.

SOKRATES: Glaubst du nun, er würde sich vorher bemüht haben, das zu suchen oder zu lernen, was er nichtwissend glaubte zu wissen, ehe er, überzeugt, er wisse nicht, in Verwirrung geriet und sich nach dem Wissen sehnte?

MENON: Nein, dünkt mich, Sokrates.

SOKRATES: Nutzen hat ihm also das Erstarren gebracht?

MENON: So dünkt mich.

SOKRATES: Sieh nun aber auch zu, was er von dieser Verlegenheit aus mit mir suchend auch finden wird, indem ich ihn immer nur frage und niemals lehre. Und gib wohl acht, ob du mich je darauf betriffst, daß ich ihn belehre und ihm vortrage und nicht seine eigenen Gedanken nur ihm abfrage.

Sage mir du, ist dies nicht unser vierfüßiges Viereck? Verstehst du?

KNABE: Ja.

SOKRATES: Können wir nun nicht hier noch ein gleiches daran setzen?

KNABE: Ja.

SOKRATES: Und auch dies dritte, das jedem von den beiden gleich ist?

KNABE: Ja.

SOKRATES: Können wir nun nicht auch das noch hier in der Ecke ausfüllen?

KNABE: Allerdings.

SOKRATES: Sind dies nun nicht vier gleiche Vierecke?

KNABE: Ja.

SOKRATES: Wie nun? Das wievielfache ist wohl dies Ganze von diesen?

KNABE: Das vierfache.

SOKRATES: Wir sollten aber ein zweifaches bekommen; oder erinnerst du dich nicht?

KNABE: Allerdings.

SOKRATES: Schneidet nun nicht diese Linie, welche aus einem Winkel in den anderen geht, jedes von diesen Vierecken in zwei gleiche Teile?

KNABE: Ja.

SOKRATES: Und werden nicht dieses vier gleiche Linien, welche dieses Viereck einschließen?

KNABE: Allerdings.

SOKRATES: So betrachte nun, wie groß wohl dieses Viereck ist?

KNABE: Das verstehe ich nicht.

SOKRATES: Hat nicht von diesen vieren von je einem jede Seite die Hälfte nach innen zu abgeschnitten? Oder nicht?

KNABE: Ja.

SOKRATES: Wieviel solche sind nun in diesem?

KNABE: Vier.

SOKRATES: Wieviel aber in diesem?

KNABE: Zwei.

SOKRATES: Vier aber ist von zwei was doch?

KNABE: Das Zweifache.

SOKRATES: Wievielfüßig ist also dieses?

KNABE: Achtfüßig.

SOKRATES: Von welcher Linie?

KNABE: Von dieser.

SOKRATES: Von der, welche aus einem Winkel in den andern das vierfüßige schneidet?

KNABE: Ja.

SOKRATES: Diese nun nennen die Gelehrten die Diagonale; so daß, wenn diese die Diagonale heißt, alsdann aus der Diagonale, wie du behauptest, das zwiefache Viereck entsteht.

KNABE: Allerdings, Sokrates.

SOKRATES: Was dünkt dich nun, Menon? Hat dieser irgendeine Vorstellung, die nicht seine war, zur Antwort gegeben?

MENON: Nein, nur seine eigenen.

SOKRATES: Und doch wußte er es vor kurzem noch nicht, wie wir gestanden?

MENON: Ganz recht.

SOKRATES: Es waren aber doch diese Vorstellungen in ihm. Oder nicht?

MENON: Ja.

SOKRATES: In dem Nichtwissenden also sind von dem, was er nicht weiß, dennoch richtige Vorstellungen.

MENON: Das zeigt sich.

SOKRATES: Und jetzt sind ihm nur wie im Traume diese Vorstellungen eben aufgeregt. Wenn ihn aber jemand oftmals um dies nämliche befragt und auf vielfache Art: so wisse nur, daß er am Ende nicht minder genau als irgendein anderer um diese Dinge wissen wird.

MENON: Das scheint wohl.

SOKRATES: Indem ihn also niemand belehrt, sondern nur ausfragt, wird er wissen und wird die Erkenntnis nur aus sich selbst hervorgeholt haben?

MENON: Ja.

SOKRATES: Dieses nun, selbst aus sich eine Erkenntnis hervorholen, heißt das nicht sich erinnern?

MENON: Allerdings.

SOKRATES: Und hat etwa nicht dieser die Erkenntnis, die er jetzt hat, entweder einmal erlangt oder immer gehabt?

MENON: Ja.

SOKRATES: Hat er sie nun immer gehabt, so ist er auch immer wissend gewesen. Hat er sie aber einmal erlangt, so hat er sie wenigstens nicht in diesem Leben erlangt. Oder hat jemand diesen die Geometrie gelehrt? Denn gewiß wird er mit der ganzen Geometrie ebenso verfahren und mit allen andern Wissenschaften auch. Hat nun jemand diesen dies alles gelehrt? Denn du mußt es ja wohl wissen, da er in deinem Hause geboren und erzogen ist.

MENON: Ich weiß sehr gut, daß niemand sie ihn jemals gelehrt hat.

SOKRATES: Er hat aber diese Vorstellungen; oder nicht?

MENON: Notwendig, wie man ja sieht.

SOKRATES: Wenn er sie aber in diesem Leben nicht erlangt hat und daher nicht wußte: so hat er sie ja offenbar in einer andern Zeit gehabt und gelernt.

MENON: Offenbar.

SOKRATES: Ist nun nicht dieses die Zeit, wo er kein Mensch war?

MENON: Offenbar.

SOKRATES: Wenn also in der ganzen Zeit, wo der Mensch ist, oder auch, wo er es nicht ist, richtige Vorstellungen in ihm sein sollen, welche, durch Fragen aufgeregt, Erkenntnisse werden, muß dann nicht seine Seele von jeher in dem Zustand des Gelernthabens sein? Denn offenbar ist er durch alle Zeit entweder Mensch oder nicht.

MENON: Das ist einleuchtend.

SOKRATES: Wenn nun von jeher immer die Wahrheit von allem, was ist, der Seele einwohnt, so wäre ja die Seele unsterblich, so daß du getrost, was du jetzt nicht weißt, das heißt aber, dessen du dich nicht erinnerst, trachten kannst zu suchen und dir zurückzurufen.

MENON: Du scheinst mir, ich weiß nicht wie, vortrefflich zu reden, Sokrates.

SOKRATES: Auch mir selbst scheine ich es, o Menon. Und das übrige freilich möchte ich nicht eben ganz verfechten für diese Rede; daß wir aber, wenn wir glauben, das suchen zu müssen, was wir nicht wissen, besser werden und mannhafter und weniger träge, als wenn wir glauben, was man nicht wisse, sei nicht möglich zu finden, und man müsse es also auch nicht erst suchen, dafür möchte ich allerdings streiten, wenn ich es könnte, mit Wort und Tat.

MENON: Auch dies dünkt mich sehr richtig gesagt, Sokrates.

SOKRATES: Da wir nun einig darüber sind, daß gesucht werden muß, was jemand noch nicht weiß: willst du, daß wir miteinander unternehmen zu suchen, was wohl die Tugend ist?
MENON: Gar gern.

Mit dem Namen Sokrates (Text 3) verbindet sich vor allem die Vorstellung eines methodischen Philosophierens als Tätigkeit, nicht aber einer inhaltlichen Philosophie als Lehre. Sokrates vergleicht seine eigene philosophische Kunst mit der Hebammenkunst oder Mäeutik seiner Mutter Phainarete. Ähnlich wie die Hebammen bringe er nicht selber etwas hervor, sondern leiste lediglich anderen Hilfe zum Gebären: „Und was mir schon viele vorgeworfen haben, daß ich immer nur die anderen frage, selber aber in keinem Punkt irgend etwas zutage fördere, da ich eben keine Weisheit besäße, so ist dieser Vorwurf berechtigt" (Platon, Theätet 150c). An einem Sklavenjungen, der außer der griechischen Sprache nichts anderes, etwa Mathematik, gelernt hat, demonstriert Sokrates an einem mathematischen Beispiel seine Kunst. Sie beruht auf der Annahme, daß noch vor jedem Erfahrungswissen in jedem Menschen vorgeburtliche Einsichten ruhen, die man durch geschicktes Nachfragen aus ihm herausholen kann. Lernen bedeutet daher für Sokrates Wiedererinnerung an dieses Wissen. Mit seiner Demonstration will er den „streitsüchtigen" Satz seines Gesprächspartners Menon widerlegen, daß niemand etwas lernen oder suchen könne, etwa was Tugend ist: „Nämlich weder, was er weiß, kann er suchen, denn er weiß es ja, und es bedarf dazu keines Suchens weiter; noch was er nicht weiß, denn er weiß ja dann auch nicht, was er suchen soll" (Menon 80e). Die verschiedenen Phasen des Hebammenverfahrens sind im Text leicht zu erkennen: das Sichtbarwerden des eingebildeten Wissens, die Einsicht in das eigene Nichtwissen und das Hervorholen des wirklichen Wissens. Auch das geometrische Beispiel, die Verdopplung eines Quadrats durch die Quadratur der Diagonalen, ist in den einzelnen Denkschritten leicht nachzuvollziehen, wenn man sich wie die Dialogpartner die einzelnen Operationen im Sand oder auf Papier nachzeichnet.

Gleichwohl gibt die Demonstration einige grundsätzliche Fragen auf. Zunächst ist keineswegs klar, ob Sokrates nicht durch die

Art seines Fragens dem Sklavenjungen lediglich eine Antwort suggeriert, statt sie ihm selber zu entlocken; derselbe Eindruck entsteht auch leicht bei seinen sonstigen Dialogen, etwa über die Tapferkeit (Laches), die Besonnenheit (Charmides) oder die Frömmigkeit (Euthyphron). Allerdings sind die Gesprächspartner bei allem suggestiven Fragen des Sokrates prinzipiell zum Selbstprüfen aufgefordert. Man kann die Dialoge daher auch als ironisches Spiel an die Adresse des Lesers als Dritten lesen, der das Spiel durchschaut und in souveräner Distanz eine eigene Stellung beziehen kann. Eine zweite Schwierigkeit ist der Status des vorgeburtlichen Wissens. Gehen Sokrates oder auch nur Platon wirklich von einer Seelenwanderungslehre aus, in der die Seelen ewige Wahrheiten geschaut, dann aber wieder vergessen haben? Und wenn man von dieser mythologischen Einkleidung absieht: Handelt es sich bei den allgemeingültigen Begriffen der Mathematik oder Moral um bloße Begriffe des empirischen Verstandes, um Ideen der allgemeinen Vernunft oder auch um Seiendes in einer geistigen Welt (Text 7)? Das Problem allgemeingültiger Wirklichkeitserkenntnis ist ein altes Problem seit Parmenides (Text 2) und führt über den mittelalterlichen Universalienstreit und Kants Transzendentalphilosophie (Text 24) bis hin zu seiner angeblichen Entlarvung als Scheinproblem bei Wittgenstein (Text 32). Wenn wir aber lediglich vom unterschiedlichen Sprachgebrauch, nicht aber von allgemeingültigen Begriffsinhalten ausgehen können, bleibt die Frage etwa nach der Verbindlichkeit von Moralvorstellungen unbeantwortet, beispielsweise die Verbindlichkeit von Menschenrechten oder der Würde der menschlichen Person.

Drittens schließlich ist auch problematisch, ob Fragen der Moral oder Tugenden genauso eindeutig beantwortet werden können wie Fragen der Mathematik. Während es für das geometrische Problem im „Menon" eine sichere Lösung gibt, endet etwa die Frage nach der „Tapferkeit" im „Laches" aporetisch. Die Gleichsetzung von mathematischem und ethischem Wissen scheint eher Platon zuzuschreiben zu sein und widerspricht einem Wissen vom Nichtwissen der „wichtigsten Dinge" als Weisheit, wie es Sokrates in Platons „Apologie" vertritt (Text 3). Was aber bei allen ungelösten Fragen als Einsicht aus dem Gespräch mit dem Sklavenjungen bleibt, hat Sokrates am Schluß selber formuliert: die Wahrheits-Hypothese als pragmatische Voraussetzung des unbeirrbaren Suchens. Wenn wir uns selbst als moralfähig im Sinne einer begründeten Orientierung verstehen, müssen wir uns konsequenterweise auch Wahrheitsfähigkeit zuschreiben. Das apriorische Tugendwissen ist daher zumindest als „regulative" Idee im Sinne Kants (Texte 24, 25) nötig, wenn auch nicht im Sinne eines festen Wissens. Ohne die Wahrheits-Hypothese wäre der philosophische Blick insgesamt nichts anderes als ein Irrblick. Sollten wir uns wirklich derartig in unserer „Liebe zur Weisheit" täuschen und immer schon getäuscht haben, wie etwa Nietzsche – selbstwidersprüchlich – zu wissen meint (Text 30)?

5. Platon: Das Höhlengleichnis von der Natur des Menschen

SOKRATES: Nun aber vergleiche dir unsere Natur im Hinblick auf Bildung und Unbildung mit folgendem Zustand. Sieh dir Menschen gleichsam in einer unterirdischen, höhlenartigen Behausung an, mit einem breiten Ausgang längs der Höhle, der sich gegen das Sonnenlicht hin erstreckt. In dieser Behausung sind sie von Kindheit an gefesselt an den Schenkeln und am Hals. Daher bleiben sie immer an derselben Stelle und blicken nur nach vorne, ohne den Kopf wegen der Fesseln herumdrehen zu können. Sie haben aber Licht von einem Feuer, das von oben und von weitem hinter ihnen brennt. Zwischen diesem Feuer und den Gefangenen zieht sich oberhalb ein Weg hin. An ihm entlang, so sieh weiterhin, ist eine Mauer aufgebaut, wie die Brüstung, die sich die Gaukler vor den Leuten erbaut haben, über die hinweg sie ihre Gaukeleien zeigen.

GLAUKON: Ich sehe.

SOKRATES: Sieh nun längs dieser Mauer Menschen allerlei Geräte vorbeitragen, die über die Mauer hinausragen, außerdem Bildsäulen sowie andere steinerne und hölzerne Figuren und von allerlei Art; und, wie zu erwarten ist, geben einige beim Vorbeitragen Laute von sich, andere schweigen.

GLAUKON: Ein seltsames Bild beschreibst du da, Sokrates, und seltsame Gefangene.

SOKRATES: Sie sind uns ganz ähnlich. Denn meinst du, daß derartige Menschen zunächst von sich und voneinander etwas anderes zu sehen bekommen haben als die Schatten, welche vom Feuer auf die Höhlenwand ihnen gegenüber geworfen werden?

GLAUKON: Wie sollten sie denn, wenn sie ihr Leben lang gezwungen sind, den Kopf bewegungslos zu halten.

SOKRATES: Und außerdem von dem Vorbeigetragenen, ist es nicht dasselbe?

GLAUKON: Was denn sonst?

SOKRATES: Wenn sie sich nun miteinander unterhalten könnten, glaubst du nicht, sie würden annehmen, die Dinge selbst zu benennen, die sie sehen?

GLAUKON: Notwendigerweise.

SOKRATES: Was aber, wenn ihr Gefängnis von der gegenüberliegenden Seite her ein Echo hätte? Glaubst du nicht, wenn jemand von den Vorübergehenden einen Laut von sich gäbe, daß sie ihn dann von etwas anderem vermuten als von dem vorübergehenden Schatten?

GLAUKON: Beim Zeus, das glaube ich auf keinen Fall.

SOKRATES: Auf keine Weise also könnten derartige Menschen etwas anderes für wahr halten als die Schatten der angefertigten Gegenstände.

GLAUKON: Das ist ganz unvermeidlich.

SOKRATES: Betrachte jetzt aber Lösung und Heilung aus ihren Fesseln und ihrem Unverstand, wie es natürlicherweise um sie stünde, wenn mit ihnen folgendes passierte. Jemand von ihnen wird nämlich von den Fesseln befreit und gezwungen, plötzlich aufzustehen, den Hals umzudrehen, zu gehen und gegen das Licht oben in der Höhle zu blicken. Außerdem hat er dabei Schmerzen und kann wegen des blendenden Glanzes die Gegenstände nicht erblicken, von denen er vorher die Schatten gesehen hatte. Was meinst du wohl, würde dieser sagen, wenn ihm jemand erklärte, damals habe er Gaukeleien gesehen, jetzt aber, näher an der Wirklichkeit und zum Wirklicheren hingewendet, blicke er richtiger? Und wenn jemand außerdem jedesmal auf das zeigt, was vorüberzieht, ihn fragte und zu antworten zwänge, was es ist? Glaubst du nicht, er werde durcheinander sein und meinen, das, was er damals gesehen hatte, sei wahrer als das, was ihm jetzt gezeigt wird?

GLAUKON: Bei weitem!

SOKRATES: Und wenn man ihn auch noch zwänge, in das Licht selbst zu sehen, würden ihm da nicht die Augen schmerzen und würde er nicht fliehen, um sich zu dem zurückzuwenden, was er zu erblicken fähig ist? Und würde er nicht glauben, dies sei wirklich deutlicher als das, was ihm jetzt gezeigt wird?

GLAUKON: So ist es.

SOKRATES: Wenn ihn aber jemand von dort mit Gewalt durch den steinigen und steilen Weg nach oben schleppt und ihn nicht losläßt, bis er ihn an das Licht der Sonne herausgeschleppt hat, wird er da nicht viel Schmerzen haben und sich nur widerwillig schleppen lassen? Und wenn er dann an das Licht kommt und die Augen voll von seinem Glanz hat, wird er dann nicht auch nur ein einziges von dem erblicken können, was nun als das Wahre bezeichnet wird?

GLAUKON: Sicher nicht, jedenfalls nicht sofort.

SOKRATES: Gewöhnung also wird er, so meine ich, nötig haben, um das zu sehen, was oben ist. Und zuerst würde er die Schatten am leichtesten erblicken, danach im Wasser die Spiegelbilder der Menschen und der anderen Dinge, später aber diese selbst. Danach würde er das, was am Himmel ist und den Himmel selbst bei Nacht leichter sehen, indem er zum Licht der Sterne und des Mondes blickt, als bei Tag in die Sonne und in ihr Licht.

GLAUKON: Was denn sonst?

SOKRATES: Schließlich aber, glaube ich, wird er auch imstande sein, die Sonne, nicht Bilder von ihr im Wasser oder an einem anderen Ort, sondern sie selbst ganz für sich zu erblicken und zu betrachten.

GLAUKON: Notwendigerweise.

SOKRATES: Und danach wird er doch herausbekommen, daß sie es ist, die die Jahreszeiten und Jahresumläufe veranlaßt sowie alles im Bereich der sichtbaren Dinge leitet, und daß sie gewissermaßen von allem, was sie damals sahen, die Ursache ist.

GLAUKON: Offensichtlich würde er danach auch hierauf kommen.

SOKRATES: Und wie nun, wenn er sich an seine erste Behausung erinnert und an sein dortige Wissen sowie an seine damaligen Mitgefangenen, glaubst du nicht, daß er sich selbst wegen seiner Veränderung glücklich preist, diese aber bemitleidet?

GLAUKON: Und wie!

SOKRATES: Was aber, wenn es damals unter ihnen Ehrungen, Lob und Belohnungen für denjenigen gab, der am schärfsten sah, was vorüberzieht, der sich außerdem am besten erinnerte, was davon für gewöhnlich zuerst, später oder zugleich kommt, und der daher schließlich am besten vorhersagen konnte, was jetzt kommen würde? Glaubst du, er wird danach ein großes Verlangen haben und die dortigen Ehrenträger und Machthaber beneiden? Oder wird es ihm nicht wie bei Homer passieren, daß er viel lieber „das Feld als Tagelöhner für einen anderen, unbegüterten Mann bestellen“ und alles mögliche erdulden will, als derartige Vorstellungen zu haben und ein derartiges Leben zu führen?

GLAUKON: Genau so ist es, er wird lieber alles mögliche ertragen als ein derartiges Leben zu führen.

SOKRATES: Und auch folgendes überlege noch. Wenn ein solcher Mann wieder hinunterstiege und sich auf denselben Platz setzte, wären dann nicht seine Augen voller Dunkelheit, wenn er plötzlich aus der Sonne käme?

GLAUKON: Ganz sicher.

SOKRATES: Und wenn er beim Beurteilen jener Schatten wieder mit denen wetteifern müßte, die dort ständig gefangen sind, würde er sich nicht für die Zeit lächerlich machen, während er stumpfsinnig ist, bevor er seine Augen wieder darauf eingerichtet hätte, und diese Zeit der Gewöhnung dürfte nicht ganz kurz sein? Würde man nicht von ihm behaupten, er sei mit verdorbenen Augen von seinem Aufstieg zurückgekommen und es lohne sich nicht, zu versuchen hinaufzukommen? Vielmehr müsse man jeden, der sie von den Fesseln befreien und nach oben führen wolle, wenn man ihn nur irgendwie in die Hände bekommen und töten könnte, auch tatsächlich töten?

GLAUKON: So würden sie sicher reden.

Platon (427–347 v. Chr.) stammt aus einer der reichsten und vornehmsten Familien Athens. Ihm war gleichsam von Natur her eine glänzende politische Karriere vorgezeichnet. Was aber heißt „von Natur her“? Und wieviel oder welche „Bildung“ braucht die menschliche Natur? Die Fragen nach der Bildung der menschlichen Natur ist ein Zentralthema von Platons Philosophie, das durch autobiographische und zeithistorische Züge motiviert ist.

Wie viele andere junge Athener seiner Zeit begegnete auch der junge Platon Sokrates (Text 3). Während sich jedoch andere prominente Athener, wie Charmides oder Alkibiades, später von ihrem Vorbild Sokrates abwendeten und zu skrupellosen Politikern wurden, eiferte ihm Platon sein Leben lang nach. Da er die damaligen politischen Verhältnisse und Parteiungen für völlig korrupt hielt, verzichtete er auf eine politische Karriere und wandte sich ganz der Philosophie zu (7. Brief). In ihr sah er die einzige Möglichkeit, die menschliche Natur und die politischen Verhältnisse zum Besseren zu wenden. Platons Philosophie ist vom praktischen Primat bestimmt und hat politische und pädagogische Zielsetzungen. Die von ihm 387 v. Chr. gegründete Akademie blieb fast eintausend Jahre hindurch die führende Bildungsmacht Europas, bis sie 529 n. Chr. von Kaiser Justinian geschlossen und durch die christliche Bildungsmacht abgelöst wurde – im selben Jahr wurde das Benediktinerkloster Montecassino gegründet. Allerdings blieb im Christentum der Einfluß Platons oder besser des Platonismus über die Vermittlung der Kirchenväter, etwa Augustinus (Text 13), auf die europäische Bildungsgeschichte bis in die Gegenwart erhalten. Das umfangreiche Werk Platons läßt sich in drei Phasen einteilen: in die frühsokratischen Tugenddialoge, etwa über die Tapferkeit (Laches), die Besonnenheit (Charmides) oder die Gerechtigkeit (Staat, I. Buch); ferner in die mittleren Dialoge, etwa über die Lehrbarkeit der Tugend (Menon, Text 4), über die Ideen (Phaidon) oder über das Wissen (Theätet); schließlich in die späten Dialoge, etwa über die Lust (Philebos), den Kosmos (Timaios) oder das Eine und Viele (Parmenides, Text 7).

Platon folgte seinem Lehrer Sokrates nicht nur in praktischer, sondern auch in theoretischer Absicht, indem er die systematischen Grundlagen seines Philosophierens herauszuarbeiten versuchte. Vor allem war zu klären, worin die menschliche „Tugend" als „Bestform" (griechisch „arete") oder als wahre menschliche „Natur" (physis) besteht. Offensichtlich wurde Sokrates von der vagen, vor allem vom „weisen" Solon (Text 2) vertretenen Harmonieidee geleitet, wie er die „Weisheit" des Machtpolitikers und Sophisten Kallikles kritisiert: „Die Weisen aber behaupten, o Kallikles, daß auch Himmel und Erde, Götter und Menschen nur durch Gemeinschaft bestehen bleiben und durch Freundschaft und Schicklichkeit und Besonnenheit und Gerechtigkeit, und betrachten deshalb, o Freund, die Welt als ein Ganzes und Geordnetes, nicht als Verwirrung und Zügellosigkeit. Du aber, wie mich dünkt, merkst hierauf nicht, wiewohl du so weise bist" (Platon, Gorgias 507e f). Die wahre Natur des Menschen und seine Bildung (paideia) sind das zentrale Thema des berühmten Höhlengleichnisses am Anfang des VII. Buchs vom „Staat", Platons Hauptwerk der mittleren Phase. Zuvor hatte Platon drei Seelenteile, den begehrlichen, mutigen und vernünftigen, unterschieden und mit ihrer Hilfe die Unterscheidung der Polisteile begründet, des Lehr-, Wehr- und Nährstands. Dabei wurde im Umriß eine Ordnung des Ganzen sichtbar: wenn jeder Teil „das Seine tut", herrscht Gerechtigkeit in der Seele des Einzelnen und in der Polis als Herrschaft der Vernunft über die anderen Teile der Seele und der Polis. Nach dem Sonnen- und Liniengleichnis und ihrer generellen, aus Platons früheren Dialogen bekannten Unterscheidung zwischen Sinnes- und Ideenwelt mit der „Idee des Guten" als oberstem Prinzip von allem (VI. Buch) gibt das Höhlengleichnis dieselbe Unterscheidung in einer bildlichen Sprache wieder und versteht die Struktur des Ganzen zusätzlich als Prozeß menschlicher Bildung. Die Bildungsschritte der Höhlengefangenen lassen sich mit Hilfe der sokratischen Hebammenkunst strukturieren (Text 4): das eingebildete Wissen im starren Blick auf die Höhlenwand, das strebende Wissen beim Aufstieg aus der Höhle und das erreichte Wissen im Ausblick auf das Ganze. Hinzuzufügen ist der Wiederabstieg in die neu gesehene Höhlenwelt als Welt menschlicher Praxis.

Im Prozeß ihrer Bildung erfahren sich die befreiten Gefangenen als Teil im Ganzen der Natur mit der Sonne oder „Idee des Guten" als Urgrund von allem Sein und Denken. Wie aber begründet Platon die wahre Natur des Menschen und wie ist der Prozeß der Bildung genauer zu verstehen, den er in den sokratischen Frühdialogen als Praxis sokratischer Hebammenkunst nachzeichnet? Leben wir wirklich als Höhlenbewohner und bedürfen wir der Befreiung oder Erlösung hinauf zum Licht der Wahrheit? Wer erlöst die Erlöser? Ist Platons Höhlengleichnis vielleicht nur Rechtfertigungsmuster für Heilsversprechen angemaßter Aufklärung? In der skeptischen Reaktion seines Dialogpartners Glaukon wird gleich zu Beginn des Höhlengleichnisses das Motiv der sokratischen Selbstaufklärung sichtbar: „Ein seltsames Bild beschreibst du da, und seltsame Gefangene.“ Der Leser als dritter Dialogpartner kann sich dadurch deutlicher, als Platon selbst vielleicht beabsichtigte, provozieren lassen zu fragen, ob die Gefangenen wirklich „uns gleichen“, wie der platonische Sokrates anschließend behauptet. Glaukons Skepsis gegenüber der Philosophie des platonischen Sokrates erinnert an das Lachen der thrakischen Magd im „Theätet“ (174 a ff), Thales übersehe beim Blick zu den Sternen das Naheliegende und falle in den Brunnen (zu Thales siehe Text 1). Der philosophische Gegenspott jedoch über die „kurzsichtigen Leute, die nur einen Teil überblicken, weil sie aus Unbildung nicht stets das Ganze ins Auge fassen“ (174 e f), ist nicht das letzte Wort. Vielmehr ist der Philosoph zum Rechenschaftgeben über seine eigenen Behauptungen aufgefordert. Platon jedenfalls hat das selbstkritische Erbe seines Lehrers Sokrates, der kein Lehrer, sondern „Hebamme“ oder „Stachel“ sein wollte, grundsätzlich bewahrt und selber in aller Schärfe die Probleme mit der Ideenlehre diskutiert (Text 7). Eine letzte Sicherheit für die Bestform und Formung der menschlichen Natur hat auch Platon nicht beansprucht. Allerdings führt seine Orientierung des Bildungsgangs am mathematischen Wissen im Anschluß an das Höhlengleichnis die Versuchung mit sich, von festen „Formen“ oder „Ideen“ der Tugendgestalt auszugehen und ein sicheres Wissen zu erwarten. Wahre Bildung ist nach Platon philosophische Bildung, in der die Seele durch Angleichung an die Gegenstände der Mathematik, Astronomie und Ideendialektik zu ihrer idealen Form findet. Der Leitspruch über dem Tor der platonischen Akademie „medeis ageometrikos eisito“ (kein Unkundiger in Geometrie soll Eingang finden) bestimmt als mathematisches Wissensmodell in der Tradition des Pythagoras Platons Philosophie, etwa in der mathematischen Kosmogonie im Spätdialog „Timaios“, und wirkt bis auf Descartes (Text 18) und Husserl nach. Während sich Sokrates in seiner offenen Wahrheitssuche mit vorläufigen Einsichten im Sinne einer wohlbegründeten, revidierbaren Meinung zufriedengeben kann, bleibt bei Platons Suche nach Gewißheit jede Meinung als Meinung bloße Vorstufe zum Wissen. Beide Wissensmodelle lassen sich als Fußnoten zu Sokrates und Platon in der gesamten Philosophiegeschichte wiederfinden, etwa bei Montaigne (Text 17) versus Descartes (Text 18).

Soviel kann ich allerdings über alle sagen, die, die schon geschrieben haben, und die, die noch schreiben werden, soweit sie behaupten, sich auf die Dinge zu verstehen, auf die meine Bemühungen gerichtet sind, sei es, daß sie bei mir gehört haben, sei es bei andern, oder dann mit der Behauptung, sie seien selber zu dieser Erkenntnis gekommen: es ist nach meiner Meinung unmöglich, daß diese von der Sache etwas verstehen. Von mir wenigstens gibt es keine Schrift darüber und wird es sicher nie eine geben; denn das läßt sich nicht in Worte fassen wie andere Wissenschaften, sondern aus dem Zusammensein in ständiger Bemühung um das Problem und aus dem Zusammenleben entsteht es plötzlich wie ein Licht, das von einem springenden Funken entfacht wird, in der Seele und nährt sich dann weiter. Und doch weiß ich soviel sicher, daß, wenn es schon geschrieben oder vorgetragen würde, dies am besten von mir geschehen könnte. Und auch das weiß ich: Wenn es schlecht dargestellt wird, dann bringt es doch schließlich mir den größten Schaden. Wenn ich aber glaubte, es müsse in befriedigender Weise der breiten Öffentlichkeit schriftlich und mündlich vermittelt werden, was hätte ich Schöneres als das in meinem Leben tun können, Schöneres als den Menschen eine große Heilslehre [wörtlich „Nützliches", E. M.] niederzuschreiben und das Wesen der Dinge für alle ans Licht zu ziehen? Aber ich glaube, daß die Wiedergabe dieser Forschungen für die Menschen nichts Gutes bedeuten würde, außer für ganz wenige, und diese wären imstande, auf Grund einer kurzen Anleitung selbst die Sache zu finden, und von den übrigen würde es die einen in ganz ungehöriger Weise mit übel angebrachter Geringschätzung gegen die Philosophie erfüllen, die andern mit verstiegenem und törichtem Selbstbewußtsein, als ob sie weiß wie etwas Herrliches gelernt hätten. Doch will ich mich noch ausführlicher darüber äußern. Denn vielleicht wird der eine oder andere Punkt in den Dingen, über die ich spreche, verständlicher, wenn ich das vorgebracht habe. Denn es gibt eine unwiderlegbare Beweisführung, die demjenigen, der es wagt, auch nur eine Kleinigkeit von solchen Dingen niederzuschreiben, in den Weg tritt, eine Beweisführung, die ich schon oft vorgetragen habe, die aber auch jetzt vorgetragen werden zu müssen scheint.

Für jedes Ding gibt es dreierlei, wodurch sich notwendigerweise seine Erkenntnis vollzieht, dazu kommt als viertes die Erkenntnis selbst, als fünftes muß man das selber ansetzen, was eben Objekt der Erkenntnis und das wahrhaft Seiende ist, nämlich erstens der Name, zweitens die Definition, drittens das Abbild, viertens die Erkenntnis. Nimm als Beispiel einen Einzelfall, wenn du verstehen willst, was ich sage, und dann übertrage das auf alles. Zum Beispiel gibt es ein Ding, das man Kreis nennt. Sein Name ist eben gerade dies Wort, das wir jetzt ausgesprochen haben. Das zweite ist seine Definition; sie besteht aus Substantiven und Verben. Der Satz nämlich „Dasjenige Ding, dessen äußerste Punkte überall gleich weit von der Mitte entfernt sind", das wird etwa die Definition dessen sein, das den Namen rund und gleichförmig gebogen und Kreis trägt. An dritter Stelle steht das, was gezeichnet und wieder ausgewischt wird, gedrechselt wird und wieder zerstört werden kann. Von all dem erleidet der Kreis selbst, auf den alle die genannten sich beziehen, nichts, da er etwas anderes ist als sie. Das vierte aber, die Erkenntnis und die Einsicht und die wahre Meinung, stützt sich auf diese Dinge. All dies ist als eine Klasse aufzufassen, da es nicht in Sprachlauten noch in räumlichen Formen, sondern in der Seele existiert: dadurch ist es deutlich etwas anderes als das Wesen des Kreises an und für sich und als die drei vorhin genannten Dinge. Unter ihnen kommt aber die Einsicht dem fünften am nächsten durch Verwandtschaft und Ähnlichkeit, die andern sind weiter entfernt. Ganz gleich steht es mit geraden wie mit krummen Figuren und mit Farbe, Gut und Schön und Gerecht, mit jedem geschaffenen und natürlich gewordenen Körper, Feuer, Wasser und allem ähnlichen, mit jedem Lebewesen und dem Charakter, jedem Tun und Leiden. Wenn nämlich einer nicht irgendwie die vier Dinge [miteinander] ergreift, wird ihm niemals ganz die Erkenntnis des fünften zuteil werden. Denn außerdem gehen diese Dinge mindestens ebensosehr darauf aus, über die Qualitäten eines Gegenstandes etwas auszusagen als über dessen wahres Wesen, wegen der Schwäche des sprachlichen Ausdruckes; darum wird kein Vernünftiger es wagen, in diese schwache Sprache das von ihm Gedachte zu kleiden, und erst recht nicht in die unbewegliche Form, wie sie dem mit Lettern Geschriebenen eigen ist. Auch dies eben Gesagte soll man zu verstehen suchen [durch ein Beispiel]: Jeder der in Wirklichkeit gezeichneten oder vom Drechsler hergestellten Kreise ist voll vom Gegenteil des fünften – hat er doch überall Anteil am Geraden –, der Kreis selbst aber, wir betonen das, enthält in sich weder eine geringe noch eine große, überhaupt keine Beigabe von der ihm entgegengesetzten Wesensart. Was den Namen betrifft, so sagen wir, daß kein Ding einen festen habe; nichts stehe im Wege, daß, was jetzt „rund" heißt, „gerade" heiße und umgekehrt „gerade" „rund", und daß die Dinge gleich wirklich bleiben, auch wenn man die Namen vertausche und den gegenteiligen gebrauche. Und auch mit der Definition ist es die gleiche Sache, da sie ja aus Haupt- und Zeitwörtern besteht: es ist nichts hinlänglich zuverlässig darin. So könnte man sehr viele Worte darüber machen, wie ungenau jedes der vier Dinge ist.

In seinem autobiographischen siebten Brief, dem der Textauszug entnommen ist, schildert der siebzigjährige Platon (Text 5) seinen philosophischen Werdegang, der eng mit politischen Erfahrungen verbunden ist, besonders bei seinen mehrfachen Reisen nach Syrakus auf Sizilien. In Syrakus hatte Platon versucht, die Tyrannen Dionysios I. und Dionysios II. mit Hilfe von deren Verwandten Dion zu bewegen, eine philosophische Lebensweise zu praktizieren und auch den Staat entsprechend zu regieren. Platon begab sich dabei durch Machtintrigen selber in Lebensgefahr, und schließlich scheiterte der Versuch, einen Tyrannen zum Philosophenherrscher umzubilden. Nach Platon ist der Übergang von Tyrannis zu Philosophie in praktischer und theoretischer Hinsicht zu leisten und nur für wenige erreichbar. Praktisch zeichnet sich ein Philosoph durch Besonnenheit oder Selbstbeherrschung aus, theoretisch durch höchste Einsicht, die nur durch Selbstbeherrschung möglich ist. Worin diese höchste Einsicht aber besteht, läßt sich nach Platon letztlich nicht in Sätze fassen, wie er entsprechende Versuche aus seinem engeren Umkreis kritisiert.

Als Grund gibt Platon die Unvollkommenheit des Erkennens im Vergleich mit der Vollkommenheit des höchsten Seins an. Er unterscheidet fünf Stufen beim Erkennen von etwas (Seiendem) und wählt dabei als Beispiel den Kreis. Auf der Seite des Erkennens gibt es 1) Namen oder Wörter („Kreis"), 2) Definitionen durch Wörter („Dasjenige Ding, dessen äußerste Punkte (zu ergänzen: in der Fläche) überall gleich weit von der Mitte entfernt sind"), 3) seelische oder mentale Akte, wie wahre Meinung und Erkennen bzw. Einsicht. Auf der Seite des Seienden dagegen gibt es 4) die Sinnesdinge („der gezeichnete, gedrechselte Kreis") und schließlich 5) das Wesen der Dinge („der Kreis selbst") . Wenn wir einen Kreis wahrnehmen oder sehen (diese mentalen Akte wären bei Platon zu ergänzen) oder ihn bezeichnen, meinen wir etwas Bestimmtes, das sich in einer Definition „umgrenzen" läßt. Solange wir aber nicht die ideale Gestalt oder Idee des Kreises selbst vor Augen haben, verfügen wir mit der Definition lediglich über eine wahre Meinung. Erst wenn wir auf die Idee selbst blikken, haben wir ein notwendiges und allgemeingültiges Wissen (episteme) . Wörter und die durch sie gebildeten Definitionen sind auswechselbar und bloße Konventionen, wie in jeder Sprache und in der Vielfalt der Sprachen sichtbar ist; Wörter sind daher nie an sich richtig oder falsch (Platon, Kratylos). Wahre Meinung und Sinnesdinge ferner werden und vergehen und entsprechen nie vollkommen dem definierten Begriffsinhalt (die Punkte auf einer noch so gut mit dem Zirkel gezeichneten Kreislinie sind nie exakt gleich weit vom Mittelpunkt entfernt, da die Linie aus unterschiedlich großen Materieteilchen besteht). Schließlich ist auch der Akt der Einsicht unvollkommen, da er wieder vergehen kann und nicht das Erkannte selbst ist. Allein das Wesen der Dinge ist unveränderbar und in sich vollkommen. Die Kluft zwischen vollkommenem Sein und unvollkommenem Erkennen kann nach Platon nur in einer „plötzlichen" Einsicht im Durchgang durch die anderen Stufen überwunden werden, außerhalb von Raum und Zeit und wie in einem Akt der Verschmelzung. Dann sind wir sozusagen ganz bei der Sache und ganz weg – und erst dadurch ganz bei uns.

Das Kreisbeispiel läßt sich auf die höchste Einsicht übertragen, die nach Platon in der Einsicht in das Gute selbst besteht. Zwar läßt sich das Gute in Definitionen grob umgrenzen, etwa als Einheit der Vielheit, als Grenze des Unbegrenzten oder als Harmonie der Gegensätze, aber ohne Umsetzung in die eigene Lebenspraxis und ohne mühsamen Durchgang durch die Phänomene und begrifflichen Bestimmungen bleibt Platons „ungeschriebene Lehre" (Gaiser, Krämer) bloße Meinung und ist keine wirkliche Einsicht. Einsicht in das Wesen des Höchsten ist bei ihm weder ein mystischer Akt, wie die Funkenmetapher nahelegen könnte, noch bloße Begriffsarbeit. Nach Platon bilden vielmehr alle fünf Stufen eine Einheit, hierin ist er mit Parmenides vergleichbar (Text 2). Wenn wir einen gezeichneten Kreis als Kreis erkennen, haben wir zugleich den Kreis an sich vor Augen; auch von Tapferkeit können wir erst sinnvoll reden, wenn wir Einsicht in das wirklich Tapfere im Hinblick auf das Gute haben (Text 3). Wie weit wir unvollkommenen Menschen allerdings wirklich zur Einsicht in das Vollkommene fähig sind und wie das Vollkommene selbst zu denken oder in Wörtern und Begriffen zu beschreiben ist, hat Platon bis zum Schluß seiner philosophischen Bemühungen zu verstehen versucht (Text 7), ebenso die europäische Philosophie in ihren „Fußnoten zu Platon“ (Whitehead).

7. Platon: Probleme mit der Ideenlehre

Lieber Sokrates, dein Streben hin zu den Gedanken ist äußerst anerkennenswert. Aber sage mir bitte, hast du selbst die Unterscheidung gemacht, die du eben genannt hast, auf der einen Seite getrennt für sich Ideen, auf der anderen Seite getrennt für sich dasjenige, was an ihnen teilhat? Und scheint dir die Ähnlichkeit selbst etwas zu sein, was getrennt von der Ähnlichkeit ist, die wir selbst haben, ebenso Eins, Vieles und alles, was du gerade von Zenon gehört hast?

Mir jedenfalls ja, habe Sokrates geantwortet.

Und auch von derartigem, habe Parmenides weitergefragt, etwa vom Gerechten eine Idee allein für sich, vom Schönen, Guten und von allem dergleichen mehr?

Ja, habe er bestätigt.

Und wie steht es um die Idee des Menschen getrennt von uns und von allem, was so ist wie wir, nimmst du auch eine Idee an sich vom Menschen an oder vom Feuer und auch vom Wasser?

Mir sind schon oft Zweifel gekommen, Parmenides, habe er geantwortet, ob man hiervon dasselbe behaupten soll wie von dem übrigen oder etwas anderes.

Und bei solchem, Sokrates, was ja lächerlich zu klingen scheint, etwa bei Haaren, Lehm, Schmutz oder was sonst noch äußerst wertlos und gewöhnlich ist, hast du auch hier Zweifel, ob man von jedem von ihnen eine getrennte Idee behaupten soll, die ebenfalls etwas anderes ist als dasjenige, was wir mit den Händen greifen, oder ob man es nicht soll?

Auf keinen Fall, habe Sokrates gesagt, sondern man muß behaupten, daß diese Dinge genau so sind, wie wir sie sehen. Eine Idee von ihnen anzunehmen wäre doch allzu abwegig. Allerdings hat mich auch schon die Frage beunruhigt, ob es sich nicht in allen Fällen gleich verhält. Wenn ich dann aber an diesem Punkt zu stehen komme, fliehe ich wieder aus Angst, in eine bodenlose Albernheit zu geraten und darin umzukommen. Daher kehre ich wieder zu den Dingen zurück, von denen wir eben Ideen angenommen haben, und verweile dabei, mich mit ihnen zu beschäftigen.

Du bist eben noch jung, lieber Sokrates, habe Parmenides gesagt, und dich hat die Philosophie noch nicht so gepackt, wie sie dich meiner Meinung nach noch packen wird, wenn du nichts mehr von diesen Dingen für wertlos hältst. Jetzt aber richtest du dich noch nach den Meinungen der Menschen, eben weil du noch jung bist. Aber sage mir bitte, glaubst du, wie du behauptet hast, daß es gewisse Ideen gibt, durch deren Teilnahme diese anderen Dinge die Bezeichnung von ihnen erhalten; etwa, was an der Ähnlichkeit teilnimmt, heiße ähnlich, was an der Größe, groß, was an der Schönheit und Gerechtigkeit, gerecht und schön?

Allerdings, habe Sokrates bestätigt.

Hat nun etwa nicht alles, was teilnimmt, entweder an der ganzen Idee teil oder an einem Teil von ihr? Oder könnte eine andere Art von Teilnahme als diese beiden erfolgen?

Wie denn? habe er geantwortet.

Weiter, ist deiner Meinung nach die Idee als ganze in jedem der vielen Dinge, obwohl sie doch eine ist, oder wie?

Was hindert sie denn daran, Parmenides, habe Sokrates gefragt, eine zu sein?

Obwohl sie also eine und dieselbe ist, soll sie in vielen voneinander getrennten Dingen ganz und zugleich sein und wäre auf diese Weise von sich selbst getrennt.

Das wäre nicht der Fall, habe er entgegnet, wenn die Idee wie ein Tag wäre, der als einer und derselbe überall zugleich ist und trotzdem keineswegs von sich selbst getrennt ist, und wenn auf diese Weise auch jede Idee als eine in allen Dingen zugleich dieselbe wäre.

Hübsch, Sokrates, habe er gesagt, wie du ein- und dasselbe zugleich überall hinbekommst, als ob du mit einem Segeltuch viele Menschen bedeckst und behaupten möchtest, es sei als eines auf vielen und als ganzes. Oder meinst du nicht, daß dies deine Behauptung ist?

Vielleicht, habe er geantwortet.

Wäre dann das Segeltuch auf jedem als ganzes oder jeweils ein anderer Teil von ihm auf einem anderen?

Ein Teil.

Geteilt also, Sokrates, habe er gesagt, sind die Ideen selbst; und was an ihnen teilhat, nähme an einem Teil teil, und die Idee wäre nicht mehr in jedem als ganze, sondern als ein Teil von jeder.

So scheint es wenigstens.

Willst du nun behaupten wollen, Sokrates, daß die eine Idee für uns wirklich geteilt ist und dennoch weiterhin eine sein wird?

Auf keinen Fall, habe er geantwortet.

Sieh nur weiter hin, habe Parmenides gesagt. Wenn du das Große selbst teilen wirst und jedes der vielen großen Dinge durch einen Teil der Größe, der kleiner ist als die Größe selbst, groß sein wird, kommt dann nicht offensichtlich etwas Unvernünftiges heraus?

Und wie, war die Antwort.

Weiter: wenn jedes einen kleinen Teil des Gleichen erhält, wird es dann etwas haben, wodurch es, im Besitz von etwas Kleinerem als die Gleichheit selbst, einem anderen gleich sein wird?

Unmöglich.

Angenommen nun, jemand von uns hat einen Teil des Kleinen. Dann wird doch das Kleine größer als dieser sein, da er ja ein Teil von ihm selbst ist, und auf diese Weise wird also das Kleine selbst größer sein. Wem man aber das Weggenommene hinzufügte, das wird kleiner sein und nicht größer als vorher.

Das könnte wohl nicht geschehen, habe er gesagt.

Auf welche Weise also, Sokrates, habe Parmenides gefragt, wird das andere deiner Meinung nach an den Ideen teilnehmen, da es an ihnen weder teilweise noch als ganzes teilnehmen kann?

Beim Zeus, habe Sokrates geantwortet, es scheint mir keineswegs leicht zu sein, dies abzugrenzen.

Aber weiter, was sagst du dazu?

Und das wäre?

Ich glaube, du nimmst aus folgendem Grund an, daß jede Idee eine ist. Sooft dir viele Dinge groß zu sein scheinen, scheint es für dich vielleicht eine und dieselbe Hinsicht zu geben, wenn du auf alle hinsiehst. Daher nimmst du an, das Große sei eins.

Damit triffst du die Sache, habe er geantwortet.

Wie steht es aber mit dem Großen selbst und den anderen großen Dingen? Wenn du in der gleichen Weise mit der Seele auf alle hinsiehst, zeigt sich dir dann nicht wiederum ein Großes, wodurch sich dir dieses alles notwendigerweise als groß erweist?

So scheint es.

Eine andere Idee der Größe also wird zum Vorschein kommen, zusätzlich zum Großen selbst und zu dem, was daran teilhat; und über diesen allen wiederum eine andere, wodurch dieses alles groß sein wird. Und so wird es für dich nicht mehr jeweils eine Idee geben, sondern eine unendliche Menge.

Aber, Parmenides, habe Sokrates erwidert, ob nicht vielleicht jede dieser Ideen ein Gedanke ist, welcher sich nirgendwo anders einfinden kann als in den Seelen! Auf diese Weise nämlich wäre jede von ihnen eine, und es würde ihr nicht mehr das zustoßen, was eben gesagt wurde.

Was also, habe er gefragt, jeder der Gedanken ist einer, aber ein Gedanke von nichts?

Das ist ja unmöglich, war die Antwort.

Sondern von etwas?

Ja.

Von etwas, das ist, oder von etwas, das nicht ist?

Von etwas, das ist.

Nicht von einem Etwas, das jener Gedanke als auf allen Dingen seiend schaut, und zwar eine Hinsicht?

Ja.

Und wird dies nicht die Idee sein, was als eins seiend gedacht wird und als immer dasselbe seiend bei allen?

Das scheint wiederum notwendig zu sein.

Wie geht es aber weiter, habe Parmenides gefragt. Folgt nicht aus deiner Behauptung, daß die anderen Dinge an den Ideen teilhaben, deiner Meinung nach zwingend, daß jedes aus Gedanken besteht und alles denkt oder daß es, obwohl es Gedanken sind, nicht denkt?

Aber auch das, habe Sokrates erwidert, gibt ja keinen Sinn. Sondern, Parmenides, am ehesten scheint es sich mir jedenfalls so zu verhalten, daß diese Ideen wie Vorbilder in der Natur dastehen und die anderen Dinge ihnen gleichen und so ähnlich wie möglich sind. Und so wäre diese Teilhabe der anderen Dinge an den Ideen nichts anderes, als ihnen angeglichen zu werden.

Wenn nun etwas der Idee gleicht, fragte Parmenides, ist es dann möglich, daß jene Idee dem Angeglichenen nicht ähnlich ist, soweit es ihm ähnlich gemacht worden ist? Oder gibt es eine Möglichkeit, daß das Ähnliche einem Nichtähnlichen ähnlich ist?

Die gibt es nicht.

Muß nicht das, was einem Ähnlichen ähnlich ist, an ein und demselben teilhaben?

Notwendigerweise.

Das aber, woran das Ähnliche teilhat und wodurch es ähnlich ist, wird doch die Idee selbst sein?

Völlig richtig.

Folglich kann etwas nicht der Idee ähnlich sein und auch nicht die Idee etwas anderem. Andernfalls würde neben dieser Idee stets noch eine andere Idee erscheinen. Und wenn jene Idee etwas anderem ähnlich ist, wäre wieder eine andere da. Folglich wird das Auftreten einer neuen Idee niemals aufhören, wenn die Idee demjenigen ähnlich werden soll, was an ihr teilhat.

Was du sagst, ist völlig zutreffend.

Somit kann nicht durch Ähnlichkeit das andere an den Ideen teilnehmen, sondern man muß etwas anderes suchen, wie sie teilnimmt.

Offensichtlich.

Siehst du nun, Sokrates, habe er gesagt, wie groß die Schwierigkeit ist, wenn jemand Ideen absondert, die allein für sich sind?

Und wie!

Gibt es neben den konkreten Gegenständen noch Gegenstände ganz anderer, idealer Art? Platon (Text 5) hat mit seiner Ideenlehre, so scheint es, diese Frage bejaht: neben dem konkreten, gezeichneten Kreis beispielsweise gibt es die Idee des Kreises (Text 6). Genauer geht es bei der Frage nach idealen Gegenständen um den Seinsstatus von Allgemeinbegriffen. So wurden im mittelalterlichen Universalienstreit vor allem drei Positionen vertreten: das Allgemeine oder die Universalien haben, erstens, eine unabhängige Existenz „vor den Dingen" (ante res) und sind nach platonistisch-christlicher Auffassung die Gedanken Gottes als Idealbilder vor der Schöpfung; oder, so zweitens im Anschluß an Aristoteles, das Allgemeine existiert nur in Verbindung mit und „in den Dingen" (in rebus); nach einer dritten, vor allem von Wilhelm von Ockham vertretenen Auffassung schließlich kommt dem Allgemeinen nur eine Existenz „nach den Dingen" zu (post res), als nominalistische Zusammenfassung bestimmter Eigenschaften in einem Namen (nomen), wie ein Worthauch (flatus vocis) oder als bloß innerpsychische Vorstellung (conceptus) ohne Bezug auf eine gemeinsame Wirklichkeit außer uns. Daß wir Allgemeinbegriffe benutzen, ist mit der Sprache gegeben, die Frage ist allerdings, worauf wir uns dabei beziehen: auf ein ideales Wesen (Platon), auf unsere bloßen Vorstellungen oder auf eine eingespielte Regelpraxis (Wittgenstein, Text 32)?

Wie Platon selbst das Universalienproblem gelöst hat, läßt sich keineswegs eindeutig beantworten. Während er im „Phaidon", einem Dialog der mittleren Phase, zu behaupten scheint, daß es Ideen gibt, die neben den konkreten Dingen eine getrennte, eigenständige Existenz nach Art geistiger, idealer Gegenstände haben, stellt er im Spätdialog „Parmenides" eine derartige Auffassung gerade in Frage und nimmt Aristoteles' Kritik an der Annahme getrennter Ideen (Metaphysik, I, 9) im Kern vorweg. Wie im Text mehrfach betont wird, ist die Annahme von Allgemeinbegriffen zwar der notwendige Ausgangspunkt, keineswegs aber der Endpunkt der Philosophie. Bei dem historisch eher unwahrscheinlichen Treffen des noch jungen Sokrates mit dem alten Parmenides (Text 2) geht es um das Verhältnis des Einen und Vielen. Ausgangspunkt war die gemeinsame Lektüre einer Schrift Zenons, die ein argumentatives Patt zwischen der parmenideischen Behauptung des (nur) Einen und der heraklitschen Behauptung des (nur) Vielen feststellt, da sich beide Seiten in Widersprüche verwickeln. Die Parmenideer kommen nicht mit der Differenzierung des Einen, die Herakliteer nicht mit der Identifizierung des Vielen zurecht. Der junge Sokrates dagegen glaubt, das Patt auflösen und damit Parmenides und seinem Schüler Zenon helfen zu können, indem er Seiendes als Sinnes- und Ideendinge unterscheidet. Die vielen Sinnesdinge werden jeweils in einer Ideenhinsicht identifiziert, und die jeweils einen Ideen sind insgesamt viele und können miteinander verbunden werden.

Gleich zu Beginn des Textes macht Parmenides dagegen auf das Hauptproblem einer derartigen Ideenlehre aufmerksam: die Trennung und Teilhabe von Sinnes- und Ideenwelt. In der realen Dialogpraxis jedoch, so kann ein Leser als dritter Dialogpartner einwenden, haben wir es nicht zunächst mit konkreten Dingen und dann mit Ideen zu tun, sondern mit beidem zugleich, wenn wir etwa einen Kreis *als* Kreis verstehen (Text 6) oder Tapferkeit *als* Tapferkeit (Platon, Laches). Eines und Vieles sind aufeinander bezogen und nicht voneinander getrennt; sie sind, so bereits in Parmenides' Lehrgedicht (Text 2), eine in sich differenzierte Einheit, nicht eine Vielheit getrennter Welten. Die Ideenlehre des jungen Sokrates – der sich selber in den frühen Dialogen Platons nie mit derartigen Problemen befaßt hatte und deshalb in der fiktiven Selbstinterpretation seiner eigenen Dialogpraxis als Anfänger erscheinen kann – führt zwar mit der Unterscheidung von, modern gesprochen, Prädiziertem und allgemeinen Prädikaten über das Ausgangspatt hinaus, erschwert aber mit der Trennung von beidem zugleich eine Problemlösung. Insgesamt weist Parmenides auf drei Probleme hin, die unterschiedliche Prämissen der Ideenlehre berühren. Erstens ist der Bereich oder die Funktion der Ideen fraglich. Sollen Ideen die Ermöglichung wirklichen, allgemeingültigen Wissens sein, sind logische und mathematische Ideen ein sicherer Kandidat; ebenfalls sind ethische Ideen als Maßstab für eine zuverlässige moralische Orientierung zunächst plausibel, wenn auch die Analogie zur Sicherheit logisch-mathematischen Wissens zweifelhaft ist (Text 5). Unsicher ist sich der junge Sokrates aber bei biologisch-physikalischen Ideen, die man aus heutiger Sicht als genetischen Code oder Naturgesetze verstehen kann und die als allgemeine mathematische Gesetze auch in Platons „Timaios" vorausgesetzt werden. „Lächerlich" schließlich erscheinen Sokrates die Ideen von etwas Wertlosem – wohl weil dies die Ideen, letztlich als Ordnungsprinzip oder Kosmos der Welt verstanden, in den Schmutz ziehen würde. Offensichtlich also hat sich der junge Sokrates noch keine genaueren Gedanken gemacht, was Ideen eigentlich sind und wozu sie gut sind. Der zweite Problemkreis ferner, die Teilhabe, folgt konsequent aus der Trennung und wird von Parmenides in logischer, gut nachvollziehbarer Schärfe vorgeführt.

Auch das dritte, anschließend diskutierte „größte" Problem, wie sich göttliche und menschliche Welt im Erkennen und Handeln aufeinander beziehen können, wenn beide voneinander grundsätzlich getrennt sind, geht auf dieselbe Zweiweltenhypothese zurück. Die in diesem Zusammenhang diskutierte Vorstellung von den Ideen als Gedanken Gottes vor der Schöpfung oder als rationale Transformation der jenseitigen, mythologischen Göttergestalten bringt keine Lösung. Nachdem er den jungen Sokrates nach Art der sokratischen Hebammenkunst selber in seinem Nichtwissen überführt hat (ein einmaliges Ereignis in Platons Dialogen), tadelt ihn der alte Parmenides nicht etwa, sondern lobt ihn sogar wegen seiner Ideenannahme. Ohne gemeinsame Begriffe oder Ideen sei in der Tat ein Dialog sinnlos, vor allem, wie man hinzufügen könnte, bei wissenschaftlichen und moralisch-praktischen Differenzen. Parmenides bemängelt allerdings die spezielle Fassung der Zweiweltenlehre und erinnert an die jedem bekannte Dialogpraxis, in der Eines und Vieles, Prädiziertes und Prädikate, immer schon miteinander verbunden sind. Abschließend mahnt er den jungen Sokrates, seine Unerfahrenheit im Umgang mit allgemeinen Ideen zu überwinden, und führt als praktische Übung in eigener Sache das Beispiel vom Einen und Vielen in mehreren Thesen und Antithesen durch, nach Hegel ein Musterbeispiel der Dialektik (Text 26).

Ähnlich wie Parmenides zieht auch der ältere Sokrates in den Frühdialogen, wie man aus der Perspektive des späten Dialogs „Parmenides" jetzt besser verstehen kann, seine Dialogpartner in eine praktische Übung der Selbsterkenntnis hinein, bei der sie von unhaltbaren Ideen ausgehen, die es zu differenzieren und auf die eine Idee des Guten zu beziehen gilt. Auf keinen Fall dagegen vertritt Sokrates in den Frühdialogen eine Zweiweltenlehre nach Art des „Phaidon", und selbst dort wird sie vom platonischen Sokrates, aus dem eher Platon als Sokrates spricht, deutlich als Hypothese, nicht als festes Wissen eingeführt. Platon scheint eine pragmatische Lösung vorgeschwebt zu haben. Während im „Parmenides" die Ideen als pragmatische Basis der Dialogpraxis und bereits im „Menon" als Voraussetzung für das moralisch-praktische Handeln und für ein Tugendwissen (Text 4) begründet werden, gibt Platon im X. Buch der „Politeia“ recht deutlich eine pragmatische Begründung der Ideen generell. Was beispielsweise ein Zaumzeug ist, weiß man nicht im Hinblick auf eine feste Wesensgestalt, sondern durch den praktischen Umgang mit Pferden in der Wirklichkeit. Der Reiter hat ein praktisches Wissen vom realen Funktionieren eines Zaumzeugs (601 c), indem er um die Natur des oder seines Pferdes, die Beschaffenheit des Leders und Geländes sowie die Bewegungsabläufe beim Zügeln weiß. Die wirklichen Funktionszusammenhänge machen insgesamt die „Idee“ des Zaunzeugs aus, die der Reiter als Ordnung Gottes vorfindet, ohne das kreative Dazutun nach Art des Löffelschnitzers bei Nikolaus von Kues (Text 16). Platons Ideenlehre ist zwar metaphysisch-theologisch fundiert, das Ideenwissen selbst aber ist, um mit Heidegger zu sprechen, ein „zuhandenes“, kein „vorhandenes“ Wissen (Text 31).

8. Aristoteles: Vom Wesen der Weisheit

Alle Menschen streben von Natur nach Wissen; dies beweist die Freude an den Sinneswahrnehmungen, denn diese erfreuen an sich, auch abgesehen von dem Nutzen, und vor allen andern die Wahrnehmungen mittels der Augen. Denn nicht nur zu praktischen Zwecken, sondern auch wenn wir keine Handlung beabsichtigen, ziehen wir das Sehen so gut wie allem andern vor, und dies deshalb, weil dieser Sinn uns am meisten Erkenntnis gibt und viele Unterschiede offenbart. Von Natur nun haben die Tiere sinnliche Wahrnehmung, aus der sinnlichen Wahrnehmung entsteht bei einigen Erinnerung, bei anderen nicht, und darum sind jene verständiger und gelehriger als die, welche sich nicht erinnern können. Verständig ohne zu lernen sind alle diejenigen, welche den Schall nicht hören können, z.B. die Biene und was etwa noch sonst für Tiere der Art sind; dagegen lernen alle diejenigen, welche außer der Erinnerung auch diesen Sinn besitzen. Die anderen Tiere nun leben in ihren Vorstellungen und Erinnerungen und haben nur geringen Anteil an Erfahrung, das Geschlecht der Menschen dagegen lebt auch in Kunstfertigkeit und Überlegung.

Aus der Erinnerung nämlich entsteht für die Menschen Erfahrung; denn die Vielheit der Erinnerungen an denselben Gegenstand erlangt die Bedeutung einer einzigen Erfahrung, und es scheint die Erfahrung beinahe der Wissenschaft und der Kunstfertigkeit sich anzunähern. Wissenschaft aber und Kunstfertigkeit gehen für die Menschen aus der Erfahrung hervor; denn ‚Erfahrung schuf die Kunstfertigkeit', sagt *Polos* mit Recht, ‚Unerfahrenheit den Zufall'. Die Kunstfertigkeit entsteht dann, wenn sich aus vielen durch die Erfahrung gegebenen Gedanken eine allgemeine Annahme über das Ähnliche bildet. Denn die Annahme, daß dem Kallias, indem er an dieser bestimmten Krankheit litt, dieses bestimmte Heilmittel half, und ebenso dem Sokrates und so vielen einzelnen, ist eine Sache der Erfahrung; daß es dagegen allen von solcher und solcher Beschaffenheit (indem man sie in *einen* Artbegriff einschließt), allen, die an dieser Krankheit litten, zuträglich war, z. B. den schleimichten oder gallichten oder fieberkranken, diese Annahme gehört der Kunstfertigkeit an. Zum Zweck des Handelns steht die Erfahrung der Kunstfertigkeit an Wert nicht nach, vielmehr sehen wir, daß die Erfahrenen mehr das Richtige treffen als diejenigen, die ohne Erfahrung nur den allgemeinen Begriff besitzen. Die Ursache davon liegt darin, daß die Erfahrung Erkenntnis des Einzelnen ist, die Kunstfertigkeit des Allgemeinen, alles Handeln und Geschehen aber am Einzelnen vorgeht. Denn nicht einen Menschen überhaupt heilt der Arzt, außer in akzidentellem Sinne, sondern den Kallias oder den Sokrates oder irgendeinen anderen Einzelnen, für welchen es ein Akzidens ist, daß er auch Mensch ist. Wenn nun jemand den Begriff besitzt ohne Erfahrung und das Allgemeine weiß, das darin enthaltene Einzelne aber nicht kennt, so wird er das rechte Heilverfahren oft verfehlen; denn Gegenstand des Heilens ist vielmehr das Einzelne.

Dennoch aber schreiben wir Wissen und Verstehen mehr der Kunst zu als der Erfahrung und sehen die Künstler für weiser an als die Erfahrenen, indem Weisheit (sophia) einem jeden vielmehr nach dem Maßstabe des Wissens zuzuschreiben sei. Und dies deshalb, weil die einen die Ursache kennen, die anderen nicht. Denn die Erfahrenen kennen nur das Daß, aber nicht das Warum; jene aber kennen das Warum und die Ursache. Deshalb stehen auch die leitenden Künstler in jedem einzelnen Gebiete bei uns in höherer Achtung, und wir meinen, daß sie mehr wissen und weiser sind als die Handwerker, weil sie die Ursachen dessen, was hervorgebracht wird, wissen, während die Handwerker manchen leblosen Dingen gleichen, welche zwar etwas hervorbringen, z.B. das Feuer Wärme, aber ohne das zu wissen, was es hervorbringt; wie jene leblosen Dinge nach einem natürlichen Vermögen das hervorbringen, was sie hervorbringen, so die Handwerker durch Gewöhnung. Nicht nach der größeren Geschicklichkeit zum Handeln schätzen wir dabei die Weisheit ab, sondern darum bezeichnen wir die leitenden Künstler als weiser, weil sie im Besitz des Begriffes sind und die Ursachen kennen. Überhaupt ist es ein Zeichen des Wissens, daß man den Gegenstand lehren kann, und darum sehen wir die Kunstfertigkeit mehr für Wissenschaft (*epistêmê*) an als die Erfahrung; denn die Kunstfertigen können lehren; die Erfahrenen aber nicht. Ferner meinen wir, daß von den Sinneswahrnehmungen keine Weisheit gewähre, und doch geben sie die bestimmteste Kenntnis des Einzelnen; aber das Warum geben sie von keinem Dinge an, z.B. von dem Feuer geben sie nur an, daß es brennt, nicht warum es brennt.

Wer daher zuerst neben den allgemeinen Sinneswahrnehmungen eine Kunstfertigkeit erfand, der fand natürlich Bewunderung bei den Menschen, nicht nur wegen der Nützlichkeit seiner Erfindung, sondern wegen der Weisheit, die ihn vor den andern auszeichnete. Bei weiterem Fortschritte in der Erfindung von Kunstfertigkeiten, teils für die notwendigen Bedürfnisse, teils für den Genuß des Lebens, halten wir die letzteren immer für weiser als die ersteren, weil ihr Wissen nicht auf den Nutzen gerichtet ist. Als daher schon alles Derartige geordnet war, da wurden die Wissenschaften gefunden, die sich weder auf die notwendigen Bedürfnisse noch auf das Vergnügen des Lebens beziehen, und zwar zuerst in den Gegenden, wo man Muße hatte. Daher bildeten sich in Ägypten zuerst die mathematischen Wissenschaften, weil dort dem Stande der Priester Muße gelassen war. Welcher Unterschied nun zwischen Kunstfertigkeit und Wissenschaft und dem übrigen Gleichartigen besteht, ist in der Ethik erklärt; der Zweck der gegenwärtigen Erörterung aber ist, zu zeigen, daß alle als Gegenstand der sogenannten Weisheit die ersten Ursachen und Prinzipien ansehen; darum, wie gesagt, gilt der Erfahrene für weiser als der, welcher irgendeine Sinneswahrnehmung besitzt, der Kunstfertige für weiser als der Erfahrene, und wieder der leitende

Kunstfertige vor dem Handwerker, die betrachtenden Wissenschaften vor denen, die sich auf ein Hervorbringen beziehn, die theoretischen Kunstfertigkeiten vor den praktischen (*poiētikaí*). Daß also die Weisheit eine Wissenschaft von gewissen Ursachen und Prinzipien ist, das ist hieraus klar.

Da wir nun diese Wissenschaft suchen, so müssen wir danach fragen, von welcherlei Ursachen und Prinzipien die Wissenschaft handelt, welche Weisheit ist. Nimmt man nun die gewöhnlichen Annahmen, welche wir über den Weisen haben, so dürfte vielleicht die Sache daraus eher deutlich werden. Es ist nun erstens unsere gewöhnliche Annahme, daß der Weise soviel möglich alles wisse, ohne dabei die Wissenschaft des Einzelnen zu besitzen, ferner, daß der, welcher das Schwierige und für den Menschen nicht leicht Erkennbare zu erkennen vermag, weise sei (denn Sinneswahrnehmung ist allen gemeinsam und darum leicht und nichts Weises); ferner, daß in jeder Wissenschaft der Genauere und die Ursachen zu lehren Fähigere der Weisere sei; und daß unter den Wissenschaften die, welche um ihrer selbst und um des Wissens willen gesucht wird, in vollerem Sinne Weisheit sei als die um anderweitiger Ergebnisse willen gesuchte, und ebenso die mehr gebietende im Vergleich mit der dienenden; denn der Weise dürfe sich nicht befehlen lassen, sondern müsse befehlen, nicht er müsse einem anderen, sondern ihm müsse der weniger weise gehorchen.

Dies sind im ganzen die Annahmen, welche wir über die Weisheit und die Weisen haben. Hierunter muß das Merkmal, alles zu wissen, dem zukommen, dessen Wissenschaft am meisten das Allgemeine zum Gegenstand hat; denn dieser weiß gewissermaßen alles Untergeordnete. Dies aber, das Allgemeinste, ist auch für den Menschen gerade am schwersten zu erkennen; denn es liegt am weitesten von den sinnlichen Wahrnehmungen entfernt. Am genauesten aber sind unter den Wissenschaften die, welche am meisten auf das Erste sich beziehen; denn auf eine geringere Zahl von Prinzipien bezogene Wissenschaften sind genauer als diejenigen, bei denen noch bestimmende Zusätze hinzukommen, z.B. die Arithmetik ist genauer als die Geometrie. Aber auch zu lehren fähiger ist diejenige Wissenschaft, welche die Ursachen betrachtet; denn in jeder Wissenschaft lehrt derjenige, der die Ursachen angibt. Wissen aber und Erkennen um ihrer selbst willen kommt am meisten der Wissenschaft des im höchsten Sinne Wißbaren zu.

Denn wer das Wissen um seiner selbst willen wählt, der wird die höchste Wissenschaft am meisten wählen, dies ist aber die Wissenschaft des im höchsten Sinne Wißbaren, im höchsten Sinne wißbar aber sind die ersten Prinzipien und die Ursachen; denn durch diese und aus diesen wird das andere erkannt, aber nicht dies aus dem Untergeordneten. Am gebietendsten unter den Wissenschaften, gebietender als die dienende, ist die, welche den Zweck erkennt, weshalb jedes zu tun ist; dieser ist aber das Gute in jedem einzelnen Falle und überhaupt das Beste in der ganzen Natur.

Nach allem eben Gesagten kommt also der fragliche Name derselben Wissenschaft zu; denn sie muß die ersten Prinzipien und Ursachen untersuchen, da ja auch das Gute und das Weswegen eine der Ursachen ist. Daß sie aber nicht auf ein Hervorbringen geht, beweisen schon die ältesten Philosophen. Denn Verwunderung *(thaumázein)* veranlaßte zuerst wie noch jetzt die Menschen zum Philosophieren, indem man anfangs über die unmittelbar sich darbietenden unerklärlichen Erscheinungen sich verwunderte, dann allmählich fortschritt und auch über Größeres sich in Zweifel einließ, z.B. über die Erscheinungen an dem Monde und der Sonne und den Gestirnen und über die Entstehung des All. Wer aber in Zweifel und Verwunderung über eine Sache ist, der glaubt sie nicht zu kennen. Darum ist der Freund der Sagen (*mŷthos*) auch in gewisser Weise ein Philosoph; denn die Sage besteht aus Wunderbarem. Wenn sie also philosophierten, um der Unwissenheit zu entgehen, so suchten sie die Wissenschaft offenbar des Erkennens wegen, nicht um irgendeines Nutzens willen. Das bestätigt auch der Verlauf der Sache; denn als so ziemlich alles zur Bequemlichkeit und zum Genuß des Lebens Nötige vorhanden war, da begann man diese Art der Einsicht zu suchen.

Daraus erhellt also, daß wir sie nicht um irgendeines anderweitigen Nutzens willen suchen, sondern, wie wir den Menschen frei nennen, der um seiner selbst, nicht um eines andern willen ist, so ist auch diese Wissenschaft allein unter allen frei; denn sie allein ist um ihrer selbst willen. Darum möchte man auch mit Recht ihre Erwerbung für übermenschlich halten; denn in vielen Dingen ist die menschliche Natur eine Sklavin, und es möchte also wohl nach *Simonides'* Spruche ‚nur ein Gott dieses Vorrecht besitzen', für den Menschen aber unziemlich sein, nicht die ihm angemessene Wissenschaft zu suchen. Wenn also die Dichter recht haben und Neid im göttlichen Wesen liegt, so ist anzunehmen, daß dies hierauf am meisten trifft, und alle unglückselig sind, die zu weit streben. Aber, weder ist Neid im göttlichen Wesen denkbar, sondern, wie es schon im Sprichwort heißt, ‚viel lügen die Dichter', noch darf man eine andere Wissenschaft für ehrwürdiger halten als diese. Denn die göttlichste ist zugleich die ehrwürdigste. Göttlich aber kann sie nur in zwiefachem Sinne sein; denn einmal ist die Wissenschaft göttlich, welche der Gott am meisten haben mag, und dann die, welche das Göttliche zum Gegenstande hat. Bei dieser Wissenschaft allein trifft beides zugleich ein; denn Gott gilt allen für eine Ursache und ein Prinzip, und diese Wissenschaft möchte wohl allein oder doch am meisten Gott besitzen. Notwendiger als diese sind alle andern, besser aber keine. Ihr Besitz jedoch muß für uns gewissermaßen in das Gegenteil der anfänglichen Forschung umschlagen. Denn es beginnen, wie gesagt, alle mit der Verwunderung darüber, ob sich etwas wirklich so verhält, wie etwa über die automatischen Kunstwerke oder die Wendungen der Sonne oder die Irrationalität der Diagonalen; denn wunderbar erscheint es einem jeden, der den Grund noch nicht erforscht hat, wenn etwas durch das kleinste Maß nicht soll meßbar sein. Es muß sich aber dann am Ende zum Gegenteil und ‚zum Besseren' umkehren nach dem Sprichwort, wie es auch in diesen Gegenständen der Fall ist, nachdem man sie erkannt hat; denn über nichts würde sich ein der Geometrie Kundiger mehr verwundern, als wenn die Diagonale kommensurabel sein sollte.

Worin also das Wesen der gesuchten Wissenschaft besteht, welches das Ziel ist, das die Forschung und die ganze Untersuchung erreichen muß, ist hiermit ausgesprochen.

Aristoteles (384–322 v. Chr.) wurde in Stageira, Chalkidike, als Sohn eines Arztes am makedonischen Königshof geboren. Seine Herkunft prägte seinen Werdegang entscheidend. Er blieb in Athen bis zuletzt ein mißtrauisch geduldeter Fremder; außerdem übernahm er vom Arztberuf seines Vaters eine nüchterne, an Fakten und logischer Analyse orientierte Denkweise. In dem zwanzigjährigen Studienaufenthalt an der Akademie Platons wurde er dessen berühmtester Schüler, allerdings in kritischer Distanz zu Platons Ideenlehre. Nach dem Tod Platons (Text 5) übernahm nicht Aristoteles, sondern Speusipp die Leitung der Schule. Vielleicht aus Enttäuschung hierüber, sicher aber wegen politischer Spannungen zwischen Athen und Makedonien hielt sich Aristoteles einige Jahre lang außerhalb von Athen auf und wirkte in dieser Zeit unter anderem als Erzieher Alexanders des Großen. Nach Athen zurückgekehrt, gründete er 335/4 das „Lykeion" (Peripatos), an dem er etwa zwölf Jahre lang lehrte. Nach dem Tod des Makedonenkönigs Alexander des Großen verließ Aristoteles, wieder wegen seiner ungern gesehenen makedonenfreundlichen Haltung, erneut Athen und starb kurz darauf in Chalkis auf Euböa. Im Unterschied zu Sokrates und Platon ist über das Leben des Aristoteles wenig bekannt. Er hinterließ umfangreiche Schriften, von denen lediglich etwa ein Viertel erhalten ist. Verlorengegangen sind vor allem seine exoterischen, an einen größeren Kreis gerichteten Texte, die nach dem Vorbild Platons häufig in Dialogform abgefaßt waren. Überliefert wurden insbesondere seine esoterischen Lehrschriften für einen kleineren Kreis in Form von Abhandlungen oder überarbeiteten Vorlesungsnotizen. In ihnen erweist sich Aristoteles als erster professioneller Philosoph, der die Hauptdisziplinen der Philosophie sowie eine eigene Fachsprache und Methodologie entwickelt hat. Gemäß einer antiken Einteilung der Philosophie wurden die Lehrschriften des Aristoteles in solche der Logik (z.B. Erste und Zweite Analytiken, Kategorienschrift), der Ethik (z.B. Nikomachische Ethik, Politik, Rhetorik) und der Physik (z.B. Über die Seele, Vom Himmel, Tierkunde, Meteorologie) gegliedert.

„Nach (griech. *metà*) der Physik *(tà physiká)*" ordnete Andronikos von Rhodos, der etwa 300 Jahre nach Aristoteles' Tod die erste sorgfältige Textausgabe besorgte, die einzelnen Bücher der „Metaphysik" an. Neben der äußeren, editorischen Bedeutung ergibt dieser Titel aber auch inhaltlich einen guten Sinn: „was jenseits der sinnlich wahrnehmbaren Dinge ist". Aristoteles, der selber nicht den Ausdruck „Metaphysik", sondern „Erste Philosophie" verwendet, ist allerdings nur mit Einschränkungen ein Metaphysiker im Sinne einer Lehre von einer jenseitigen Welt, da er nach den ersten Prinzipien des Seins *innerhalb* der Sinneswelt fragt. Damit steht er aber keineswegs in einem krassen Gegensatz zu seinem Lehrer, wie es das herkömmliche philosophiehistorische Rezeptionsschema suggeriert und wie es auch ein Gemälde Raffaels mit dem Titel „Die Schule von Athen“ (um 1510) darstellt, auf dem Platon mit dem Zeigefinger sanft nach oben zum Ideenhimmel deutet, während Aristoteles energisch nach unten zur Erde weist. Im Grunde kritisierte Aristoteles nicht die platonische, sondern die platonistische Ideenlehre abgetrennter, jenseitiger Wesenheiten, wie sie eher Platons Schüler vertraten (Text 7). Dabei sind Platon wie Aristoteles gleichwohl nicht frei von metaphysischen Ambitionen. Ähnlich wie Platon im „Timaios“ entwickelt auch Aristoteles im zwölften Buch eine Kosmos-Lehre mit Gott als „unbewegtem Beweger“ aller „bewegten“ Dinge der „Physik“. Daher kann sich der Thomismus (Text 15) mit einem gewissen Recht auf eine aristotelische Onto-Theologie als Vorbild berufen.

Im Gegensatz zur stark axiomatisch-deduktiven Metaphysik des zwölften Buchs kommt in den hier abgedruckten beiden Anfangskapiteln des ersten Buchs die komplexe Methode der aristotelischen Philosophie deutlich zum Ausdruck. Die Einheit von Seins-, Phänomen- und Sprachanalyse entspricht nach Aristoteles dem Sein selbst, das sich in der Mannigfaltigkeit der Phänomene und in den Erfahrungen der Alltagssprache niederschlägt. Bei der gesuchten Bestimmung der höchsten Wissenschaft knüpft Aristoteles der Sache nach an das sokratische Vorverständnis der Philosophie als „Liebe zur Weisheit“ an und entfaltet es schrittweise in einer induktiven Methode. Induktion bedeutet nach Aristoteles keine – zweifelhafte – allgemeingültige Begründung durch endlich viele Fälle, sondern ist ein nachträgliches Entfalten und Absichern eines vagen Vorverständnisses, vergleichbar mit der sokratischen Anamnesis- oder Hebammenmethode (Text 4). Der Anfangssatz: „Alle Menschen streben von Natur nach Wissen“ enthält bereits vage das Ganze, muß aber in seiner Bedeutungsfülle erst entfaltet werden. Was als simple Phänomenbeschreibung beginnt, entpuppt sich zum Schluß als Wesenbestimmung des göttlichen Vernunftwesens Mensch. Aristoteles' Vorgehen ist somit zirkulär, aber nicht als verbotener Definitionszirkel, sondern als Entfaltung eines vorgängigen, durchaus kritisierbaren Weltwissens.

Bei der Entfaltung des Weisheitsbegriffs bezieht sich Aristoteles zunächst auf eine, wie er meint, allgemein beobachtbare Stufenfolge unterschiedlicher Wissensformen, die vom sinnlichen Wissen und dem Primat des Sehens ausgeht und über das handwerklich-praktische zum wissenschaftlich-theoretischen Wissen führt. Das näher zu bestimmende höchste Wissen ist somit ein theoretisches Wissen, dieses wiederum ist Weisheit von den ersten oder höchsten Prinzipien des Seins, weil diese nach einem allgemeinem Vorverständnis die Merkmale dessen erfüllen, was ein Weiser weiß: Alles, Allgemeines, Schwieriges, Genaues und Selbstzweckhaftes. Das letzte Merkmal stützt Aristoteles auf die allgemeine Beobachtung, daß auch der Mythos oder die Wissenschaft als einziges Ziel das Wissenwollen haben, um eine anfängliche Verwunderung (thaumázein) zu überwinden. Philosophie ist daher nicht bloße „Suche", sondern „Besitz" der Weisheit, die Gott in seiner Güte den Menschen nicht „neidet". Der Mensch, so ist Aristoteles im Hinblick auf das zwölfte Buch zu verstehen, hat am Göttlichen teil und kann deshalb an der Weisheit als göttlicher Selbsterkenntnis teilhaben und seiner selbst als Teil des wohlgeordneten Kosmos innewerden. Mit dem Besitz statt der bloßen Suche oder Liebe zur Weisheit ist allerdings keine Kritik an Sokrates gemeint Denn Sokrates weist lediglich einen bestimmten Weisheitsbesitz zurück, nämlich das konventionelle oder sophistische Scheinwissen von der menschlichen Arete oder „Bestform". Auch er aber geht in der Tradition des Parmenides von einer Weisheit als Kosmos-Vorstellung aus. Anders als Platon und Aristoteles ist für Sokrates die Weisheit oder Ahnung vom „Guten" jedoch eher implizit, nur in Umrissen sichtbar und ist mit dem Nichtwissen ihrer rationalen Letztbegründung und ihrer Ableitung als Handlungsanweisung verbunden (Text 3).

Liest man also Aristoteles gegen den Strich üblicher philosophiehistorischer Rezeptionsschemata eines Anti-Platonikers (Raffaels Gemälde) oder Meta-Platonikers (Thomismus), dann ist er unabhängig von seiner Bedeutung für die europäische Philosophiegeschichte, etwa im Thomismus oder bei Leibniz und Wolff, auch für ein gegenwärtiges Philosophieren mit einem pluralistischen Wissensbegriff von anhaltendem Interesse. Die Spannung zwischen geschlossenem und offenem Denken bei Aristoteles findet man auch in der gegenwärtigen Rezeption des Neoaristotelismus wieder, als teleologische Weltdeutung (Joachim Ritter u.a.) und – vor allem in der angelsächsischen Philosophie – als phänomen- und sprachanalytische Weltdeutung (Martha Nussbaum u.a.).

9. Aristoteles: Wahre Freundschaft

Darnach werden wir wohl von der Freundschaft (griechisch: *philía*) reden müssen. Denn sie ist eine Tugend oder doch mit der Tugend verbunden; außerdem gehört sie zum Notwendigsten im Leben. Denn keiner möchte ohne Freunde leben, auch wenn er alle übrigen Güter besäße. Auch der Reiche, der Regierende und der Fürst scheinen der Freunde ganz besonders zu bedürfen. Denn was nützt ihnen ein solcher Segen, wenn ihnen das Wohltun unmöglich ist, das am ehesten und am lobenswertesten Freunden gegenüber ausgeübt wird? Oder wie ließe sich ein solcher Segen ohne Freunde bewahren und verteidigen? Je größer er ist, desto gefährdeter ist er. In der Armut wiederum und im sonstigen Unglück hält man die Freunde für seine einzige Zuflucht.

Dem jungen Menschen ist die Freundschaft eine Hilfe, damit er keine Fehler begeht, dem Greis verhilft sie zur Pflege und ergänzt, wo er aus Schwäche nicht zu handeln vermag, den Erwachsenen unterstützt sie zu edlen Taten; denn „zwei miteinander" sind tauglicher zu denken und zu handeln.

Außerdem scheint sie dem Erzeuger gegenüber dem Erzeugten von Natur innezuwohnen und umgekehrt, und zwar nicht nur bei den Menschen, sondern auch bei den Vögeln und den meisten sonstigen Tieren, und gegenseitig unter den Wesen von gleicher Art und vor allem bei den Menschen; darum loben wir besonders die Menschenfreundlichen. Man kann ja auch auf Reisen sehen, wie jeder Mensch dem anderen verwandt und freund ist.

Außerdem scheint die Freundschaft die Staaten beisammenzuhalten, und die Gesetzgeber scheinen sich mehr um sie zu bemühen als um die Gerechtigkeit. Denn die Eintracht scheint der Freundschaft ähnlich zu sein; nach ihr streben sie vor allem, und die Zwietracht, die eine Feindschaft ist, vertreiben sie vor allem. Und wo Freunde sind, da bedarf es keiner Gerechtigkeit, aber die Gerechten brauchen die Freundschaft dazu, und beim Gerechten ist das Gerechteste dasjenige unter Freunden.

Die Freundschaft ist aber nicht nur notwendig, sondern auch schön. Wir loben jene, die die Freundschaft schätzen, Reichtum an Freunden scheint zum Schönen zu gehören, und man meint auch, tugendhaft sein und Freund sein sei dasselbe.

Es gibt aber über sie nicht wenige Meinungsverschiedenheiten. Die einen behaupten, sie sei eine Art von Gleichheit und die Gleichen seien Freunde, woher es auch heiße, der Gleiche geselle sich zum Gleichen und die Dohle zur Dohle und dergleichen. Andere wiederum sagen umgekehrt, daß diese alle sich verhielten wie die Töpfer untereinander.

Und über eben diese Dinge wird noch grundsätzlicher und naturphilosophischer diskutiert. Euripides sagt, die ausgedörrte Erde liebe den Regen und der erhabene Himmel liebe es, erfüllt von Regen zur Erde niederzustürzen, und Heraklit spricht vom Widerstrebenden, das sich zusammenfüge, und daß aus dem Gegensätzlichen die schönste Harmonie entstünde und daß alles im Streite werde. Ihnen gegenüber steht unter anderem Empedokles: das Gleiche strebe zum Gleichen.

Doch lassen wir die naturphilosophischen Probleme, denn sie gehören nicht zur gegenwärtigen Untersuchung. Wir beschränken uns auf das, was den Menschen angeht und was auf Charaktere und Leidenschaften zurückzuführen ist. Also etwa: ob unter allen Menschen Freundschaft bestehe, oder ob Schlechte nicht Freunde sein könnten, und ob es nur eine Art von Freundschaft gebe oder mehrere; einige meinen, es existiere nur eine, weil sie ein Mehr oder Weniger zulasse, was aber kein hinreichender Beweis ist. Denn ein Mehr und Weniger gibt es auch unter Artverschiedenem. Darüber ist früher gesprochen worden.

Klarheit erhalten wir vielleicht über diese Dinge, wenn wir wissen, was das Liebenswerte (griechisch: *philetón*) sei. Denn offenbar wird nicht alles geliebt, sondern nur das Liebenswerte, und dieses scheint gut oder angenehm oder nützlich zu sein.

[...]

Wer also um des Nutzens willen liebt, tut es um seines eigenen Gewinns willen, und wer um der Lust willen, tut es um seiner eigenen Lust willen, und nicht sofern der Freund ist, was er ist, sondern nur soweit er nützlich oder angenehm ist. Dies sind also zufällige Freundschaften. Denn der Freund wird da nicht geliebt in dem, was er ist, sondern nur soweit der eine einen Gewinn, der andere Lust verschafft.

Dergleichen Freundschaften lösen sich bald auf, da die Partner nicht dieselben bleiben. Wenn sie nämlich nicht mehr angenehm oder nützlich sind, hört die Freundschaft zu ihnen auf. Der Nutzen bleibt aber nicht, sondern ist bald dieser, bald jener. Wenn sich nun aber entfernt hat, um dessentwillen sie Freunde waren, so löst sich auch die Freundschaft auf, da sie ja durch jenes bedingt war.

Eine derartige Freundschaft scheint zumeist unter alten Leuten vorzukommen. Denn in diesem Alter suchen sie nicht die Lust, sondern den Nutzen; und bei den Erwachsenen und Jungen gibt es sie dort, wo man das Zuträgliche sucht. Solche Menschen leben kaum miteinander; denn zuweilen sind sie einander nicht einmal angenehm. Und sie brauchen auch keinen solchen Umgang, wenn sie einander damit nicht nützlich sind. Sie sind einander ja nur soweit angenehm, als sie auf einen Gewinn hoffen. Zu diesen Arten von Freundschaft rechnet man auch die Gastfreundschaft.

Die Freundschaft der jungen Leute scheint auf Lust begründet zu sein. Denn sie leben in der Leidenschaft und suchen vor allem, was ihnen im Augenblick angenehm ist. Wenn sie aber in ein anderes Alter kommen, wird auch das Angenehme ein anderes. Darum werden sie rasch Freunde und hören ebenso rasch auf. Denn mit dem Angenehmen verändert sich auch die Freundschaft, und die Veränderung von dergleichen Lust geschieht schnell. Die jungen Leute sind auch auf Liebe aus. Denn die Hauptsache in der Liebe beruht auf Leidenschaft und Lust. So lieben sie rasch und hören rasch auf und wechseln oft an einem und demselben Tage. Was sie wollen, ist zusammen sein und leben. So steht es also bei ihnen mit der Freundschaft.

Vollkommen ist die Freundschaft der Tugendhaften und an Tugend Ähnlichen. Diese wünschen einander gleichmäßig das Gute, sofern sie gut sind, und sie sind gut an sich selbst. Jene aber, die den Freunden das Gute wünschen um der Freunde willen, sind im eigentlichen Sinne Freunde; denn sie verhalten sich an sich so, und nicht zufällig. Ihre Freundschaft dauert, solange sie tugendhaft sind. Die Tugend ist aber beständig, und jeder von beiden ist an sich gut und gut für den Freund. Denn die Tugendhaften sind schlechthin gut und einander gegenseitig nützlich, und ebenso auch angenehm. Denn auch schlechthin angenehm sind die Tugendhaften, wie auch füreinander gegenseitig. Denn jedem machen die ihm eigentümlichen Handlungen Freude und die damit verwandten; die Handlungen der Guten sind aber die entsprechenden oder doch ähnliche. So ist anzunehmen, daß eine derartige Freundschaft dauerhaft sei. Sie verknüpft in sich alles, was bei Freunden vorhanden sein muß. Denn jede Freundschaft existiert wegen des Guten oder wegen der Lust, entweder schlechthin oder für den Liebenden, und beruht auf einer gewissen Ähnlichkeit. In dieser Freundschaft nun findet sich alles Genannte an sich (denn darin sind sie einander ähnlich usw.) und das schlechthin Gute ist auch schlechthin angenehm. Dies ist auch das Liebenswerteste, und so findet sich denn bei diesen am meisten Freundsein und Freundschaft, und auf die beste Art.

Es ist freilich anzunehmen, daß solche Freundschaften selten sind. Denn wenige Menschen sind derart. Außerdem bedarf es langer Zeit und Gewöhnung. Denn wie das Sprichwort sagt, kann man einander nicht kennen, bevor man nicht jenes bekannte Salz miteinander gegessen hat. So kann man auch nicht einander näherkommen und Freund werden, bevor nicht jeder dem andern sich zuverlässig als liebenswert erwiesen hat. Wer rasch miteinander Freundschaft schließt, diese wollen zwar Freunde sein, sind es aber nicht, wenn sie nicht auch liebenswert sind und dies voneinander wissen. Denn Wille zur Freundschaft kann rasch entstehen, Freundschaft aber nicht.

Diese Freundschaft ist also im Hinblick auf die Zeit und auf die übrigen Bedingungen vollkommen: jeder erhält vom anderen dasselbe und Ähnliches, was es eben bei Freunden geben muß. Die auf der Lust beruhende Freundschaft hat mit dieser eine gewisse Ähnlichkeit (denn auch die Tugendhaften sind einander angenehm), ebenso auch die auf dem Nutzen beruhende (denn auch nützlich sind die Tugendhaften einander).

Aber auch unter solchen dauern die Freundschaften am längsten, wo sie einander gegenseitig dasselbe geben, etwa die Lust, und nicht bloß dies, sondern auch aus dem gleichen Grunde, wie unter den Gewandten; also nicht so wie bei Liebhaber und Geliebtem. Denn diese freuen sich nicht an demselben, sondern der eine daran, daß er den andern sieht, und dieser daran, daß ihm von jenem gehuldigt wird. Wenn aber die Schönheit aufhört, hört zuweilen auch die Freundschaft auf (dem einen ist dann der Anblick des andern nicht mehr angenehm, und der andere erfährt von jenem keine Huldigung mehr). Viele freilich dauern, wenn sie durch die Gewöhnung die Charaktere liebgewonnen haben und an Charakter ähnlich sind. Wer aber in der Liebe nicht das Angenehme austauscht, sondern den Nutzen, da ist die Freundschaft geringer und kürzer. Die ausschließlich auf dem Nutzen beruhende Freundschaft endet mit dem Nutzen selbst. Denn sie waren nicht miteinander befreundet, sondern mit dem Vorteil.

Aus Lust und wegen des Nutzens können auch Schlechte untereinander Freunde sein, und Anständige mit Schlechten, und solche, die keins von beiden sind, mit jedem beliebigen; wegen sich selbst können es aber nur die Tugendhaften. Denn die Schlechten haben keine Freude aneinander, wenn kein Nutzen dabei ist.

Auch vor Verleumdung ist nur die Freundschaft der Guten sicher. Denn man wird nicht leicht einem Dritten glauben über einen Mann, den man selbst während langer Zeit bewährt gefunden hat. Auch herrscht unter diesen Vertrauen und daß man einander niemals Unrecht tut und was sonst als zur wahren Freundschaft gehörig gilt. In den andern Freundschaften können aber derartige Schwierigkeiten wohl vorkommen.

Da nun die Leute auch solche als Freunde bezeichnen, die es wegen des Nutzens sind, und ebenso die Staaten (denn diese schließen die Bündnisse offenbar um des Vorteils willen), und da auch jene, die einander wegen der Lust lieben, so genannt werden, wie es bei Kindern der Fall ist, so werden vielleicht auch wir solche Menschen Freunde nennen müssen; dann gibt es mehrere Arten der Freundschaft.

[...]

Das freundschaftliche Verhalten zu Freunden und die Umgrenzung der Freundschaft scheint aus dem Verhalten zu uns selbst abgeleitet zu werden.

Man bezeichnet als Freund den, der das Gute oder gut Erscheinende um des andern selbst willen wünscht oder tut, oder den, der das Dasein und das Leben des Freundes wünscht um seinetwillen, so wie sich die Mütter zu den Kindern verhalten, oder von Freunden jene, die sich wegen eines Zwischenfalls getrennt haben. Andere verstehen als Freund den, der mit uns zusammen lebt und dasselbe wünscht wie wir oder den, der mit dem Freunde Lust und Schmerz teilt; auch dieses gilt am allermeisten von den Müttern. Entsprechend diesen Auffassungen wird die Freundschaft bestimmt.

Jedes davon gilt auch für den Tugendhaften im Verhältnis zu sich selbst, und bei den anderen, soweit sie glauben, solche zu sein. Es scheint nun, wie gesagt, das Maß für alles die Tugend und der Tugendhafte zu sein; denn dieser befindet sich mit sich selbst in Übereinstimmung und begehrt mit seiner ganzen Seele eines und dasselbe. Er wünscht sich selbst das Gute, und was als solches erscheint; und tut es (denn es ist Sache des Guten, das Gute durchzuführen) und um seiner selbst willen; und zwar um des denkenden Teiles willen, der am meisten er selbst zu sein scheint. Und er wünscht selbst zu leben und bewahrt zu bleiben, und vor allem für den Teil, von sich, mit dem er denkt. Denn für den Tugendhaften ist das Sein etwas Gutes. Jeder wünscht aber sich selbst das Gute, und keiner wünscht ein anderer zu werden und daß dann das andere alles Gute hätte. Denn so hat auch die Gottheit das Gute, und zwar weil sie ist, was sie immer war.

Und nun scheint der Einzelne das Denkende in ihm zu sein, oder doch dies vorzugsweise. Und ein solcher wünscht mit sich selbst zusammenzuleben. Denn dies macht ihm Lust: die Erinnerung an das Getane ist erfreulich und die Hoffnung auf das Kommende gut und als solche angenehm. Und in seinem Denken ist er reich an Betrachtenswertem. Er teilt auch am meisten Schmerz und Lust mit sich selbst. Denn stetsfort ist ihm dasselbe freudig und schmerzlich und nicht immer wieder ein anderes; darum kennt er sozusagen auch keine Reue. Da sich nun jedes einzelne davon beim Tugendhaften im Verhältnis zu sich selbst findet und er sich zum Freund verhält wie zu sich selbst (denn der Freund ist ein anderer er selbst), so scheint auch die Freundschaft darin zu bestehen und Freunde solche, die dies besitzen.

Ob es nun eine Freundschaft zu sich selbst gibt oder nicht, sei für jetzt beiseite gelassen. Es scheint eine solche Freundschaft insofern zu bestehen, als zwei oder mehr der genannten Stücke vorhanden sind; und das Übermaß der Freundschaft ist der Freundschaft zu sich selbst ähnlich.

Das Genannte scheint es auch bei den Leuten zu geben, obschon sie schlecht sind. Haben sie nun insofern daran Anteil, als sie sich selbst gefallen und annehmen, daß sie tugendhaft seien? Bei den durchaus Schlechten und den Verbrechern gibt es nichts dergleichen, es scheint nicht einmal so. Eigentlich auch nicht bei den Schlechten. Denn sie sind in sich gespalten, begehren das eine und wollen das andere, wie die Unbeherrschten. Denn sie ziehen dem, was ihnen gut zu sein scheint, das Angenehme vor, das schädlich ist. Andere wiederum geben es aus Feigheit oder Trägheit auf, das zu tun, was, wie sie meinen, für sie das beste ist. Wer aber vieles Schlimme getan hat, wird wegen seiner Schlechtigkeit gehaßt, meidet das Leben und tötet sich selbst.

Die Schlechten suchen Menschen, mit denen sie zusammenleben können, sich selbst aber fliehen sie. Denn sie erinnern sich an vieles Schreckliche und erwarten entsprechendes, wenn sie allein sind; wenn sie aber mit anderen sind, vergessen sie es. Sie haben nichts Liebenswertes, und so empfinden sie auch keine Freundschaft zu sich selbst. Sie teilen mit sich selbst weder Freude noch Schmerz, denn ihre Seele ist in Aufruhr: der eine Teil empfindet aus Schlechtigkeit Schmerz über Dinge, die ihm fehlen, der andere freut sich, und so wird sie hin und her gezogen und wie auseinandergerissen. Und wenn es nicht möglich ist, gleichzeitig Freude und Schmerz zu empfinden, so schmerzt es doch nach kurzer Zeit, daß man sich gefreut hatte und man wünschte, daß man dieses Angenehme nicht erfahren hätte. Denn die schlechten Menschen sind übervoll von Reue. So scheint denn der Schlechte auch nicht sich selbst gegenüber freundschaftlich gestimmt zu sein, weil er nichts Liebenswertes hat. Wenn nun ein solcher Zustand überaus jammervoll ist, so muß man die Schlechtigkeit mit aller Kraft fliehen und versuchen, anständig zu sein. Denn so wird man sich zu sich selbst als Freund verhalten und einem andern Freund werden.

[...]

Und was immer dem Einzelnen das Sein ist und um wessentwillen sie das Leben erstreben, darin wollen sie mit den Freunden zusammenleben. So trinken denn die einen miteinander, die andern würfeln zusammen, andere turnen und jagen zusammen oder philosophieren zusammen. Und jedesmal sind sie in dem beisammen, was sie im Leben am meisten schätzen. Denn sie wollen mit den Freunden leben, und so tun sie gemeinschaftlich das, worin für sie das Zusammenleben besteht.

Die Freundschaft der Schlechten ist schlecht (denn sie treiben gemeinsam Schlechtes und sind dabei unbeständig und werden schlecht, indem sie einander ähnlich werden), die Freundschaft der Tugendhaften ist tugendhaft und wächst durch den Umgang miteinander. Und sie scheinen auch besser zu werden, indem sie tätig sind und einander korrigieren. Denn jeder nimmt einen Abdruck auf von den Eigenschaften, die ihm am anderen gefallen, und so heißt es: „Edles lernst du von Edlen."

„Freundschaft" ist nur eine ungenaue Übersetzung des griechischen „philia", das in einem weiten Sinne Wohlwollen, Sympathie, Streben, Erotik, Liebe und Sexualität umfaßt. Eine so verstandene Freundschaft ist nicht nur bei Aristoteles (Text 8), sondern in der griechischen Philosophie insgesamt ein zentrales Thema, da sie sich uneingeschränkt mit dem Leben in seiner ganzen Fülle beschäftigt. Nach Empedokles (etwa 495–435 v. Chr.) sind Liebe und Streit (philia und neikos) sogar die Haupttriebfedern nicht nur des menschlichen Lebens, sondern der Natur oder des Weltganzen. Philosophie als „Liebe zur Weisheit" ist nach Platon (Text 5) Streben zum Guten oder Schönen, zugleich als Liebe zu den schönen Körpern, den schönen Seelen und dem Schönen an sich, wie die Priesterin Diotima im „Symposion" Sokrates in die „höchste Liebeskunst" einführt. Während bei Platon und Aristoteles die Spannung zwischen sinnlicher und geistiger Liebe oder Sinnes- und Ideenwelt der Dreh- und Angelpunkt aller philosophischen Bemühungen ist, werden in der eher sinnesfeindlichen platonistisch-christlichen Wirkungsgeschichte Freundschaft und Liebe vor allem in einem geistigen oder spirituellen Sinn als mystische – dennoch durchaus erotisch-sexuell geschilderte – Versenkung in Gott verstanden. Die Verdrängungs- und Abspaltungsgeschichte umfassender Freundschaft hat erst Sigmund Freud in seiner psychoanalytischen Triebtheorie aufgedeckt. Er untergliedert im Rekurs auf Platons „Symposion" und auf Empedokles die wertfrei verstandenen Triebe der Menschen in diejenigen, die erhalten und vereinigen, und in diejenigen, die zerstören und töten wollen.

Aristoteles fragt normativ nach der „wahren" Freundschaft und untersucht zunächst, welche Formen von Freundschaft es überhaupt gibt und wie wir darüber reden und denken (sollen). Aus seinen umfangreichen und detaillierten Untersuchungen im achten und neunten Buch der „Nikomachischen Ethik" seien hier nur einige Aspekte ausgewählt, die insbesondere auf die „wahre" Freundschaft abzielen. Um die gleich zu Beginn erhobene Bedeutung zu verstehen, Freundschaft sei eine Tugend oder verbunden mit der Tugend, muß man sich die Grundzüge der aristotelischen Ethik vergegenwärtigen. In dem nach seinem Sohn Nikomachos benannten Werk begründet Aristoteles die Ethik als eine eigene philosophische Disziplin. Gegenstand der Ethik ist für ihn im Unterschied zu Platon nicht die abstrakte „Idee des Guten", sondern das konkrete Streben aller nach dem Guten; Ethik ist nicht die Theorie, sondern die Praxis des guten Lebens; ihre Methode ist keine exakte, sondern eine umrißhafte Bestimmung des guten Lebens. Das Gute in den entsprechenden „Lebensformen" kann entweder sinnliche Lust, politische Ehre oder – im Sinne der „Metaphysik" (Text 8) – Theorie als Schau des Höchsten sein. Die Schau des Höchsten ist nach Aristoteles' Metaphysik zwar das höchste Glück des Menschen, weil sich darin seine „Tugend" oder „Bestform" (griechisch: *areté*) erfüllt. Da der Mensch aber nicht nur ein gottähnliches Vernunftwesen, sondern ein vernunftbegabtes Lebewesen ist, unterscheidet Aristoteles die ethischen Tugenden des Charakters (griechisch: *ḗthos*), etwa Besonnenheit, Tapferkeit oder Gerechtigkeit, von den dianoetischen Tugenden der Vernunft, etwa Urteilskraft *(phrónesis)* oder Schau des Höchsten *(theoría)*. Beide Tugendarten gehören zusammen, denn der Mensch ist zum einen Einheit und kann sich ohnehin nur selten in die Schau des Höchsten versenken. Und zum anderen kommt es im Leben des einzelnen mit sich selbst und mit anderen darauf an, zwischen den beiden Extremen des „Mehr" und des „Weniger" die richtige Mitte zu finden, etwa zwischen Tollkühnheit und Feigheit die Tapferkeit. Um Tugend als richtige Mitte zu bestimmen, bedarf es allgemein der Einsicht in die wahre Ordnung des Menschen im Weltganzen, und es bedarf im einzelnen der Urteilskraft, was in der jeweiligen konkreten Situation das richtige Maß ist. Da aber die menschliche Praxis und das Leben des Menschen insgesamt nicht so exakt und unwandelbar sind, wie beispielsweise die Gegenstände der Mathematik, kann es hiervon nur ein umrißhaftes Erkennen geben. Mit der Bestimmung der (ethischen) Tugend als richtige Mitte ist ein Umriß gegeben, der im Einzelfall der situativen Urteilskraft bedarf. Dabei orientiert sich Aristoteles methodisch an der Medizin, insbesondere an der Diätetik. So kann man umrißhaft durch Erfahrung herausfinden, welche Nahrungsmittel bekömmlich sind und wieviel man davon benötigt. Was aber im Einzelfall bekömmlich ist, muß letztlich jeder selbst „wissen“ oder wahrnehmen. Die richtige Diät sieht beispielsweise für den Athleten Milon anders aus als für einen Anfänger im Turnen (Buch II, Kap. 5).

Auch Freundschaft ist, wie Aristoteles nur andeutet, die richtige Mitte im notwendigen Zusammenleben in der Gemeinschaft, etwa von Nähe (zu den Guten) und Distanz (zu den Schlechten). Außerdem gibt es, wie bei den Lebensformen (vgl. Buch I, Kap. 3), mehrere Freundschaftsarten: die Freundschaft um der Lust, des Nutzens und des Guten willen. Die wahre Freundschaft ist wie die wahre (noetische) Tugend zwar allein der Umgang mit dem Guten oder Vollkommenen, das der Mensch zunächst im Umgang mit sich selbst und dem Guten oder Vernünftigen in ihm realisieren muß. Als Lebewesen aber, das in der Gemeinschaft der Polis lebt, wie Aristoteles in der „Politik“ ausführt, ist er auf den Umgang mit anderen angewiesen. Wer in sich selbst das Gute realisiert hat und tugendhaft ist, sucht nicht den Umgang mit Schlechten, sondern mit Guten, da nur mit ihnen ein beständiges und erfülltes Zusammenleben sowie eine gemeinsame Vervollkommnung möglich ist. Insofern wir aber als Menschen auch auf Nutzen angewiesen sind und außerdem auch sinnliche Lust erleben wollen, ist die vollkommene Freundschaft keineswegs eine reine Vernunfttugend, so Aristoteles ähnlich wie Platons Diotima im „Symposion“. Die wahre Freundschaft des Lebewesens Mensch ist daher nicht reine Liebe zum Guten als Vernunfttugend, sondern lediglich „verbunden mit Tugend“ und um des guten Nutzens und der guten Lust willen als richtige Mitte erstrebenswert. Mit seiner Freundschaftsanalyse kommt Aristoteles damit Platons „gemischter Lebensform“ von sinnlicher Lust und höchster Erkenntnis im „Philebos“ nahe, weist aber im Unterschied zu ihm eine Füllee von Einzelbeobachtungen und begrifflichen Unterscheidungen auf.

Aristoteles' inhaltliche, auf das Glück bezogene eudämonistische Ethik wurde in der Neuzeit vor allem durch Kants formale Pflichtethik (Text 25) weitgehend in den Hintergrund des philosophischen Interesses gedrängt. In der gegenwärtigen Suche nach einer umfassenden Lebensorientierung und einem guten, nicht nur richtigen, pflichterfüllten Leben aber gewinnt Aristoteles' Ethik erneut an Aktualität (z.B. Michel Foucault; Hans Krämer; Martha Nussbaum) und mit ihr inhaltliche Phänomene wie die

Freundschaft. Gleich der aristotelischen Weisheitsbestimmung (Text 8) ist allerdings auch die Freundschaftsbestimmung in ihren normativen, metaphysischen Annahmen über das Wesen des Menschen und den objektiven Sinn des Kosmos nicht unproblematisch. In ihrer Phänomen- und Begriffsfülle jedoch ist die aristotelische Ethik gerade gegenwärtig wieder äußerst anregend.

10. Epikur: Glück als Freisein von Unlust

Epikuros grüßt den Menoikeus

Wer jung ist, soll nicht zögern zu philosophieren, und wer alt ist, soll nicht müde werden im Philosophieren. Denn für keinen ist es zu früh und für keinen zu spät, sich um die Gesundheit der Seele zu kümmern. Wer behauptet, es sei noch nicht Zeit zu philosophieren oder die Zeit sei schon vorübergegangen, der gleicht einem, der behauptet, die Zeit für die Glückseligkeit sei noch nicht oder nicht mehr da. Darum soll der Jüngling und der Greis philosophieren, der eine, damit er im Alter noch jung bleibe an Gütern durch die Freude am Vergangenen, der andere, damit er gleichzeitig jung und alt sei durch die Furchtlosigkeit vor dem Künftigen. Wir müssen uns also kümmern um das, was die Glückseligkeit schafft: wenn sie da ist, so besitzen wir alles, wenn sie aber nicht da ist, dann tun wir alles, um sie zu besitzen.

Wozu ich dich dauernd gemahnt habe, das tue auch und kümmere dich darum und begreife es als Elemente des guten Lebens.

Erstens halte Gott für ein unvergängliches und glückseliges Lebewesen, so wie die allgemeine Vorstellung von Gott im Menschen angelegt ist, und hänge ihm nichts an, was seiner Unvergänglichkeit fremd oder seiner Glückseligkeit unangemessen wäre. Glaube vielmehr von ihm alles, was seine Glückseligkeit und Unvergänglichkeit zu sichern vermag. Götter nämlich existieren; denn die Gotteserkenntnis hat sichtbare Gewißheit. Sie sind aber nicht so, wie es die Leute meinen. Denn die Leute halten gar nicht die Gedanken über die Götter fest, die sie haben. Gottlos ist nicht der, der die Götter der Menge beseitigt, sondern der, der den Göttern die Ansichten der Menge anhängt. Denn die Aussagen der Menge über die Götter sind nicht Vorahnungen, sondern falsche Vermutungen. Darum entstehen von den Göttern her die größten Schädigungen für die Schlechten und auch Förderungen ‚für die Guten'. Denn da die Götter durch und durch mit ihren eigenen Tugenden vertraut sind, akzeptieren sie nur Wesen, die ihnen ähnlich sind; doch alles, was nicht derart ist, schließen sie aus als fremd.

Gewöhne dich an den Gedanken, daß der Tod uns nichts angeht. Denn alles Gute und Schlimme beruht auf der Wahrnehmung. Der Tod aber ist der Verlust der Wahrnehmung. Darum macht die rechte Einsicht, daß der Tod uns nichts angeht, die Sterblichkeit des Lebens genußreich, indem sie uns nicht eine unbegrenzte Zeit dazugibt, sondern die Sehnsucht nach der Unsterblichkeit wegnimmt. Denn im Leben gibt es für den nichts Schreckliches, der in echter Weise begriffen hat, daß es im Nichtleben nichts Schreckliches gibt. Darum ist jener einfältig, der sagt, er fürchte den Tod nicht, weil er schmerzen wird, wenn er da ist, sondern weil er jetzt schmerzt, wenn man ihn erwartet. Denn was uns nicht belästigt, wenn es wirklich da ist, kann nur einen nichtigen Schmerz bereiten, wenn man es bloß erwartet.

Das schauerlichste Übel also, der Tod, geht uns nichts an; denn solange wir existieren, ist der Tod nicht da, und wenn der Tod da ist, existieren wir nicht mehr. Er geht also weder die Lebenden an noch die Toten; denn die einen geht er nicht an, und die anderen existieren nicht mehr. Die Menge freilich flieht bald den Tod als das ärgste der Übel, bald sucht sie ihn als Erholung von den Übeln im Leben. Der Weise dagegen lehnt weder das Leben ab noch fürchtet er das Nichtleben. Denn weder belästigt ihn das Leben, noch meint er, das Nichtleben sei ein Übel. Wie er bei der Speise nicht einfach die größte Menge vorzieht, sondern das Wohlschmeckendste, so wird er auch nicht eine möglichst lange, sondern eine möglichst angenehme Zeit zu genießen trachten.

Wer aber dazu mahnt, der Jüngling solle edel leben und der Greis edel sterben, der ist töricht, nicht nur weil das Leben liebenswert ist, sondern auch weil die Sorge für ein edles Leben und diejenige für einen edlen Tod eine und dieselbe ist.

Noch viel schlimmer steht es mit dem, der sagt: „Das beste ist, nicht geboren zu sein – wenn man aber geboren ist, so eilig als möglich zu den Toren des Hades zu streben." Wenn er das nämlich aus Überzeugung sagt, warum scheidet er dann nicht aus dem

Leben? Dies steht ihm ja frei, wenn er wirklich zu einem festen Entschlusse gekommen ist. Wenn es aber bloßer Spott ist, so ist es ein einfältiger Spott bei Dingen, die Spott nicht vertragen.

Es ist ferner zu bedenken, daß die Zukunft weder vollständig in unserer Gewalt ist noch vollständig unserer Gewalt entzogen. Wir werden also niemals erwarten, daß das Künftige sicher eintreten wird, noch daran verzweifeln, daß es jemals eintreten werde.

Ferner ist zu beachten, daß die Begierden teils natürliche, teils nichtige sind. Von den natürlichen wiederum sind die einen notwendig, die anderen bloß natürlich. Von den notwendigen endlich sind die einen notwendig zur Glückseligkeit, die anderen zur Ungestörtheit des Leibes, die dritten zum Leben überhaupt. Eine unverwirrte Betrachtung dieser Dinge weiß jedes Wählen und Meiden zurückzuführen auf die Gesundheit des Leibes und die Beruhigtheit der Seele; denn dies ist die Erfüllung des seligen Lebens. Um dessentwillen tun wir nämlich alles: damit wir weder Schmerz noch Verwirrung empfinden. Sobald einmal dies an uns geschieht, legt sich der ganze Sturm der Seele. Das Lebewesen braucht sich dann nicht mehr aufzumachen nach etwas, was ihm noch fehlte, und nach etwas anderem zu suchen, durch das das Wohlbefinden von Seele und Leib erfüllt würde. Dann nämlich bedürfen wir der Lust, wenn uns die Abwesenheit der Lust schmerzt. Wenn uns aber nichts schmerzt, dann bedürfen wir der Lust nicht mehr.

Darum nennen wir auch die Lust Anfang und Ende des seligen Lebens. Denn sie haben wir als das erste und angeborene Gut erkannt, von ihr aus beginnen wir mit allem Wählen und Meiden, und auf sie greifen wir zurück, indem wir mit der Empfindung als Maßstab jedes Gut beurteilen. Und eben weil sie das erste und angeborene Gut ist, darum wählen wir auch nicht jede Lust, sondern es kommt vor, daß wir über viele Lustempfindungen hinweggehen, wenn sich für uns aus ihnen ein Übermaß an Lästigem ergibt. Wir ziehen auch viele Schmerzen Lustempfindungen vor, wenn uns auf das lange dauernde Ertragen der Schmerzen eine größere Lust nachfolgt. Jede Lust also, da sie eine uns angemessene Natur hat, ist ein Gut, aber nicht jede ist zu wählen; wie auch jeder Schmerz ein Übel ist, aber nicht jeder muß natürlicherweise immer zu fliehen sein. Durch wechselseitiges Abmessen und durch die Beachtung des Zuträglichen und Abträglichen vermag man dies alles zu beurteilen. Denn zu gewissen Zeiten gehen wir mit dem Gut um wie mit einem Übel und mit dem Übel wiederum wie mit einem Gute.

Wir halten auch die Selbstgenügsamkeit für ein großes Gut, nicht um uns in jedem Falle mit Wenigem zu begnügen, sondern damit wir, wenn wir das Viele nicht haben, mit dem Wenigen auskommen, in der echten Überzeugung, daß jene den Überfluß am süßesten genießen, die seiner am wenigsten bedürfen, und daß alles Naturgemäße leicht, das Sinnlose aber schwer zu beschaffen ist, und daß bescheidene Suppen ebensoviel Lust erzeugen wie ein üppiges Mahl, sowie einmal aller schmerzende Mangel beseitigt ist, und daß Wasser und Brot die höchste Lust zu verschaffen vermögen, wenn einer sie aus Bedürfnis zu sich nimmt. Sich also zu gewöhnen an einfaches und nicht kostspieliges Essen verschafft nicht nur volle Gesundheit, sondern macht den Menschen auch unbeschwert gegenüber den notwendigen Verrichtungen des Lebens, bringt uns in eine zufriedenere Verfassung, wenn wir in Abständen uns einmal an eine kostbare Tafel begeben, und erzeugt Furchtlosigkeit vor den Wechselfällen des Zufalls. Wenn wir also sagen, daß die Lust das Lebensziel sei, so meinen wir nicht die Lüste der Wüstlinge und das bloße Genießen, wie einige aus Unkenntnis und weil sie mit uns nicht übereinstimmen oder weil sie uns mißverstehen, meinen, sondern wir verstehen darunter, weder Schmerz im Körper noch Beunruhigung in der Seele zu empfinden. Denn nicht Trinkgelage und ununterbrochenes Schwärmen und nicht Genuß von Knaben und Frauen und von Fischen und allem anderen, was ein reichbesetzter Tisch bietet, erzeugt das lustvolle Leben, sondern die nüchterne Überlegung, die die Ursachen für alles Wählen und Meiden erforscht und die leeren Meinungen austreibt, aus denen die schlimmste Verwirrung der Seele entsteht.

Für all dies ist der Anfang und das größte Gut die Einsicht. Darum ist auch die Einsicht noch kostbarer als die Philosophie. Aus ihr entspringen alle übrigen Tugenden, und sie lehrt, daß es nicht möglich ist, lustvoll zu leben ohne verständig, schön und gerecht zu leben, noch auch verständig, schön und gut, ohne lustvoll zu leben. Denn die Tugenden sind von Natur verbunden mit dem lustvollen Leben, und das lustvolle Leben ist von ihnen untrennbar.

Denn schließlich, wen könntest du höher stellen als jenen, der über die Götter fromme Gedanken hat und der hinsichtlich des Todes vollkommen ohne Furcht ist, der das Endziel der Natur begriffen hat und der verstanden hat, daß die oberste Grenze des Guten leicht zu erfüllen und leicht zu beschaffen ist, daß aber die oberste Grenze des Übels entweder der Zeit oder dem Schmerze nach nur schmal ist?

Die Notwendigkeit aber, die einige als Herrin von allem einführen, ‚verwirft er als leere Meinung'. Denn besser wäre es, sich dem Mythos von den Göttern anzuschließen, als sich zum Sklaven der Schicksalsnotwendigkeit der Naturphilosophen zu machen. Denn der Mythos deutet die Hoffnung an, daß die Götter durch die ihnen erwiesenen Ehren beeinflußbar seien; das Schicksal aber hat eine unerbittliche Notwendigkeit.

Den Zufall aber hält der Weise weder für eine Gottheit, wie es die Menge tut – denn Gott tut nichts auf ungeordnete Weise –, noch hält er ihn für eine unstete Ursache; denn er glaubt nicht, daß durch ihn Gutes und Übles zum glückseligen Leben den Menschen gegeben werde, wohl aber, daß er den Ausgangspunkt großer Güter und Übel bilde. Für besser hält er es, mit vernünftiger Überlegung Unglück zu haben als ohne Überlegung Glück zu haben. Denn schöner ist es, wenn beim Handeln der rechte Entschluß ‚nicht zur rechten Erfüllung kommt, als wenn ein unrechter Entschluß' durch den Zufall zu rechter Erfüllung gelangt.

Dieses und was dazu gehört, überdenke Tag und Nacht in dir selber und zusammen mit dem, der deinesgleichen ist. Dann wirst du niemals, weder im Wachen, noch im Schlafen, beunruhigt werden, und du wirst unter den Menschen leben wie ein Gott. Denn keinem sterblichen Wesen gleicht der Mensch, der inmitten unsterblicher Güter lebt.

Epikurs Name wird oft mit dem eines „Hedonisten" oder „Genußmenschen" gleichgesetzt, für den das Glück im Ausleben sinnlicher Lust besteht. Liest man allerdings seine Schriften, etwa den „Brief an Menoikeus", glaubt man eher, es mit einem asketischen Weisen zu tun zu haben. Tatsächlich kreist Epikurs Glückslehre ausschließlich um die sinnliche Lust, die aber nicht im zügellosen Ausleben der Lüste, sondern im Freisein von Unlust besteht. Epikur (341–270 v. Chr.) wurde als athenischer Staatsbürger auf der Insel Samos geboren. Mit der Philosophie kam er nach einer Anekdote schon früh in Berührung, als ein Lehrer dem etwa Vierzehnjährigen das Chaos als Ursprung der Welt beim Dichter Hesiod nicht erklären konnte und ihn für derartige Fragen an die Philosophen verwies. Nach einer kurzen Bekanntschaft mit dem von ihm abgelehnten Platonimus kam er mit Demokrits (460–370 v. Chr.) atomistischer Welterklärung in Berührung und baute auf ihr später seine Glückslehre auf. Während seines Militärdienstes in Athen lernte Epikur schließlich die Lustlehre des Sokratesschülers Aristipp (435–360 v. Chr.) kennen. Mit etwa zweiunddreißig Jahren gründete er in Mytilene auf der Insel Lesbos eine Philosophenschule und leitete sie ab 306 v. Chr. in Athen bis zu seinem Tod. Offensichtlich lebte Epikur auch selber seine Philosophie, wie insbesondere die Berichte über sein schmerzvolles, aber gelassenes Sterben bezeugen.

Von Epikurs zahlreichen Schriften sind lediglich einige Briefe an Freunde, Spruchsammlungen und Fragmente erhalten. In seinem „Brief an Menoikeus" beschreibt er zusammenfassend, wie der Einzelne ein glückliches Leben frei von Unlust führen könne. Schwierigkeiten bereiten dabei vor allem die knappen Bemerkungen über die Götter und die Einteilung der Begierden oder Bedürfnisse. Außerdem fehlt hier die Fundierung der Ethik in der Physik als Lehre vom Seinsganzen und der Logik als Erkenntnislehre völlig. Mit Demokrit geht Epikur davon aus, daß die Welt insgesamt aus einer festen Bewegungsabfolge von Atomen ohne das Eingreifen externer, etwa göttlicher Kräfte besteht. Das Dilemma, daß der Determinismus mit der menschlichen Freiheit unvereinbar, diese aber für das angeratene Freisein von Unlust unverzichtbar ist, löst Epikur dadurch auf, daß er im gelegentlichen „Abweichen" der Atome von den festen Bahnen einen Raum für menschliche Freiheit schafft, eine These, die später Marx in seiner Dissertation aufgreifen wird (Text 29). Daß Freisein von Unlust das höchste Lebensziel ist, ergibt sich aus Epikurs sensualistischer Ontologie und Erkenntnistheorie. Danach erzeugen die Atombewegungen nicht nur durch direkte Reize Lust und Unlust, sondern auch deren Wahrnehmung im einzelnen sowie die Wahrnehmung ihrer Bedeutung für das Glück und Unglück insgesamt. Letztlich auf Wirkungen der Atombewegungen beruht in einer ebenfalls schwer nachvollziehbaren Weise auch unsere Einsicht in die Existenz der Götter, in ihr seliges Leben „zwischen den Welten" sowie in ihr Desinteresse am Lauf der Welt und an den Handlungen der Menschen in ihr. Daher verdienen sie weder Furcht noch Verehrung. Auch bei seiner Einteilung der Begierden, die das Freisein von Unlust beeinträchtigen können, geht Epikur offensichtlich von einer eindeutigen Wahrnehmung aus, wie man aus anderen Stellen schließen kann. Natürliche Begierden, wie die Elementarbedürfnisse nach Kleidung und Nahrung, sind so zwar überlebensnotwendig, aber nicht hinreichend; hinzukommen muß körperliche Gesundheit, aber erst die seelische Gesundheit als Freisein von Furcht macht die volle Glückseligkeit aus. Natürliche, jedoch nicht notwendige Begierden dagegen, wie das Sexualverlangen, vergehen schnell und müssen nicht erfüllt werden. Begierden wie Ehrgeiz oder Luxus schließlich sind nicht natürlich, sondern bloße Einbildungen. Mit Hilfe der Einsicht, so Epikur, kann jeder die natürlichen und notwendigen Begierden von den anderen unterscheiden und mit Hilfe eines hedonistischen Kalküls insgesamt ein Leben frei von Unlust führen. Die direkt glücksförderliche Einsicht steht nach Epikur in ihrem Wert noch über der bloß abgeleitet nützlichen theoretischen Philosophie, die uns Einsicht über den Aufbau der Welt, die Götter- und Todesfurcht sowie die Einteilung der Begierden verschafft.

Die praktische Lebensgemeinschaft Gleichgesonnener im „Garten" des Epikur stand in ihrer egalitären und aufklärerischen Grundintention für jedermann offen, auch für Frauen und Sklaven. Sie war ganz auf die Person ihres Gründers ausgerichtet, der seinen Anhängern durch feste Lehrsätze, eindeutige Lebensregeln und vermutlich auch durch praktikable Psychotechniken eine sichere Orientierung bot: „Der Weise wird bestimmte Lehren vortragen und nicht bei Aporien bleiben" (Epikur, Fragment 141). Die prüfende Tätigkeit eines Sokrates jedenfalls (Text 3) lag Epikur fern, obwohl auch Sokrates um ganz konkrete Lebensmaximen bemüht war, wie Platons „Kriton" und, in einem unreflektierten Sinne, Xenophons „Erinnerungen an Sokrates" zeigen. Zum Teil trug Epikurs Schule sogar sektiererische Züge, wenn es etwa von ihr heißt: „Handle stets so, als ob es Epikur sähe" (Fragment 42). Immerhin hatte seine Schule volle 700 Jahre hindurch ohne Richtungsstreitigkeiten Dauer und ermöglichte dem einzelnen auch in unruhigen Zeiten der hellenistischen Auflösung von Polisgemeinschaften eine ungestörte Existenz. Später jedoch geriet der Epikureismus gegenüber der christlichen Lebensführung wegen seiner rein sinnlichen und mißverstandenen lustorientierten Glücksvorstellung ins Hintertreffen.

Vor allem seit Pierre Gassendis Atomlehre (1592–1655) zog zumindest die „Physik" Epikurs erneut Aufmerksamkeit auf sich. Auch wenn man Epikurs Philosophie in ihren ontologischen und erkenntnistheoretischen Grundlagen, ferner in ihrem angemaßten Wissen wahrer und falscher Bedürfnisse sowie in ihrer naiv aufklärerischen Therapie kaum akzeptieren kann, ist ihr Plädoyer für ein „natürliches" Leben in Konzentration auf die „notwendigen" Bedürfnisse sowie ihr aufklärerisch-emanzipatorischer Ansatz grundsätzlich immer noch aktuell. Der von Epikur geforderte Rückzug aus dem politischen Leben nach der Maxime „Lebe im Verborgenen" (Fragment 138) ist allerdings für die Lösung der gesellschaftlich-politischen Probleme, die ja eine notwendige Voraussetzung für ein Leben jedes einzelnen frei von Unlust darstellt, kaum als vorbildlich zu bezeichnen. Daß aber Epikur dem Zerfall der Polisgemeinschaft eine eigene Lebensgemeinschaft „im Garten" entgegensetzen wollte, ist historisch nachvollziehbar und läßt sich gegenwärtig im amerikanischen „Kommunitarimus" (Sandel, Etzioni u. a.) in ähnlicher Weise beobachten.

11. Epiktet: Ratschläge für ein innerlich freies Leben

1. Über das eine gebieten wir, über das andere nicht. Wir gebieten über unser Begreifen, unsern Antrieb zum Handeln, unser Begehren und Meiden, und, mit einem Wort, über alles, was von uns ausgeht; nicht gebieten wir über unsern Körper, unsern Besitz, unser Ansehen, unsere Machtstellung, und, mit einem Wort, über alles, was nicht von uns ausgeht.

Worüber wir gebieten, ist von Natur aus frei, kann nicht gehindert oder gehemmt werden; worüber wir aber nicht gebieten, ist kraftlos, abhängig, kann gehindert werden und steht unter fremdem Einfluß. Denk also daran: Wenn du das von Natur aus Abhängige für frei hältst und das Fremde für dein eigen, so wird man deine Pläne durchkreuzen und du wirst klagen, die Fassung verlieren und mit Gott und der Welt hadern; hältst du aber nur das für dein Eigentum, was wirklich dir gehört, das Fremde hingegen, wie es tatsächlich ist, für fremd, dann wird niemand je dich nötigen, niemand dich hindern, du wirst niemanden schelten, niemandem die Schuld geben, nie etwas wider Willen tun, du wirst keinen Feind haben, niemand wird dir schaden, denn du kannst überhaupt keinen Schaden erleiden.

Wenn du nun nach so hohen Zielen strebst, denke daran, daß du nicht mit nur mäßigem Bemühen nach ihnen greifen darfst, nein, du mußt auf manches ganz verzichten, manches vorläufig aufschieben.

Wenn du aber außerdem auch auf Macht und Reichtum aus bist, so wirst du vielleicht auch hierin scheitern, weil du zugleich nach jenem strebst; auf alle Fälle wirst du das verfehlen, woraus allein Freiheit und Glück hervorgehen. Bemühe dich daher, jedem ärgerlichen Eindruck sofort entgegenzuhalten: „Du bist nur ein Eindruck, und ganz und gar nicht das, was du zu sein scheinst." Dann prüfe und begutachte den Eindruck nach den Regeln, die du kennst, vor allem nach der ersten Regel, ob der Eindruck zu tun hat mit den Dingen, über die wir gebieten oder nicht gebieten, und wenn er mit etwas zu tun hat, über das wir nicht gebieten, dann habe die Antwort zur Hand: „Es geht mich nichts an."

33. Setz für dich gleich jetzt ein festes Gepräge und Muster fest, an dem du festhalten willst, ob du mit dir allein bist oder dich mit andern Leuten triffst.

Für gewöhnlich herrsche Schweigen, oder es werde nur das Notwendige gesprochen und das mit wenigen Worten. Selten aber und nur, wenn besondere Umstände dich zum Reden auffordern, rede, doch nicht über die landläufigen Themen, nicht über Gladiatorenkämpfe, Pferderennen oder Athleten, nicht über Speisen und Getränke, alles hundertmal besprochen; vor allem sprich nicht über andere Leute, weder tadelnd, noch lobend oder sie vergleichend. Wenn es dir möglich ist, so lenke durch dein Gespräch auch das der übrigen Teilnehmer auf einen schicklichen Gegenstand. Findest du dich aber isoliert unter Fremden, dann schweige.

Lache nicht viel, nicht über vieles und nicht hemmungslos.

Verbitte dir das Schwören unter allen Umständen, wenn das geht, sonst aber nach Möglichkeit.

Einladungen zu Gastmählern bei dir Wesensfremden und in Philosophie Ahnungslosen schlage aus. Ist deine Teilnahme aber einmal unvermeidlich, so gib angestrengt darauf acht, daß du nicht ihre Unbildung annimmst. Denn merke dir: Wenn der Freund ein Schmutzfink ist, so wird sich auch der, der mit ihm engen Kontakt hat, unweigerlich beschmutzen, auch wenn er selbst vielleicht sauber ist.

Was den Körper betrifft, ob es sich um Essen, Trinken, Kleidung, Wohnung und Bedienung handelt, so befriedige nur das nackte Bedürfnis; was nur auf äußeren Glanz und Luxus abzielt, das klammere völlig aus.

Verzichte vor der Ehe möglichst auf geschlechtliche Beziehungen; wenn du dich aber darauf einläßt, so tue es im Rahmen des gesetzlich Erlaubten. Denen, die sich sexuell betätigen, falle jedoch nicht mit Vorwürfen zur Last. Erwähne auch nicht überall deine Enthaltsamkeit.

Wenn dir jemand berichtet, der oder jener sage Schlechtes über dich, so rechtfertige dich nicht, sondern antworte: „Nun, er kannte wohl meine andern Fehler nicht, die mir anhaften; denn sonst würde er nicht diese allein anführen."

Es ist nicht nötig, häufig zu den öffentlichen Spielen zu gehen. Kommt es aber doch einmal dazu, dann zeige dich auf nichts besonders konzentriert außer auf dich selbst, das heißt, habe nur den Wunsch, daß alles sich so abspielt, wie es sich abspielt, und daß allein der siege, welcher siegt; so nämlich wirst du nicht dein seelisches Gleichgewicht verlieren.

Zurufe, beifälliges Gelächter und starke Gemütsbewegungen vermeide ganz. Und nachdem du die Arena verlassen hast, unterhalte dich nicht wortreich über die Vorführung, es sei denn, du würdest davon innerlich bereichert. Denn sonst tritt klar zutage, daß das Schauspiel deine Bewunderung erregt hat.

Zu öffentlichen Autorenlesungen geh nicht wahllos und unüberlegt. Gehst du aber hin, so bewahre deine Würde und Ausgeglichenheit, ohne die andern vor den Kopf zu stoßen.

Wenn du die Absicht hast, jemanden zu treffen, vor allem, wenn es sich um eine angesehene, hochgestellte Persönlichkeit handelt, dann stell dir vor, was in dieser Situation Sokrates oder Zenon getan hätten, und du wirst nicht verlegen sein, wie du der Herausforderung angemessen begegnest.

Wenn du einen sehr einflußreichen Mann besuchst, so stell dir vor: du wirst ihn nicht zu Hause antreffen, man wird dich nicht vorlassen, man wird dir die Tür vor der Nase zuschlagen oder er wird dich gar nicht beachten. Und wenn du trotz allem hingehen mußt, dann geh und ertrage, was kommt, und sage nie zu dir selbst: „Das hat sich nicht gelohnt!" Denn das wäre unphilosophisch und verriete ein gestörtes Verhältnis zu den äußeren Dingen.

In Gesellschaft vermeide es, weitschweifig und maßlos von deinen eigenen Leistungen und Abenteuern zu reden. Denn wenn es dir auch Spaß bereitet, von deinen Abenteuern zu erzählen, so braucht es den andern noch lange nicht denselben Spaß zu bereiten, deine Erlebnisse anzuhören. Vermeide es auch, Gelächter zu erregen. Denn diese Neigung entartet leicht zur Stillosigkeit und ist geeignet, die Achtung deiner Mitmenschen vor dir zu schmälern.

Gefährlich ist es auch, sich zotigen Reden auszusetzen.

Wenn nun etwas Derartiges geschieht, dann rede demjenigen, der so weit gegangen ist, ins Gewissen, falls sich eine passende Gelegenheit bietet; ist dies nicht möglich, so zeige wenigstens durch dein Schweigen, dein Erröten und deine finstere Miene, daß du die Worte mißbilligst.

Der Freigelassene Epiktet (etwa 50–138 n. Chr.) gehört mit Seneca (etwa 4 v. Chr. – 65 n. Chr.) und dem römischen Kaiser Marc Aurel (Text 12) zu den wichtigsten Vertretern der späten stoischen Philosophie in Rom. Epiktet verkörpert auch in seinem persönlichen Leben das Ideal des sprichwörtlich stoischen, innerlich freien Weisen. Als er noch Sklave war, soll ihn nach einer Anekdote sein Herr gefoltert haben, indem er sein Bein in einen Schraubstock spannte. Epiktet soll lediglich bemerkt haben: „Du wirst mir das Bein brechen"; und als dies tatsächlich geschah, soll seine einzige Reaktion der Ausruf gewesen sein: „Habe ich Dir's nicht gesagt?" Über Epiktets Leben wissen wir insgesamt wenig. Er war als phrygischer Sklave nach Rom gekommen und durfte dort philosophische Vorlesungen hören. Besonders beeindruckte ihn der Stoiker Musonius Rufus, der Maßstäbe für sittliches Handeln im Alltag in Form praktischer Lebensregeln lehrte. Nach seiner Freilassung erteilte Epiktet in ähnlicher Weise philosophischen Unterricht, mußte aber, wie alle Philosophen, im Jahre 89 n. Chr. auf Befehl Kaiser Domitians Rom und Italien verlassen. Daraufhin zog er nach Nikopolis in Epirus und lehrte dort mit großem Erfolg bis zu seinem Lebensende Philosophie. Epiktet hat, wie sein großes Vorbild Sokrates, selber nichts geschrieben. Allerdings hat sein Schüler Flavius Arrianus, der spätere römische Konsul und Historiker, von seinen Vorträgen Nachschriften angefertigt. Von den acht Büchern der „Diatriben" (Unterredungen) sind nur noch vier erhalten; das „Encheiridion" (Handbüchlein) dagegen ist vollständig überliefert.

Der hier abgedruckte Auszug aus Epiktets „Handbüchlein" gibt den Anfang seiner Schrift mit den Grundzügen seiner praktischen Lebensphilosophie sowie eine konkrete Anwendung in Form von Verhaltensregeln in verschiedenen Situationen wieder. Hauptziel seines Philosophierens als praktische, gelebte Tätigkeit und nicht als theoretische, bloß aufgeschriebene Lehre, ist ein innerlich freies Leben in unerschütterlicher, „stoischer" Ruhe (ataraxia) angesichts äußerer, nicht änderbarer Gegebenheiten. Nicht die Übereinstimmung mit dem vorgegeben Ganzen der menschlichen und kosmischen Gemeinschaft, wie bei dem Kaiser Marc Aurel (Text 12), sondern die individuelle Freiheit im Ganzen ist das Ideal Epiktets. Darin drückt sich zweifellos die Erfahrung des ehemaligen Sklaven aus, der unter äußerst widrigen, momentan oder grundsätzlich nicht veränderbaren Umständen Freiheit und Glück in persönlicher Würde zu erreichen versucht. Bereits rein begrifflich steht Freiheit bei Epiktet im Mittelpunkt seiner Überlegungen. Das Wort kommt in verschiedenen Varianten in seinen überlieferten Schriften rund hundertdreißigmal vor, bei Marc Aurel dagegen bezeichnenderweise nur zweimal. Zur Erreichung innerer Freiheit, die als erstrebenswertes Ziel für Epiktet offensichtlich aus Negativerfahrungen heraus evident ist, gibt er drei jederzeit anwendbare Schritte an. Als sozusagen erste Notbremse empfiehlt er, „jedem ärgerlichen Eindruck" zunächst unbesehen den Einspruch entgegenzuhalten: „Du bist nur ein Eindruck *(phantasía)* und ganz und gar nicht das, was du zu sein scheinst *(phainómenon)*". In der dadurch gewonnenen vorläufigen Distanzierung ist in einem zweiten Schritt nach sokratischer Art zu prüfen, ob der Eindruck mit dem beurteilten Phänomen übereinstimmt oder nicht, vor allem anhand der Regel (kanon), ob wir es mit Dingen zu tun haben, „über die wir gebieten oder nicht gebieten". Nach erfolgter Prüfung und bei einem Ergebnis der zweiten Alternative rät er schließlich drittens, „habe die Antwort zur Hand: Es geht mich nichts an".

Faktisch, so ist Epiktet zu verstehen, bleibt uns oft nur das Los der Schicksalsergebenheit, immer aber besitzen wir die innere Freiheit zur Distanz, die er auch in seinen konkreten Verhaltensregeln empfiehlt. Ob wir uns allerdings wirklich in dem von Epiktet zu Anfang des „Handbüchleins" erhofften Ausmaß von unseren „ärgerlichen" Vorstellungen und Antrieben freimachen können, ist insbesondere nach den Einsichten der Psychoanalyse Freuds zweifelhaft. Auch Freuds eigene Grundmaxime „Wo Es ist, muß Ich werden" ist letztlich nur als unerfüllbare Grundintention reflexiver Aufklärung zu verstehen. Dennoch ist Epiktets Anweisung zur Seelenheilung und sein Alltags-Knigge trotz aller Skepsis gegenüber seiner Distanzhoffnung immer noch beherzigenswert. Goethe etwa schätzte ihn außerordentlich: „Weder die Schärfe des Aristoteles noch die Fülle des Plato fruchteten bei mir im mindesten. Zu den Stoikern hingegen hatte ich schon früher einige Neigung gefaßt, und schaffte nun den Epiktet herbei, den ich mit vieler Teilnahme studierte" (Dichtung und Wahrheit, 6. Buch). Gegenwärtig gewinnt die antike Philosophie, und mit ihr auch Epiktet, als Anleitung zur „Sorge um sich" ein verstärktes Interesse, vor allem durch Pierre Hadot (Philosophie als Lebensform. Geistige Übungen in der Antike, dt. 1991; ders., Wege zur Weisheit, 1999) und, von ihm beeinflußt, durch Michel Foucault (Sexualität und Wahrheit, Bd. 2 und 3, dt. 1984); neuerdings auch durch die Untersuchungen von Martha Nussbaum (Therapy of Desire. Theory and Practice in Hellenistic Ethics, 1994).

12. Marc Aurel: Pflichten gegenüber der Gemeinschaft

II, 2. Was ist denn, woraus ich bestehe: Ein klein wenig Fleisch und Lebensodem und die herrschende Vernunft. Hinweg mit den Büchern! Laß dich durch sie nicht beunruhigen, du kannst es dir nicht erlauben! Nein, als stünde dir der Tod bevor, sollst du dieses wenige Fleisch verachten, ist es doch nur Blutmasse und Knochen, ein Gewirk aus Nerven, Adern und Venen. Sieh dir doch auch deinen Lebensodem an: Ein Lufthauch ist er nur, und zwar nicht immer der gleiche, sondern immer wieder wird er ausgestoßen und aufs neue wieder eingeatmet. Und zum dritten schließlich die herrschende Vernunft: Du bist alt, laß sie nicht länger Sklavendienste tun und durch deine egoistischen Neigungen hin- und hergerissen werden, ärgere dich nicht länger über das, was dir das Schicksal zumutet, klage nicht heute schon über das Künftige!

V, 1. Erwachst du am Morgen schon mit Verdruß, dann denke dir gleich: „Ich bin wach, um eines Menschen Aufgabe zu erfüllen. Wozu soll ich verdrießlich sein, wenn ich daran gehe, zu tun, wozu ich geboren, wozu ich in die Welt gekommen bin? Oder ist es meine Aufgabe, daß ich mich in meinem Bette wärme?" „Das ist eben auch angenehmer!" Dann bist du also geboren, um es angenehm zu haben, nicht um zu arbeiten? Siehst du nicht, die Pflanzen, die Vögel, die Ameisen, die Spinnen, die Bienen, die alle die ihnen zugedachte Aufgabe erfüllen und in ihrer Weise am Aufbau des Kosmos mitwirken? Und du willst nicht tun, was des Menschen Aufgabe ist, willst nicht dem Ziele zueilen, das dir die Natur gesteckt hat? „Aber man soll doch auch ausruhen!" Ja, auch ich bin dafür! Aber auch hierfür hat die Natur ein Maß bestimmt, genau wie fürs Essen und Trinken. Und dennoch willst du über das Maß dessen, was dir ausreichen sollte, hinausgehen? Freilich abgesehen von der Arbeit! Hier bleibst du gerne innerhalb der Grenze des Möglichen. Du hast eben für dich selbst keine Liebe, sonst liebtest du auch deine Natur und ihren Willen. Aber es gibt Menschen, die ihr Können lieben und darin völlig aufgehen, so daß sie sich nicht mehr waschen, daß sie sogar das Essen vergessen. Du dagegen erweisest deiner Natur geringere Ehre als der Erzgießer seiner Erzgießerei, der Tänzer seiner Tanzkunst, der Geizhals seinem Geld oder der Ruhmsüchtige seinem bißchen Ruhm? Sie alle verzichten, wenn sie mit Eifer bei ihrer Sache sind, auf Nahrung und Schlaf und wollen nur auf ihrem Gebiet erfolgreich sein. Dir aber scheint das Wirken für die Gemeinschaft weniger bedeutend und geringerer Mühe wert zu sein?

X, 6. Mag die Welt ein Durcheinander von Atomen sein oder mag die Natur darin herrschen, das sei mein erster Grundsatz: Ich bin ein Teil des Ganzen, das sich unter der Herrschaft der Natur befindet. Sodann steht fest, daß ich mit allen Teilen, die mit mir gleicher Art sind, in einem engen Zusammenhang stehe. Bedenke ich nämlich, daß ich ein Teil bin, dann ärgert mich nichts, was mir vom Ganzen auferlegt wird. Denn was dem Ganzen förderlich ist, kann dem Teil nicht schaden, da es ja selbst nichts enthält, was ihm nicht Nutzen brächte. Dies trifft in gleicher Weise auf alle Wesen der Natur zu, aber die Natur des Kosmos verfügt außerdem über die Eigenart, daß sie auch durch keine von außen her wirkende Ursache gezwungen werden kann, etwas hervorzubringen, was ihr selber Schaden brächte. Wenn ich dies bedenke, daß ich ein Teil des Ganzen bin, dann wird mir nichts von dem, was geschieht, Unbehagen bereiten. Stehe ich aber in einer engen Verbindung mit den Teilen, die gleicher Art sind mit mir, dann werde ich nichts unternehmen, was dem gemeinsamen Wohl entgegen wäre, ich werde vielmehr auf diese gleichartigen Wesen Rücksicht nehmen, werde stets das Gemeinwohl im Auge behalten und mich von allem abwenden, was dem entgegengesetzt ist. Wenn ich meine Leitsätze in dieser Weise verwirkliche, dann muß mein Leben ein glückliches sein, so glücklich, wie man das Leben eines Bürgers befinden kann, der immer wieder seine Mitbürger durch sein Handeln beglückt und mit Freuden auf sich nimmt, was ihm der Staat zumutet.

Marc Aurel (121–180 n. Chr.) wurde wahrscheinlich bereits mit zwölf Jahren im Geiste stoischer Pflichterfüllung erzogen, die seine ganze Lebensführung prägte und auch für seine „Selbstbetrachtungen" charakteristisch sind. Marc Aurels äußeres Leben verlief kaum glücklich. Während seiner Zeit auf dem Kaiserthrohn von 161–180 n. Chr. mußte er zahlreiche Kriege gegen äußere Feinde Roms führen und den Niedergang des Kaiserreichs erleben, sowie nicht zuletzt die Schwächung Italiens durch eine Pestepidemie. Auch in seiner eigenen Familie fand Marc Aurel mit seiner Frau Festina und seinem Sohn und Nachfolger Commodus kein äußeres Glück. Schließlich verstarb er in einem Heerlager vor Wien. Über seine eigene Rolle als Philosophenherrscher im Sinne Platons (Staat, 7. Buch) machte er sich keine Illusionen: „Die Urkraft des Alls ist ein reißender Strom; alles reißt er mit sich. Wie kümmerlich sind die Bemühungen jener Menschen, die da Politik betreiben und dabei noch glauben, sie betätigten sich als Philosophen! Diese Toren! Aber was denn, o Mensch? Tu, was im gegenwärtigen Augenblick die Natur von dir verlangt! Laß dich aufrütteln, wenn es über dich kommt und schau nicht um, ob es einer auch sieht. Setze keine Hoffnung auf den Staat Platons, sondern sei zufrieden, wenn es auch nur ein wenig vorwärts geht" (Selbstbetrachtungen, IX, 29).

In den „Selbstbetrachtungen" (griechisch: *tà eis heautón*) denkt Marc Aurel in einer Art innerem Tagebuch über den Sinn und das Glück menschlicher Existenz unter unglücklichen Zeitumständen nach und versucht eher sich selbst als anderen Trost zu spenden und zu pflichtgemäßem Handeln zu ermuntern. Im ersten Textauszug (II, 2) skizziert er in kurzen Zügen seine an Platon (Text 5) erinnernde Anthropologie einer Dreigliederung von Körper („Fleisch"), Seele („Lebensodem") und Geist („herrschende Vernunft"). Wenn sich der alternde Kaiser selber dazu ermahnt, „nicht länger Sklavendienste" zu tun, kann man darin einen Anklang an den von ihm verehrten Epiktet (Text 11) hören – durch die gemeinsame Vernunft sind Kaiser und Sklave gleich. Im zweiten Abschnitt über das rechte Tun und Lassen (V, 1) vertritt Marc Aurel eine ähnliche Lehre von der richtigen Mitte wie Aristoteles (Text 9). Wenn er von der stoischen Grundüberzeugung ausgeht, daß die Natur von vorneherein ein wohlgeordnetes, gutes Ganzes oder ein „Kosmos" ist, kann die Natur als Norm gelten, ohne daß ein naturalistischer Fehlschluß von einem Ist auf ein Sollen vorliegt. Tatsächlich geht Marc Aurel, wie der dritte Textauszug zeigt (X, 6), von der Auffassung eines in sich sinnvollen Ganzen aus, in dem jeder Teil seine Aufgabe als Bürger für das Gesamtwohl im Staate zu erfüllen hat. Durch Abweichungen mittels der Affekte, die „egoistischen Neigungen", so ist hier zu ergänzen, können wir uns jedoch der Herrschaft des vernünftigen Ganzen entziehen und müssen daher eine Affektlosigkeit *(apatheia)* erreichen, um unsere Pflichten als Teil des Ganzen in innerer Einstimmung in die Notwendigkeit zu erfüllen.

Marc Aurels stoische Weisheit hat zu allen Zeiten Bewunderung erregt und findet sich der Sache nach nicht nur im konfuzianischen Gehorsam gegenüber den Eltern und dem Staat, sondern auch im gegenwärtigen amerikanischen „Kommunitarismus"

(Sandel, Etzioni u.a.) als Lehre von den Pflichten des einzelnen gegenüber dem Ganzen wieder. Ganz abgesehen aber davon, daß sich uns heute das Weltganze kaum mehr als Kosmos darstellt (Text 20), wäre zu fragen, wie sich die einzelnen Naturnormen genauer interpretieren lassen, da sie sich nicht vom Naturganzen unmittelbar ablesen lassen. Außerdem ist zwar von den Prämissen der stoischen Philosophie her objektives Glück durch Einstimmung in das Ganze konsequent gedacht, ohne die objektive Sinnvoraussetzung aber ist das behauptete Glück blinder Fatalismus und Funktionalisierung des einzelnen durch die Obrigkeit. Das innere, subjektive Selbst-Verhältnis als Bedingung eines glücklichen, innerlich freien Lebens, wie es Epiktet betont hat (Text 11), fehlt bei Marc Aurel völlig.

13. Aurelius Augustinus: Zeitgeschehen und Zeitvorstellung

So gab es denn keine Zeit, wo du noch nichts geschaffen hattest, da du die Zeit selbst geschaffen hast. Und keine Zeiten sind gleichewig wie du, denn du bleibst. Aber wenn sie blieben, wären's nicht Zeiten. Denn was ist Zeit? Wer könnte das leicht und kurz erklären? Wer es denkend erfassen, um es dann in Worten auszudrücken? Und doch – können wir ein Wort nennen, das uns vertrauter und bekannter wäre als die Zeit? Wir wissen genau, was wir meinen, wenn wir davon sprechen, verstehen's auch, wenn wir einen andern davon reden hören. Was also ist die Zeit? Wenn niemand mich danach fragt, weiß ich's, will ich's aber einem Fragenden erklären, weiß ich's nicht. Doch sage ich getrost: Das weiß ich, wenn nichts verginge, gäbe es keine vergangene Zeit, und wenn nichts käme, keine zukünftige, und wenn nichts wäre, keine gegenwärtige Zeit. Aber wie steht es nun mit jenen beiden Zeiten, der vergangenen und zukünftigen? Wie kann man sagen, daß sie sind, da doch die vergangene schon nicht mehr und die zukünftige noch nicht ist? Die gegenwärtige aber, wenn sie immer gegenwärtig wäre und nicht in Vergangenheit überginge, wäre nicht mehr Zeit, sondern Ewigkeit. Wenn also die gegenwärtige Zeit nur dadurch Zeit wird, daß sie in Vergangenheit übergeht, wie können wir dann sagen, sie sei, da doch der Grund ihres Seins der ist, daß sie nicht sein wird? Muß man also nicht in Wahrheit sagen, daß Zeit nur darum sei, weil sie zum Nichtsein strebt? [...]

Und dennoch, Herr, nehmen wir Zeiträume wahr, vergleichen sie miteinander und nennen die einen länger, die andern kürzer. Wir messen auch, um wieviel dieser Zeitabschnitt länger oder kürzer ist als jener, und versichern, dieser betrage das Doppelte oder Dreifache von jenem, oder auch, sie seien gleich lang. Doch können wir die Zeiten nur messen, wenn wir sie beim Vorübergehen wahrnehmen. Wer aber könnte die vergangenen, die nicht mehr sind, oder die künftigen, die noch nicht sind, messen? Es müßte sonst einer zu behaupten wagen, er könne messen, was nicht ist. Wenn also die Zeit vorübergeht, kann sie wahrgenommen und gemessen werden. Ist sie aber vorübergegangen, kann man's nicht mehr, denn dann ist sie nicht mehr.

Ich forsche nur, Vater, stelle keine Behauptungen auf. Bewahre mich, mein Gott, und leite mich. Ob es wohl jemanden gibt, der mir sagt, es seien nicht drei Zeiten, wie wir es als Knaben lernten und später selbst die Knaben lehrten, nämlich Vergangenheit, Gegenwart und Zukunft, sondern nur die eine Gegenwart, weil die beiden andern ja nicht sind? Oder sind sie doch, aber die eine tritt aus irgendeinem Versteck hervor, wenn aus Zukunft Gegenwart wird, und die andere verzieht sich in ein Versteck, wenn aus Gegenwart Vergangenheit wird? Denn wo sollten die Seher, die Zukünftiges voraussagten, es erblickt haben, wenn es noch gar nicht da ist? Was nicht ist, kann man doch nicht sehen. Und die Vergangenes erzählen, könnten gewiß nicht Wahres erzählen, wenn sie es nicht im Geiste schauten. Wäre das aber nichts, könnte man es auch nicht schauen. Also ist es doch, das Zukünftige und das Vergangene.

Laß, Herr, mich weiter forschen, du, meine Hoffnung, und gib, daß mein spähender Blick nicht getrübt werde. Wenn es demnach Zukünftiges und Vergangenes gibt, so möchte ich wissen, wo sie sind. Wenn mir das noch nicht gelingt, so weiß ich doch: Wo sie auch sein mögen, da sind sie nicht zukünftig oder vergangen, sondern gegenwärtig. Denn wenn sie auch da zukünftig sind, sind sie da noch nicht, und wenn auch da vergangen, sind sie da nicht mehr. Wo sie also und was sie auch immer sein mögen, sie können nur gegenwärtig sein. Freilich, wenn wir Vergangenes wahrheitsgemäß erzählen, holen wir aus der Erinnerung nicht die Dinge selbst hervor, die vergangen sind, sondern nur Worte, die die Bilder wiedergeben, die jene Dinge im Vorübergehen durch die Sinne dem Geiste wie Spuren eingeprägt haben. So liegt meine Jugend, die nicht mehr ist, in der Vergangenheit, die gleichfalls nicht mehr ist. Ihr Bild jedoch, wenn ich ihrer gedenke und von ihr erzähle, schaue ich in der Gegenwart, da es noch jetzt in meinem Gedächtnis ist. Ob sich's bei der Weissagung des Zukünftigen ebenso verhält, nämlich so, daß bereits bestehende Bilder noch nicht vorhandener Dinge vorfühlend wahrgenommen werden, das, mein Gott, ich bekenne es dir, weiß ich nicht. Soviel weiß ich jedoch, daß wir häufig unsere künftigen Handlungen im voraus überlegen und daß diese Vorausschau gegenwärtig ist, während die Handlung selbst, die wir vorher überlegen, noch nicht ist, weil sie zukünftig ist. Erst wenn wir sie seinerzeit in Angriff nehmen und, was wir vorher überlegten, zu verwirklichen anfangen, dann erst wird jene Handlung sein, da sie nun nicht mehr zukünftig, sondern gegenwärtig ist.

Aber wie sich's auch verhalten mag mit jenem geheimnisvollen Vorgefühl des Zukünftigen, sehen kann man doch nur, was ist. Was aber bereits ist, ist nicht zukünftig, sondern gegenwärtig. Spricht man also von einem Sehen zukünftiger Dinge, so werden nicht sie selbst, die noch nicht sind, weil sie erst zukünftig sind, sondern vielleicht ihre Ursachen oder Zeichen gesehen, die bereits sind. Diese sind also den Sehern nicht zukünftig, sondern gegenwärtig, und aus ihnen, wenn der Geist sie erfaßt, wird die Zukunft vorausgesagt. Diese geistigen Eindrücke also sind bereits, und wer Künftiges voraussagt, schaut sie gegenwärtig in seinem Innern. Aus der Fülle des zur Verfügung Stehenden mag ein Beispiel für mich sprechen. Ich schaue die Morgenröte an und sage den Sonnenaufgang voraus. Was ich schaue, ist gegenwärtig, was ich voraussage, zukünftig. Nicht die Sonne ist zukünftig, denn die ist bereits, sondern ihr Aufgang, der noch nicht ist. Doch wenn ich mir nicht auch den Aufgang im Geiste vorstellte, so wie ich es jetzt tue, wo ich davon spreche, könnte ich ihn nicht voraussagen. Aber weder jene Morgenröte, die ich am Himmel sehe, ist der Sonnenaufgang, obwohl sie ihm voraufgeht, noch diese Vorstellung in meinem Geiste. Doch muß ich diese beiden gegenwärtig sehen, um den künftigen Aufgang vorauszusagen. Das Zukünftige also ist noch nicht, und wenn noch nicht, dann überhaupt nicht, und wenn es nicht ist, kann es auch durchaus nicht gesehen werden. Aber es kann vorausgesagt werden auf Grund des Gegenwärtigen, das bereits ist und das man sieht.

So sag es mir, du Beherrscher deiner Schöpfung, welches ist deine Weise, den Seelen Zukünftiges zu zeigen? Denn du hast es deinen Propheten gezeigt. Auf welche Weise zeigst du, dem nichts zukünftig ist, Künftiges? Oder vielmehr Gegenwärtiges, was auf die Zukunft hindeutet? Denn was nicht ist, kann nimmer gezeigt werden. Doch diese Weise läßt meinen Scharfsinn weit hinter sich. ‚Sie ist mir zu hoch, ich kann sie nicht begreifen.' Aber ich werde es einmal können, durch dich, wenn du mir's geben wirst ‚süßes Licht meiner inneren Augen'. Was aber jetzt klar und deutlich ist, das ist dies: Weder das Zukünftige ist noch das Vergangene, und man kann auch von Rechts wegen nicht sagen, es gebe drei Zeiten, Vergangenheit, Gegenwart und Zukunft. Vielleicht sollte man richtiger sagen: es gibt drei Zeiten, Gegenwart des Vergangenen, Gegenwart des Gegenwärtigen und Gegenwart des Zukünftigen. Denn diese drei sind in der Seele, und anderswo sehe ich sie nicht. Gegenwart des Vergangenen ist die Erinnerung, Gegenwart des Gegenwärtigen die Anschauung, Gegenwart des Zukünftigen die Erwartung.

Aurelius Augustinus (354–430 n. Chr.), der später heiliggesprochene Kirchenvater, hatte in seiner Jugend entgegen dem sehnlichen Wunsch seiner Mutter Monica, einer frommen Christin, weniger geistige und geistliche, als vielmehr recht weltliche Interessen. Er wuchs in der Provinz Africa im heutigen Algerien auf, studierte in Karthago Rhetorik, hatte mit seiner Lebensgefährtin einen Sohn und bekleidete die angesehene Stellung eines Professors für Rhetorik in Karthago, Rom und Mailand. Eine geistige Wende trat in Augustins Lebens ein, als er mit etwa zwanzig Jahren Ciceros (inzwischen verlorengegangenen) Dialog „Hortensius" las und sich für die philosophische Wahrheitssuche zu interessieren begann. Und eine geistliche Wende erfuhr er, als er zur christlichen Wahrheit fand. Eines Tages glaubte Augustin, wie er später in den „Bekenntnissen" berichtet, im Garten die Stimme eines Kindes zu hören: „Nimm, lies!" (Tolle, lege!, Bekenntnisse 8. Buch, 12. Kap.). Als er das auf seinem Tisch liegende Buch des Apostels Paulus aufschlug, las er die Stelle: „Nicht in Schmausereien und Trinkgelagen, nicht in Schlafkammern und Unzucht, nicht in Zank und Neid, vielmehr ziehet an den Herrn Jesus Christus und pfleget nicht des Fleisches in seinen Lüsten" (Römer 13, 13–14). Daraufhin beschloß Augustin, sein persönliches Leben grundlegend zu ändern. Er trennte sich von seiner Lebensgefährtin, führte im nordafrikanischen Thagaste ein klösterliches Leben, ließ sich taufen (391) und wurde schließlich (396) zum Bischof von Hippo Regius gewählt, der damals größten Stadt Nordafrikas nach Karthago. Augustin erfüllte seine Amtsaufgaben als Bischof sorgfältig, war außerdem mit zahlreichen kirchenpolitischen Aktivitäten im Kampf gegen die „Heiden" beschäftigt und verfaßte zusätzlich ein umfangreiches Werk. Nicht nur in seinen theologischen, sondern auch in seinen philosophischen Schriften ist die christliche Glaubenswahrheit für Augustin die entscheidende Lebensorientierung. Das politische Leben im „Gottesstaat" einerseits (Civitas Dei, 413–427), Augustins christliche Umformung von Platons „Staat" (Text 5), ist auf das „Reich Gottes" als Heilsplan ausgerichtet. Das persönliche Leben in den „Bekenntnissen" andererseits (Confessiones, 396–398), der christlichen Version von Platons autobiographischem „Siebten Brief" (Text 6), ist ebenfalls durch den Glauben an die christliche Botschaft bestimmt. Augustin betont gleich zu Beginn seiner „Bekenntnisse": „Geschaffen hast Du uns zu Dir, und ruhelos ist unser Herz, bis daß es seine Ruhe hat in Dir" (1,1).

Augustins „Bekenntnisse" sind mehr als die Beichte eines reumütigen Sünders und die Selbstdarstellung einer persönlichen Heilsgeschichte. Abgesehen davon, daß er vermutlich die Ausschweifungen seiner Jugend in apologetischer Absicht übertreibt, versteht er seine persönliche Wahrheitssuche als allgemeines Beispiel für die Wahrheitssuche, die sich auch und gerade aus dem christlichen Glauben heraus in der grundsätzlichen Spannung von Glaubens- und Vernunftwahrheit, von liebendem Eindringen und Erkennen Gottes, von Gnade und Freiheit sowie von Erbsünde und persönlicher Schuld bewegt. Auch der Auszug aus Augustins ausführlicher Abhandlung über die Zeit im 11. Buch der „Bekenntnisse" zeigt sein Ringen, die Zeit aus der Glaubens- und Vernunftperspektive zugleich zu verstehen. Die im Alltag unproblematische Redeweise von Vergangenheit, Gegenwart und Zukunft wird für Augustin im Rahmen der christlichen Schöpfungslehre zu einem Rätsel. Eine Zeit vor der Schöpfung kann es nicht gegeben haben, da Gott Schöpfer der Zeit ist und auch selbst als „gleichewig" außerhalb der Zeit existiert, so Augustin in Anlehnung an Platons „Timaios", und dennoch können wir die Frage danach nicht vermeiden. Allerdings ergeben sich bei dem Versuch, mit Hilfe der platonischen Philosophie eine christliche Theologie zu entwickeln oder die platonische Philosophie über die Zeit von christlichen Prämissen her zu denken, erhebliche Schwierigkeiten. Platons „Demiurg" im „Timaios" ist nicht Schöpfer der Welt aus dem Nichts und somit auch der Zeit zu einem unfaßbaren Zeitpunkt des Nichts. Als göttlicher „Handwerker" ist er vielmehr Ordner einer vorgefundenen, unstrukturierten Weltmaterie. Auch ist bei Platon der Mensch nicht durch die Verzeitlichung Gottes als Geburt und Tod Christi in persönlicher Zuwendung erlöst, sondern durch die Nachahmung des überzeitlichen Gottes als allgemeine „Idee des Guten" bestimmt. Daher stellt sich für Platons Philosophie weder die Frage nach einer Zeit vor der Schöpfung noch die Frage nach einer persönlichen Heilsgeschichte. Zeit ist nach Platons „Timaios" vielmehr zugleich mit dem Kosmos gegeben als „in Zahlen fortschreitendes unvergängliches Bild der in dem Einen verharrenden Unendlichkeit" (37d) oder die sichtbare Selbstbewegung der Planetenbahnen des göttlichen Kosmos. Gott zeigt sich nicht in der Geschichte, sondern ist als ewige Selbstbewegung sichtbar, nach deren Vor-Bild wir unsere unsteten Bewegungen zu bilden haben (Text 5). Durch das Heilsgeschehen in Christus dagegen vollzieht sich ein radikaler Wandel im Zeitverständnis. Aus der zyklischen Zeit, im wiederkehrenden Wechsel der Jahreszeiten und im Kreislauf der Planeten als Ausdruck des in sich ruhenden, „gleichewigen" göttliches Seins, wird die lineare Zeit, mit einem problematischen zeitlichen Beginn der Schöpfung und einem problematischen Nacheinander der geschichtlichen Zeit, die sich im ständigen Übergang von Vergangenheit und Zukunft nie als etwas fassen läßt, das gegenwärtig wirklich ist. Augustin gibt sich schließlich damit zufrieden, die Aporie des Schöpfungsbeginns und ständigen Zeitflusses durch eine Unterscheidung von Zeitgeschehen und Zeitvorstellung zu lösen. Zeit ist eine Vorstellungsweise „in der Seele“, die sich Dinge oder Ereignisse durch „Erinnerung“, „Anschauung“ und „Erwartung“ als Vergangenes, Gegenwärtiges und Zukünftiges vergegenwärtigt. Auch die Frage nach dem Anfangszeitpunkt der Schöpfung, so wäre hinzuzufügen, entspringt lediglich unserer menschlichen Zeitvorstellung.

In unserer vorgestellten oder erlebten Zeit ist die Schöpfungszeit, die fließende Zeit und auch die gezählte Zeit aufgehoben. Doch wie kommt das, was außerhalb der Zeit liegt, in unsere Zeit hinein? Wie kann der Mensch in der Zeit das „gleichewige“ göttliche Sein und die wirklichen Dinge und Ereignisse in der Welt begreifen? Man würde Augustins metaphysisch-theologischer Fragestellung nicht gerecht werden, wollte man seine Antwort in einem transzendentalen Sinne nach Kant oder psychologisch verstehen. Unsere zeitlichen Vorstellungen sollen nach Augustin ein wirkliches Gegenüber begreifen, sie sind weder transzendentale „Anschauungsformen“, wie Zeit und Raum bei Kant (Text 24), noch subjektive, innerpsychische Vorstellungen. Offensichtlich setzt die Frage nach dem Verhältnis von subjektiver Zeit und objektivem Sein eine bestimmte, platonisch-metaphysische Zeitvorstellung von Sein als einem „gleichewigen“ Wesen (Essenz) voraus. Wie Heidegger jedoch in „Sein und Zeit“ gezeigt hat, wird ein derartiges Seinsverständnis weder der zeitlichen Existenz des Menschen noch seinem primären Umgangswissen mit den Dingen in der Zeit gerecht (Text 31). Aber gerade durch eine derartige radikale Verzeitlichung allen Seins wird Augustins Frage nach dem Bleibenden im Vergänglichen wieder aktuell, sei es als Frage nach der Gültigkeit bleibender Werte trotz allen Wandels oder sei es als Frage nach der Gültigkeit theoretischer Erkenntnisse trotz aller Theoriendynamik (Thomas Kuhn u.a.). Auch beschäftigt ungeachtet aller philosophischen Aporien die Kinderfrage nach dem Anfang und Ende der Welt oder des Universums selbst noch die moderne Astrophysik.

14. Anselm von Canterbury: Begriff und Existenz Gottes

1. Kapitel

Antrieb des Geistes zur Betrachtung Gottes

Ich bekenne, Herr, und sage Dank, daß Du in mir dieses „Dein Bild" geschaffen hast, damit ich, Deiner mich erinnernd, Dich denke, Dich liebe.

Aber so sehr ist es durch abnützende Laster zerstört,
so sehr ist es durch den Rauch der Sünden geschwärzt,
daß es nicht tun kann, wozu es gemacht ist, wenn Du es nicht erneuerst und wiederherstellst.

Ich versuche nicht, Herr, Deine Tiefe zu durchdringen, denn auf keine Weise stelle ich ihr meinen Verstand gleich; aber mich verlangt, Deine Wahrheit einigermaßen einzusehen, die mein Herz glaubt und liebt. Ich suche ja auch nicht einzusehen, um zu glauben, sondern ich glaube, um einzusehen. Denn auch das glaube ich: „wenn ich nicht glaube, werde ich nicht einsehen".

2. Kapitel

Daß in Wahrheit Gott existiert

Also, Herr, der Du die Glaubenseinsicht gibst, verleihe mir, daß ich soweit Du es nützlich weißt, einsehe, daß Du bist, wie wir glauben, und das bist, was wir glauben. Und zwar glauben wir, daß Du etwas bist, über dem nichts Größeres gedacht werden kann.

Gibt es als ein solches Wesen nicht, weil der „Tor in seinem Herzen gesprochen hat: es ist kein Gott"? Aber sicherlich, wenn dieser Tor eben das hört, was ich sage: „etwas, über dem nichts Größeres gedacht werden kann", versteht er, was er hört; und was er versteht, ist in seinem Verstande, auch wenn er nicht einsieht, daß dies existiert.

Denn ein anderes ist es, daß ein Ding im Verstande ist, ein anderes, einzusehen, daß das Ding existiert. Denn wenn ein Maler vorausdenkt, was er schaffen wird, hat er zwar im Verstande, erkennt aber noch nicht, daß existiert, was er noch nicht geschaffen hat. Wenn er aber schon geschaffen hat, hat er sowohl im Verstande, als er auch einsieht, daß existiert, was er bereits geschaffen hat.

So wird also auch der Tor überführt, daß wenigstens im Verstande etwas ist, über dem nichts Größeres gedacht werden kann, weil er das versteht, wenn er es hört, und was immer verstanden wird, ist im Verstande.

Und sicherlich kann „das, über dem Größeres nicht gedacht werden kann", nicht im Verstande allein sein. Denn wenn es wenigstens im Verstande allein ist, *kann* gedacht werden, daß es auch in Wirklichkeit existiere – was größer ist. Wenn *also* „das, über dem Größeres nicht gedacht werden kann", im Verstande allein ist, so ist eben „das, über dem Größeres nicht gedacht werden kann", über dem Größeres gedacht werden kann. Das aber kann gewiß nicht sein. Es existiert also ohne Zweifel „etwas, über dem Größeres nicht gedacht werden kann", sowohl im Verstande als auch in Wirklichkeit.

3. Kapitel

Daß nicht gedacht werden kann, daß er nicht existiert

Das existiert schlechthin so wahrhaft, daß auch nicht gedacht werden kann, daß es nicht existiert. Denn es läßt sich denken, daß es etwas gibt, das als nichtexistierend nicht gedacht werden kann – was größer ist, als was als nichtexistierend gedacht werden kann. Wenn deshalb „das, über dem Größeres nicht gedacht werden kann", als nicht existierend gedacht werden kann, so ist eben „das, über dem Größeres nicht gedacht werden kann", nicht das, über dem Größeres nicht gedacht werden kann; was sich nicht vereinbaren läßt. So wirklich also existiert „etwas, über dem Größeres nicht gedacht werden kann", daß es als nichtexistierend auch nicht gedacht werden kann.

Und das bist Du, Herr, unser Gott. So wirklich also bist Du, Herr, mein Gott, daß Du als nichtexistierend auch nicht gedacht werden kannst. Und mit Recht. Denn wenn ein Geist etwas Besseres als Dich denken könnte, erhöbe sich das Geschöpf über den

Schöpfer und säße über den Schöpfer zu Gericht, was ganz widersinnig ist. Und in der Tat läßt sich von allem, was sonst ist, außer Dir allein, denken, daß es nicht existiert. Somit hast Du allein am wahrsten von allem und damit am meisten von allem das Sein, weil alles, was es sonst gib, nicht so wahr und daher weniger das Sein hat.

Warum also „sprach der Tor in seinem Herzen: es ist kein Gott", da es dem vernunftbegabten Geiste so offen zutage liegt, daß Du am meisten von allem bist? Warum, wenn nicht deshalb, weil er töricht und unvernünftig ist?

4. Kapitel

Wie „der Tor im Herzen gesprochen hat", was nicht gedacht werden kann

Wie aber hat er im Herzen gesprochen, was er nicht hat denken können; oder wie hat er nicht denken können, was er im Herzen gesprochen hat, da doch im Herzen sprechen und denken dasselbe ist?

Wenn er dies wirklich, vielmehr weil er es wirklich gedacht hat, da er es im Herzen gesprochen hat, und nicht im Herzen gesprochen hat, da er es nicht denken konnte, so wird nicht nur auf *eine Weise* im Herzen gesprochen oder gedacht. Anders nämlich wird ein Ding gedacht, wenn der es bezeichnende Laut gedacht wird, anders wenn eben das, was das Ding ist, verstanden wird. Auf jene Art also kann Gott als nichtexistierend gedacht werden, auf diese jedoch keinesfalls. Denn niemand, der das einsieht, was Gott ist, kann denken, daß Gott nicht existiert, auch wenn er diese Worte im Herzen spricht, entweder ohne jede oder mit einer fremden Bedeutung. Denn Gott ist „das, über dem Größeres nicht gedacht werden kann". Wer das gut versteht, versteht durchaus, daß dies so existiert, daß es auch nicht in Gedanken nicht existieren kann, Wer also einsieht, daß Gott auf diese Weise ist, der kann ihn nicht als nichtexistierend denken.

Dank Dir, guter Herr, Dank Dir, daß ich das, was ich zuvor durch Dein Geschenk geglaubt habe, jetzt durch Deine Erleuchtung so einsehe, daß ich, wollte ich es nicht glauben, daß Du existierst, es nicht nicht einsehen könnte.

Anselm von Canterbury (1033–1109) wurde in Aosta in Italien geboren, verließ nach einem Streit mit seinem Vater seine heimatliche Burg, trat in einen Mönchsorden ein, verfaßte zahlreiche, vor allem theologische Werke und wurde 1093 Erzbischof von Canterbury. Von philosophischem Interesse ist besonders sein „ontologischer Gottesbeweis", wie er seit Kants Kritik heißt (Kritik der reinen Vernunft, A 592/B 620ff) . Im „Monologion" (1076/77) hatte Anselm noch versucht, die Existenz Gottes auf empirischer Basis zu beweisen. Danach ist Gott die erste Ursache, das vollkommene Wesen und absolut Wahre, Schöne und Gute, da alles Bedingte notwendigerweise auf ein Unbedingtes verweist. In seiner Schrift „Proslogion" (Anrede an Gott, 1077/78) dagegen beansprucht Anselm, die empirischen Gottesbeweise durch einen einzigen, rationalen zu ersetzen und das unbedingte Wesen Gottes nicht mehr aus dem Bedingten zu verstehen. Ziel des Beweises ist nicht etwa, den „Toren" zum Gottesglauben zu bekehren, sondern ihm die Denknotwendigkeit von Gottes Existenz einsichtig zu machen. Auch geht Anselms persönlicher Glaube der Vernunfteinsicht voraus und soll nicht erst durch sie herbeigeführt werden: „ich glaube, um einzusehen" (credo ut intelligam). Allerdings schränkt Anselm den Beweischarakter seines Beweises gleich zu Beginn auf zweierlei Weise ein. Erstens wünscht er lediglich, Gottes „Wahrheit einigermaßen (aliquatenus) einzusehen", weil er offensichtlich dem endlichen Wesen Mensch keine vollkommene Erkenntnis des unendlichen Wesens Gottes zutraut. Außerdem betont er als notwendige Bedingung der Vernunfteinsicht den Glauben: „wenn ich nicht glaube, werde ich nicht einsehen"; und der Glaube wiederum ist ein „Geschenk" Gottes, wie es am Schluß des Beweisganges heißt. Der „Tor" oder Gottesleugner kann daher durch den Gottesbeweis weder zu einem lebendigen, praktischen Glauben im Sinne Pascals (Text 20) noch zu einer – ohnehin unvollkommenen – Einsicht in sein Dasein und Sosein gebracht werden, sondern bestenfalls die formale Argumentationsstruktur des Gottesbeweises einsehen.

Auf den ersten Blick allerdings scheint nicht einmal Anselms formale Argumentationsstruktur einsichtig zu sein. Vielmehr scheint er eine unzulässige Ableitung einer Seinsnotwendigkeit aus einer Begriffsnotwendigkeit vorzunehmen oder Urteile über Existenz und Inhalt von Begriffen zu vermengen. Einen derartigen Fehler wirft ihm bereits sein zeitgenössischer Kontrahent, der Mönch Gaunilo, vor, später auch Kant, während Descartes (Text 18) und Hegel den ontologischen Gottesbeweis akzeptieren. Auf Anselms verdeckte erkenntnistheoretische Prämisse des platonistischen Universalienrealismus (Text 6, 7) aber trifft dieses Verdikt nicht zu. Wenn Begriffe nicht nur in unserem Verstand, sondern auch in der Wirklichkeit als geistige Wesenheiten existieren, fallen Begriffs- und Seinsnotwendigkeit tatsächlich zusammen. Der Beweisgang gliedert sich in drei Schritte. Erstens folgt aus dem Verstehen des Begriffs Gottes als „etwas, über dem nichts Größeres gedacht werden kann (id quo nihil maius cogitari potest)", seine Existenz „im Verstande" (in intellectu). Wie ein Maler eine Vorstellung (beispielsweise von einem Fresko) vor Augen hat, damit aber noch nicht die Existenz des Kunstwerks gegeben ist, so hat auch der Tor die begriffliche, wenn auch nicht die reale Existenz Gottes erkannt. Zweitens ist bereits in dem zugrundeliegenden Begriff Gottes (analytisch) seine Existenz „in Wirklichkeit (in re)" enthalten, weil sonst etwas anderes als er selbst als Größeres, eben in Wirklichkeit Existierendes, gedacht werden könnte. Weil er diesen Selbstwiderspruch nicht erkennt, ist derjenige, der Gottes Existenz leugnet, ein „Tor". Ein Tor ist aber auch bereits, so drittens, wer Gottes Nichtexistenz für denkbar hält, weil wiederum selbstwidersprüchlich etwas anderes als Gott als Größeres gedacht werden könnte, von dem sich eben nicht die Nichtexistenz denken läßt. Außer dem formalen Selbstwiderspruch ergäbe sich aber auch eine Umkehr der Schöpfungsordnung, weil das Geschöpf über seinen eigenen Schöpfer zu Gericht säße und etwas „Besseres" als ihn denken (und erschaffen) würde. Da Anselm diesen Gedanken aus der Glaubensperspektive im Gebet zu Gott vorbringt, argumentiert er nicht unzulässig zirkulär, indem er das zu Beweisende (Gottes Existenz) bereits als bewiesen (Gott als Schöpfer) voraussetzt. Auch sein zweiter Zusatzgedanke ist schlüssig, wenn er behauptet, daß allein von Gott als „wahrstem" Wesen die Nichtexistenz nicht gedacht werden könne. Allen anderen unvollkommenen Wesen kommt Existenz nicht zu. Daher ist Gaunilos Absurditätsargument falsch, daß nach Anselm auch eine perfekte Insel existieren müsse; ist doch eine noch so perfekte (wahre) Insel nicht so perfekt (wahr) wie Gott.

Bevor Anselm in den restlichen Kapiteln aus dem Begriff Gottes nach dessen Existenz auch dessen Eigenschaften wie Allmacht und Güte ableitet, löst er die Schwierigkeit auf, wie der Tor überhaupt die Nichtexistenz Gottes denken kann, wo er doch seinen Begriff ausgesprochen hat und somit auch verstanden haben muß. Dabei wird seine platonistische Prämisse deutlich, wenn er die Wortbedeutung einer Sache (vox eam significans) von ihrem Wesen (id ipsum quod res est) unterscheidet. So hat der Tor eben nur die Wortbedeutung, nicht aber das Wesen des Begriffs „Gott" verstanden. Ähnlich unterscheidet Platon im „Siebten Brief" (Text 6) Zeichnung, Wort, Begriff und Wesen. Begriffe sind nicht nur bloße Wörter oder Verstandesdinge, sondern Ausdruck vom Wesen einer Sache selbst, an die wir uns – wie an das „Bild Gottes" zu Beginn von Anselms Beweisgang – als eingeborene Ideen im Sinne Platons erinnern (Text 4). Während jedoch Platon die wichtigsten Aporien des mittelalterlichen Universalienstreits bereits vorweggenommen hat (Text 7), ist davon bei Anselm nichts mehr bzw. noch nichts zu spüren. Aber auch im Bewußtsein der Universalienaporien und der Kantschen Erkenntniskritik ist Anselms rationaler Gottesbeweis von philosophischem Interesse, weil mit einer Reflexion auf dessen eingeschränkte Reichweite seine wirkliche Funktion deutlicher wird: Als rationale Verarbeitung und Vertiefung einer vorgängigen, unverfügbaren Glaubenserfahrung. Damit kann Anselms „Gottesbeweis" auch skeptischen Einwänden standhalten, jedoch nicht als erfahrungsunabhängige, zwingende Vernunfteinsicht in das Absolute selbst.

15. Thomas von Aquin: Fünf Wege Gott zu erkennen

Daß Gott ist, kann auf fünf Wegen bewiesen werden.

Der *erste* und offenliegendste Weg geht von der Bewegung aus. Es ist gewiß und steht durch die Sinne fest, daß manches in dieser Welt bewegt ist. Alles, was bewegt ist, ist aber von einem anderen her bewegt. Denn nichts ist bewegt, wenn es nicht in der Möglichkeit zu dem ist, zu dem hin es bewegt ist; etwas bewegt aber, insofern es wirklich ist. Bewegen ist nämlich nichts anderes als etwas von der Möglichkeit in die Wirklichkeit herausführen; von der Möglichkeit in die Wirklichkeit kann etwas aber nur durch etwas in Wirklichkeit Seiendes überführt werden; so bewirkt das in Wirklichkeit Warme wie das Feuer, daß das Holz, das (nur) der Möglichkeit nach warm ist, wirklich warm sei, und dadurch bewegt und verändert es dieses. Es ist aber nicht möglich, daß dasselbe zugleich wirklich und möglich in derselben Hinsicht sei, sondern nur in verschiedener Hinsicht; denn was in Wirklichkeit warm ist, kann nicht zugleich der Möglichkeit nach warm sein, sondern ist zugleich der Möglichkeit nach kalt. Es ist also unmöglich, daß etwas in derselben Hinsicht und Weise bewegend und bewegt sei, d.h. daß es [im strengen Sinne] sich selbst bewege. Es muß also alles, was bewegt ist, von einem anderen her bewegt sein. Wenn nun das, von dem her es bewegt ist, selbst bewegt ist, muß es selbst von einem anderen her bewegt sein; und jenes wieder von einem anderen. Hier gibt es aber kein Fortschreiten ins Unendliche; denn sonst wäre kein erstes Bewegendes, und folglich auch kein anderes Bewegendes; denn die Zweitbewegenden bewegen nur dadurch, daß sie vom Erstbewegenden her bewegt sind, wie der Stock nur dadurch bewegt, daß er von der Hand bewegt ist. Also muß man zu einem ersten Bewegenden kommen, das von keinem bewegt ist. Und dieses verstehen alle als Gott.

Der *zweite* Weg geht von der Bewandtnis der Wirkursache aus. Wir finden, daß in diesen sinnfälligen Dingen eine [Über- und Unter-]Ordnung von Wirkursachen herrscht; es kommt aber nicht vor und ist auch nicht möglich, daß etwas die Wirkursache seiner selbst sei; denn in diesem Falle wäre es früher als es selbst, was unmöglich ist. Es ist aber nicht möglich, bei den [über- und untergeordneten] Wirkursachen ins Unendliche fortzuschreiten. Denn bei allen [einander über- und unter-]geordneten Wirkursachen ist das erste die Ursache des Mittleren und das Mittlere die Ursache des Letzten, mag es sich beim Mittleren um eine Vielheit oder nur um ein einziges handeln; ist aber die Ursache hinfällig, dann wird auch die Wirkung hinfällig; also: wenn in den Wirkursachen kein Erstes wäre, dann wäre auch kein Letztes und auch nichts Mittleres. Würde man aber bei den Wirkursachen ins Unendliche fortschreiten, dann gäbe es keine erste Wirkursache; und somit gäbe es auch keine letzte Wirkung noch mittlere Wirkursachen; was offenbar falsch ist. Also ist es notwendig, eine erste Wirkursache zu setzen, die von allen ‚Gott‘ genannt wird.

Der *dritte* Weg geht vom Möglichen und Notwendigen aus und folgendermaßen vor: Wir finden unter den Dingen einiges, das vermögend ist, zu sein und nicht zu sein; findet man doch, daß einiges entsteht und vergeht und folglich vermögend ist, zu sein und nicht zu sein. Es ist aber unmöglich, daß alles Derartige immer ist; denn das, was vermögend ist, nicht zu sein, ist auch zuweilen nicht. Wenn nun alles vermögend wäre, nicht zu sein, dann war einmal nichts an Dingen. Wenn das aber wahr wäre, dann wäre auch heute nichts; denn was nicht ist, beginnt nur durch etwas zu sein, was ist; wenn nun nichts seiend war, war es unmöglich, daß etwas zu sein begann, und dann wäre auch heute nichts, was offenbar falsch ist. Also sind nicht alle Seienden möglich [vermögend zu sein und nicht zu sein]; sondern es muß unter den Dingen etwas notwendig sein. Alles Notwendige hat aber die Ursache seiner Notwendigkeit von anderswoher oder nicht. Es ist aber nicht möglich, bei den notwendig Seienden, die eine Ursache ihrer Notwendigkeit haben, ins Unendliche fortzuschreiten, wie es auch bei den Wirkursachen unmöglich ist (zweiter Weg). Also ist es notwendig, etwas zu setzen, das durch sich selbst notwendig ist und keine Ursache seiner Notwendigkeit von anderswoher hat, vielmehr Ursache der Notwendigkeit für das andere ist; und das nennen alle ‚Gott'.

Der *vierte* Weg geht von Rangstufen aus, die in den Dingen gefunden werden. Es wird in den Dingen etwas mehr oder weniger Gutes, Wahres, Edles und dergleichen gefunden. Aber Mehr und Weniger werden von Verschiedenen ausgesagt, insofern sie auf verschiedene Weise einem Etwas nahekommen, das am meisten ist – so ist jenes mehr warm, das mehr dem am meisten Warmen nahe kommt. Es gibt also etwas, das am wahrsten, besten und edelsten ist und folglich am meisten seiend; denn was am meisten wahr ist, ist am meisten seiend (Aristoteles, Met. 2, 1). Wem aber innerhalb einer Gattung am meisten die Eigenart der Gattung zuzusprechen ist, ist die Ursache alles dessen, was zu jener Gattung gehört – wie das Feuer, das am meisten warm ist, die Ursache alles Warmen ist (ebd.). Also ist etwas, das für alle Seienden Ursache des Seins, des Gutseins und jeglicher Vollkommenheit ist; und das nennen wir ‚Gott'.

Der *fünfte* Weg geht von der Lenkung der Dinge aus. Wir sehen, daß manches, was der Erkenntnis entbehrt, nämlich die Naturkörper, um eines Zieles willen wirkt; das wird dadurch sichtbar, daß es immer oder in den meisten Fällen in derselben Weise wirkt, um das zu erreichen, was [für es] das beste ist; daraus wird offenbar, daß es nicht zufällig, sondern aus einer Absicht heraus zum Ziele gelangt. Was aber keine Erkenntnis hat, strebt nur dadurch einem Ziele zu, daß es von einem Erkennenden und Verstehenden gelenkt wird – wie der Pfeil vom Schützen. Es ist also etwas Verstehendes, von dem alle Naturdinge auf ihr Ziel hingeordnet werden; und das nennen wir ‚Gott'.

Thomas von Aquin (1225–1274), Sohn des Grafen Landulf, des Herrn von Aquino, einer kleinen Stadt in der Nähe von Neapel, trat nach seinen Studien in Neapel in den kurz zuvor gegründeten Dominikanerorden ein und wurde an den Universitäten Paris und Köln Schüler von Albert dem Großen (1193–1280). Seine Lehrtätigkeit übte er abwechselnd in Paris und Italien aus. 1256 wurde er Magister in Paris, nach drei Jahren Lehre war er nacheinander in Orvieto, Rom und Viterbo tätig, 1269–1272 lehrte er wieder in Paris und schließlich an der Universität Neapel. Thomas wurde bald als einer der bedeutendsten Vertreter der Hochscholastik berühmt. 1323 wurde er heiliggesprochen und 1567 in den Rang eines Kirchenlehrers erhoben. 1879 wurde der „Thomismus" von Papst Leo XIII. offiziell zur Philosophie der katholischen Kirche erklärt, hat aber unterdessen seine dominierende Stellung verloren. Das besondere Verdienst Thomas von Aquins liegt in seiner umfassenden, didaktisch klaren Synthese von antiker, vor allem aristotelischer Philosophie (Text 8) und christlicher Theologie. Philosophisch besonders interessant sind seine Kommentare zu Aristoteles sowie sein unvollendet gebliebenes theologisches Hauptwerk „Summa Theologiae" (I/II 1266/72; III 1272/73).

Die „fünf Wege" (quinque viae) der Gotteserkenntnis aus dem ersten Buch der „Summe der Theologie" sind der Versuch, mit Hilfe rationaler, philosophischer Erkenntnis die zentrale theologische Lehre von der Existenz Gottes zu beweisen. Wie Anselm (Text 14) schränkt allerdings auch Thomas die Möglichkeit philosophischer Gotteserkenntnis ein: „Die menschliche Vernunft verhält sich zum Erkennen der Wahrheit des Glaubens [...] dermaßen, daß sie irgendwelche Wahrscheinlichkeitsgründe für sie zu gewinnen vermag, welche jedoch nicht dafür ausreichen, daß die vorgenannte Wahrheit gewissermaßen auf dem Wege der beweisenden Darstellung oder als durch sie verstanden begriffen werden darf" (Kommentar zu Boethius' Traktat „De Trinitate", 2, 3). Andrerseits lehnt Thomas mit Anselm den fideistischen Standpunkt ab, nach dem Gott ausschließlich Glaubenssache ist. Im Unterschied zu Anselm aber traut er der menschlichen Vernunft keine (wenn auch nur eingeschränkte) Gotteserkenntnis aus reinen Begriffen zu, da er nicht die platonistische Prämisse einer Wesenserkenntnis vor aller Erfahrung (a priori) teilt. Er weist den „ontologischen Gottesbeweis" zurück und geht statt dessen von der aristotelischen Erkenntnisprämisse aus, daß gegenständliche Erkenntnis nur auf Grund von Wahrnehmungen möglich sei, stützt sich mithin auf empirische Erfahrung. Zusätzlich aber bedient er sich allgemeiner metaphysischer Grundannahmen über den Aufbau der Welt im ganzen. Die „fünf Wege" sind: (1) „von der Bewegung aus" (ex parte motus) wird auf Gott als ersten unbewegten Beweger geschlossen; (2) „von der Bewandtnis der Wirkursache aus" (ex ratione causae efficientis) auf Gott als erste Ursache; (3) „vom Möglichen und Notwendigen aus" (ex possibili et necessario) auf Gott als notwendiges Wesen; (4) „von den Rangstufen aus" (ex gradibus perfectionum) auf Gott als absolut Höchstes und (5) „von der Lenkung der Dinge aus" (ex gubernatione mundi) auf Gott als erstes Prinzip der Zweckmäßigkeit.

Die fünf Beweise lassen sich jeweils in Form eines Syllogismus mit allgemeinem Obersatz oder erster Prämisse, empirischem Mittelsatz oder zweiter Prämisse und Schlußfolgerung wiedergeben und in dieser Form leichter auf ihre Haltbarkeit hin untersuchen. So läßt sich der erste, von Thomas selbst als der „offenliegendste" bezeichnete Weg in der Tradition des zwölften Buchs der aristotelischen „Metaphysik" folgendermaßen lesen:

(1) Wenn es Bewegtes gibt, dann wird es von etwas anderem bewegt, wobei die Bewegungskette nicht bis ins Unendliche zurückgehen kann, sondern mit einem ersten unbewegten Beweger abschließen muß.

(2) Nun gibt es aus unbezweifelbarer Erfahrung Bewegtes.

(3) Also muß es einen ersten unbewegten Beweger geben.

Formal argumentiert Thomas durchaus korrekt, inhaltlich aber ist seine allgemeine, erste Prämisse zweifelhaft. Die aristotelische

Annahme, daß eine Wirkung nur solange anhält, wie die simultane Ursache anhält, ist weder mit dem Trägheitsprinzip der neuzeitlichen Physik vereinbar, noch ist sie in sich begründet, da die Begriffsnotwendigkeit eines ersten Anfangs nichts über die Wirklichkeit selbst aussagt. Damit ist auch die Schlußfolgerung ungültig. Auch die allgemeinen, metaphysischen Voraussetzungen der anderen Beweisgänge sind zweifelhaft: die durchgängige kausale, axiologische (werthafte) und teleologische (zweckgerichtete) Betrachtungsweise der Welt insgesamt.

Thomas beginnt also seine Gottesbeweise zwar *mit* der Erfahrung, schöpft sie aber nicht *aus* ihr, sondern aus metaphysischen Annahmen *über* die Erfahrung. Mit Kant jedoch ist einzuwenden, daß metaphysische Annahmen zwar mögliche, keineswegs aber zwingende Lesarten der Welt insgesamt sind. Allerdings versteht auch Thomas die „fünf Wege" nicht als zwingende Gottesbeweise, sondern beansprucht lediglich, „Wahrscheinlichkeitsgründe" vorlegen zu können. Umgekehrt will auch Kant (Kritik der reinen Vernunft, Vorrede zur zweiten Auflage) lediglich den „Dogmatismus der Metaphysik" speziell von Leibniz und Wolff kritisieren, die Behauptung eines zwingenden, rationalen Wissens über Gott, Freiheit und Unsterblichkeit. Kant ist zwar ein scharfer Kritiker einer dogmatischen, rationalistischen Metaphysik, aber zugleich ein vehementer Verteidiger des Faktums der Metaphysik: „irgendeine Metaphysik ist immer auf der Welt gewesen". Wir wissen mit unserem endlichen Verstand nichts Sicheres über das Unendliche und können es weder behaupten noch leugnen. Daher verteidigt Kant das Faktum der Metaphysik, indem er „auf sokratische Art, nämlich durch den klarsten Beweis der Unwissenheit der Gegner", ihre prinzipielle Möglichkeit offenhält. Er selbst versucht in der „Kritik der praktischen Vernunft", Gott als Garanten des Sittengesetzes zu „postulieren". Die Frage, ob Gott existiert und welche Eigenschaften ihm zukommen, beschäftigt bei allen erkenntniskritischen Vorbehalten auch weiterhin die Philosophie, etwa in jüngerer Zeit bei Richard Swinburne (Die Existenz Gottes, engl. 1979, dt. 1987) oder bei Gianni Vattimo (Glauben-Philosophieren, ital. 1996, dt. 1997). Wie alle grundlegenden Fragen der Philosophie entspringt die Gottesfrage dem „Interesse der Menschen" (Kant) – wenn auch nicht notwendigerweise aller Menschen (Text 29).

16. Nikolaus von Kues: Die Kunst des Löffelschnitzers

Sie [= der Rhetor, der Philosoph, E. M.] *stiegen nahe beim Tempel der Ewigkeit in einen kleinen unterirdischen Raum hinab, in dem ein einfacher Mann aus Holz einen Löffel schnitzte. Ihn sprach der Rhetor an:*

RHETOR: Es ist mir peinlich, Laie, daß dieser große Philosoph dich mit so gewöhnlicher Arbeit beschäftigt antrifft. Er wird nicht glauben, daß er von dir irgendwelche tiefere Einsichten hören wird.

LAIE: Ich beschäftige mich gern mit diesen Übungen, denn sie nähren Körper wie Geist unaufhörlich. Und ich glaube, wenn dieser Mann, den du mitbringst, ein Philosoph ist, dann wird er mich nicht deshalb verachten, weil ich mich mit der Kunst des Löffelschnitzens abgebe.

PHILOSOPH: Du hast ganz recht! Auch Platon soll ja zwischendurch gemalt haben, und ich glaube nicht, daß er das je getan hätte, wenn es der Betrachtung abträglich gewesen wäre.

RHETOR: Vielleicht waren deshalb Plato die Beispiele aus der Malkunst so vertraut, mit denen er schwere Dinge leicht faßlich erläutert.

LAIE: Ja. In dieser meiner Kunst suche ich das, was ich will, auf dem Weg des Gleichnisses und nähre den Geist, ich verkaufe die Löffel und erfrische meinen Körper. So erreiche ich alles Notwendige zur Genüge.

PHILOSOPH: Wenn ich zu einem Manne komme, der im Ruf steht, ein Weiser zu sein, so ist es meine Gewohnheit, mich vor allem um die Fragen zu bemühen, die mich beschäftigen, ihm Schriften vorzulegen und nach ihrem Sinn zu fragen. Da du aber ein Laie bist, weiß ich nicht, wie ich dich zum Reden bringen soll, um deine Ansicht über den Geist zu erfahren.

LAIE: Ich glaube nicht, daß man irgend jemanden leichter dazu bringen kann, seine Meinung zu sagen, als mich. Weil ich zugebe, daß ich ein unwissender Laie bin, fürchte ich mich nicht zu antworten. Gelehrte Philosophen und Männer, die im Rufe großen Wissens stehen, fürchten mit Recht, Fehler zu begehen und erwägen zögernder. Wenn du einfach sagst, was du von mir willst, wirst du ganz ungekünstelt Antwort erhalten.

PHILOSOPH: Ich kann das nicht in wenigen Worten ausdrücken. Wenn ihr einverstanden seid, setzen wir uns nieder und sprechen dann.

LAIE: Gerne.

Sie stellten Schemel im Dreieck auf, setzten sich, und als erster sagte der Rhetor:

RHETOR: Du siehst die Schlichtheit dieses Mannes, der nichts von dem zu tun gewohnt ist, was die Sitte zum Empfang eines so bedeutenden Mannes fordert. Versuche es mit den Fragen, die dich, wie du sagst, am meisten beunruhigen. Er wird dir nichts von dem verbergen, was er weiß, und ich glaube, du wirst erfahren, daß ich dich nicht vergeblich hierher geführt habe.

PHILOSOPH: Bis jetzt bin ich mit allem zufrieden. Gehen wir also zur Sache! Du aber schweige inzwischen bitte, und laß es dich nicht stören, wenn sich das Gespräch lang ausdehnt.

RHETOR: Du wirst erfahren, daß ich eher bemüht bin es fortzusetzen, als daß ich seiner überdrüssig würde.

PHILOSOPH: Sag also, o Laie – dies sagst du ja, sei dein Name – hast du irgend eine Mutmaßung über den Geist?

LAIE: Ich glaube, daß es keinen erwachsenen Menschen gibt oder gab, der sich nicht wenigstens irgendeinen Begriff vom Geist gemacht hat. Auch ich habe also einen. Der Geist ist das, aus dem Grenze und Maß aller Dinge stammt. Und zwar nehme ich an, daß das Wort *mens* (Geist) von *mensurare* (messen) kommt. [...] Ich will Beispiele mit Symbolcharakter anwenden, die aus der Kunst des Löffelschnitzens genommen sind, damit das, was ich sagen will, anschaulicher werde.

PHILOSOPH: Tue das nur! Ich sehe, daß du dahin zielst, wonach ich verlange.

Der Laie nahm einen Löffel in die Hand und sagte:

LAIE: Der Löffel hat außer der Idee unseres Geistes kein Urbild. Ein Bildhauer oder Maler nimmt seine Urbilder von den Dingen, die nachzubilden er sich beschäftigt. Ich hingegen, der ich aus Holzstücken Löffel, und aus Ton Schüsseln und Töpfe mache, tue das nicht. Denn bei dieser Tätigkeit bilde ich nicht die Gestalt irgend eines natürlichen Dinges nach. Formen von Löffeln, Schüsseln und Töpfen werden allein durch menschliche Kunst zur Vollendung gebracht. Demzufolge ist meine Kunst vollkommener als diejenige, welche geschaffene Figuren nachahmt; darin ist sie der unendlichen Kunst ähnlicher.

PHILOSOPH: Das gefällt mir.

LAIE: Nehmen wir an, ich wollte diese Kunst entfalten und die Form des Löffelseins, die einen Löffel konstituiert, sinnlich wahrnehmbar machen. Obwohl sie in ihrer Natur von keinem Sinn erreicht werden kann, weil sie weder weiß noch schwarz noch andersfarbig ist, noch Stimme, Geruch, Geschmack oder Berührbarkeit besitzt, werde ich doch versuchen, sie auf eine Weise, in der es möglich ist, sinnlich wahrnehmbar zu machen. So nehme ich eine Materie, nämlich das Holz und schnitze und höhle durch verschiedene Bewegung der Instrumente, die ich anwende, solange, bis in ihm das nötige Formverhältnis entsteht, in dem die Form des Löffelseins geeignet widerstrahlt. Auf diese Weise siehst du, wie die einfache und nicht sinnenhafte Form des Löffelseins im Gestaltverhältnis dieses Holzes wie in einem Abbild widerstrahlt. Darum kann die Wahrheit und Genauigkeit des Löffelseins, die unvermehrbar und unmittelbar ist, durch kein wie immer geartetes Instrument und durch keinen Menschen vollkommen sinnlich sichtbar werden. In allen Löffeln strahlt nur die einfachste Form selbst wider; in dem einen mehr, weniger im anderen und in keinem genau.

Nikolaus Chrypffs (Krebs; 1401–1464) wurde in Kues an der Mosel geboren. Nach seinen umfangreichen Studien in Heidelberg und Padua wurde er 1430 in Köln zum Priester geweiht und stieg bald zum Konzilsberater des Papstes auf. Für seine Verdienste um die Einheit der Kirche und den Erhalt des Papsttums wurde er 1448 zum Kardinal, 1450 zum Bischof von Brixen ernannt. Nach heftigen Auseinandersetzungen mit dem Herzog von Tirol starb Nikolaus von Kues in Umbrien; sein Körper wurde in Rom, sein Herz auf seinen Wunsch hin in Kues beigesetzt. Mit seinem umfangreichen Werk markiert Nikolaus von Kues den Übergang vom mittelalterlichen zum neuzeitlichen Denken. Einerseits ist für ihn in der platonistischen Tradition die Welt weiterhin ein Produkt der Ideen als Gedanken Gottes, andererseits formt auch der Mensch die Welt mit. Außerdem bezieht sich zwar unser

Denken auch nach Nikolaus von Kues auf die ewig gleichbleibenden Ideen, wir können sie aber nur als Einheit einer Vielheit in einem „wissenden Nichtwissen" (De docta Ignorantia, 1440) oder in einem „mutmaßenden" Denken erfassen (De coniecturis, 1440).

Die Überwindung und Fortentwicklung des statischen, bloß passiven Weltbezugs der Tradition kommt bei Nikolaus von Kues auch in dem dreibändigen Werk „Der Laie" (Idiota, 1550) zum Ausdruck. Der „Laie" ist keineswegs der sogenannte einfache, unverbildete Mann von der Straße, sondern verkörpert den Typ des Selbstdenkers in kenntnisreicher Fortentwicklung der Tradition. Mit ihm und mit dem „wissenden Nichtwissen" des Sokrates läßt sich das cusanische Denken selbst kennzeichnen. Am Beispiel der Kunst des Löffelschnitzers zu Beginn des zweiten Bandes vom „Laien" („De mente", „Vom Geist") bestimmt Nikolaus von Kues das Verhältnis von göttlichem und menschlichem Geist durch die gemeinsame Kraft der Welterzeugung. Nach Art der sokratischen Frühdialoge Platons beginnt die Abhandlung mit einer konkreten Szene, in der ein berühmter Philosoph in das längst nicht mehr florierende Rom des ausgehenden Mittelalters kommt, um aus den Büchern „weiser" Männer (sapientes) etwas über den Geist (mens) zu lernen. Weil aber die Bücher kaum aufzufinden sind, führt ihn ein Rhetor, der den Philosophen „an der Blässe des Gesichtes und der bis zu den Knöcheln reichenden Toga" erkennt, statt dessen zu einem „bewundernswerten Laien", einem Löffelschnitzer. Daß dieser Beruf von Nikolaus von Kues nicht zufällig gewählt ist, wird gleich zu Beginn des Gesprächs durch den Hinweis auf Platons Malkunst deutlich. Nach Platon stellt der Handwerker seine Gegenstände, etwa ein Bettgestell oder Zaumzeug, in Nachahmung der vorgegeben Ideen oder Urbilder im Geiste Gottes her, die der Maler dann seinerseits lediglich als Abbilder der Abbilder nachahmt (Staat, 10. Buch). Bei Nikolaus von Kues dagegen ist der Handwerker, etwa der Löffelschnitzer, selber Schöpfer der Form seiner Kunstgegenstände oder Artefakte: „Der Löffel hat außer der Idee unseres Geistes kein Urbild." Mit der Philosophie von Nikolaus von Kues beginnt der Mensch die Rolle des welterzeugenden Gottes einzunehmen, die vor allem seit Kant (Text 24, 25) für das neuzeitliche Denken insgesamt typisch ist. Im Beispiel der Handwerkskunst drückt sich zugleich die Erfahrung des Selbstmachens aus, die ihre Fortsetzung in der modernen Wissenschaft und Technik findet. Der Geist ist das Maß aller Dinge, wie der Laie in einer falschen Etymologie (mens a mensurando) die Frage des Philosophen nach dem Geist beantwortet und an seiner eigenen Kunst exemplifiziert: schöpferischer Geist ist nicht nur Gott, sondern auch der Mensch.

Bei Nikolaus von Kues ist das menschliche Selbstmachen und Selbstdenken noch in die göttliche Schöpfungsordnung eingebunden. Der Löffelschnitzer ahmt zwar nicht mehr, wie der Handwerker und Maler Platons, bereits von Gott „geschaffene Formen“ bloß nach, bringt sie aber auch nicht aus dem Nichts hervor, sondern führt sie „allein durch menschliche Kunst zur Vollendung“ (formae ... sola humana arte perficiuntur). Auch der Löffelschnitzer benutzt bei seiner spezifischen Neuschöpfung bereits vorfindliche Ideen Gottes oder Strukturen der Welt, etwa die hohle Form oder physikalische Gesetzmäßigkeiten. Insgesamt aber ist er sich durchaus der gottähnlichen Funktion seiner Kunst im Gegensatz zu Platons Handwerker oder Maler bewußt: „darin ist sie der unendlichen Kunst ähnlicher“. Dennoch beinhaltet das Selbstmachen und Selbstdenken bei Nikolaus von Kues keine totale menschliche Autonomie, sondern eine, die um ihre Grenzen weiß – Grenzen, die heute auch die destruktiven Folgen des wissenschaftlich-technischen Fortschritts immer deutlicher zutage treten lassen. So kann das cusanische Denken im Hinblick auf die Überschreitung, aber auch auf die Rückbindung an Vorgegebenes („die Natur“, „das Sittengesetz“) die gegenwärtige Diskussion etwa über Anthropozentrismus und Physiozentrismus (Text 36) oder Relativität und Universalität von Moral befruchten.

17. Michel de Montaigne: Erfahrungen mit der Todesfurcht

Zum Sterben – und das ist das Mühevollste, was uns bevorsteht – kann uns die Vorbereitung durch Gewöhnung nichts helfen. Durch Erfahrung und Übung kann man sich wappnen gegen Schmerzen, Schande, Armut und andere derartige Zustände; aber den Tod können wir nur einmal erleben; ihm gegenüber sind wir alle Neulinge, wenn es soweit ist.

Früher hat es Menschen gegeben, die ihre Zeit so vorzüglich ausnutzten, daß sie sogar während des Sterbens versuchten, den Tod zu schmecken und zu genießen; sie haben alle ihre Aufmerksamkeit darauf gerichtet zu erfahren, was bei diesem Übergang tatsächlich vor sich geht; sie haben uns leider von ihren Erfahrungen nichts berichten können, da sie nicht zurückgekehrt sind. [...]

Und doch, glaube ich, können wir uns irgendwie mit dem Tod vertraut machen und ihn sozusagen probieren. Wir können ihn zwar nicht ganz und vollständig erfahren, aber doch soweit, daß diese Erfahrung nicht nutzlos ist, weil sie uns Kraft und Halt gibt: wenn wir auch nicht wirklich hinkommen können, so können wir doch in die Nähe gelangen; wir können Erkundungsfahrten unternehmen; und wenn wir auch nicht bis zum Geheimnis des Todes vordringen, so ist es uns doch möglich, die Wege, die dahin führen, zu sehen und uns mit ihnen schon vertraut zu machen.

Nicht ohne guten Grund weist man uns auf den Schlaf hin, wegen seiner großen Ähnlichkeit mit dem Tode: wie leicht ist der Übergang vom Wachen zum Schlafen! Wie unmerklich schwindet unser Bewußtsein von Licht und Leben! Eigentlich könnte die Fähigkeit zum Schlafen uns unnütz und unnatürlich scheinen, weil uns dadurch jedes Handeln und jedes Fühlen unmöglich wird; aber dem ist nicht so: auf diesem Wege lehrt uns die Natur, daß sie uns in gleicher Weise zum Sterben wie zum Leben geschaffen hat; sie zeigt uns schon im Leben den Zustand der Ewigkeit, den sie nach der irdischen Zeit für uns bereithält, um uns daran zu gewöhnen und uns die Furcht davor zu nehmen.

Oft aber werden Menschen infolge eines Unfalles plötzlich ohnmächtig und verlieren jedes Gefühl; diese sind, so glaube ich, nahe daran gewesen, das wahre, das natürliche Gesicht des Todes zu schauen: denn was den Augenblick des eigentlichen Hinübergehens betrifft, so braucht man keine Angst zu haben, daß er irgendwie Qual oder Kummer mit sich bringe, weil wir eben kein Gefühl ohne Dauer haben können; jedes menschliche Leid braucht Zeit, und der Tod ist so kurz und plötzlich, daß er notwendigerweise unfühlbar sein muß. Was wir zu fürchten haben, ist das Nahen des Todes; und dies fällt in das Gebiet der Erfahrungen.

In der Phantasie scheint uns vieles größer als in der Wirklichkeit: während eines großen Teils meines Lebens war ich kerngesund; ich meine nicht nur ganz gesund, sondern jubelnd und überschäumend vor Gesundheit; in dieser jugendlichen Hochstimmung war mit der Gedanke an Kranksein so gräßlich, daß ich später, wo ich es nun durchmachen mußte, die Krallen der Krankheiten als stumpf und weich empfand gegenüber der Angst, die ich davor empfunden hatte. Und so geht es mir immer wieder: bin ich warm und geborgen in einem freundlichen Zimmer, während von draußen der Sturm der Gewitternacht zu mir dringt, denke ich mit Schrecken und Bedauern an die Menschen, die jetzt draußen sein müssen; bin ich selbst draußen, dann kommt mit der Wunsch gar nicht, woanders zu sein. Schon der Gedanke, immer in einem geschlossenen Raum sein zu müssen, schien mir unerträglich: dann mußte ich mich auf einmal daran gewöhnen, eine Woche, ja einen Monat im Zimmer zu bleiben und außerdem allerlei Aufregungen, Krankheits- und Schwächezustände durchzumachen. Dabei habe ich gefunden, daß ich, solange ich gesund war, die Kranken viel mehr bedauerte, als ich mich bedauernswert finde, wenn ich selbst dazugehöre; infolge meiner Angst übertrieb ich mir das wahre Wesen der Sache mindestens um die Hälfte. Ich hoffe, beim Tod werde ich dasselbe erleben; vielleicht lohnt es sich gar nicht, sich mit Vorbereitungen darauf so abzumühen, wie ich es tue, und so viel Hilfen herbeizurufen, um ihn zu ertragen. Aber jedenfalls können wir uns gar nicht vorsichtig genug darauf einrichten.

Ich sitze im Zentrum der Unruhen, die der Bürgerkrieg in Frankreich im Gefolge hat; während der dritten Kampfperiode – oder der zweiten, ich weiß das nicht mehr genau – ritt ich einmal eine Meile weit von meiner Wohnung spazieren; ich hatte ein leichtes, aber nicht sehr kräftiges Pferd genommen; ich glaubte kein besseres Tier nötig zu haben, weil ich mich ganz sicher fühlte, denn ich war ja so nahe von zu Haus. Bei meiner Rückkehr ereignete sich plötzlich etwas, dem dieses Tier nicht gewachsen war: einer meiner Leute, ein großer, kräftiger Mann, kam auf einem mächtigen Roß geritten, das hartmäulig war, aber im übrigen munter und energisch lief; er wollte seinen Gefährten imponieren und sie überholen; dabei jagte er es in vollem Lauf gerade auf den Weg zu, auf dem ich geritten kam; wie ein Koloß stieß er auf den kleinen Mann und das kleine Pferd und krachte stur und schwer mit ihm zusammen; beide stürzten kopfüber; mein Pferd lag bewegungslos hingestreckt; ich selber fiel zehn oder zwölf Schritt weiter auf den Rücken; mein Gesicht war gequetscht und zerschunden; mein Degen, den ich in der Hand gehalten hatte, lag mehr als zehn Schritte weiter weg; mein Gürtel war geplatzt; ich war regungslos und gefühllos wie ein Klotz. Bis dahin hatte ich noch nie eine Ohnmacht erlebt. Meine Begleiter machten zunächst alle möglichen Wiederbelebungsversuche; dann nahmen sie mich, da sie mich für tot hielten, in ihre Arme und schleppten mich mit großer Anstrengung in mein Haus, das von da etwa eine halbe französische Meile entfernt war. Unterwegs – sie hatten mich mehr als zwei Stunden lang für tot gehalten – fing ich an mich zu bewegen und zu atmen; es hatte sich eine solche Menge Blut mir in den Magen ergossen, daß die Natur seine Kräfte neu beleben mußte, damit er es wieder von sich geben konnte. Ich wurde auf die Füße gestellt, und so erbrach ich einen Eimer voll reines schaumiges Blut; und mehrere Male noch mußte ich das unterwegs wiederholen. Dadurch begann ich wieder etwas Leben zu fühlen; aber das geschah so allmählich und so langsam, daß meine ersten Empfindungen eher Todes- als Lebensgefühle waren. „Denn die Seele ist noch zerschmettert, sie zweifelt noch, ob sie zurückkehren soll; sie kann noch nicht Fuß fassen“ (Tasso).

Diese Erinnerung, die sich mir tief in die Seele eingeprägt hat, hat mir Gesicht und Idee des Todes so wirklichkeitsnah gezeigt, daß sie mich einigermaßen mit ihm versöhnt. Als ich zu sehen begann, war der Blick so wirr, schwach und tot, daß ich noch weiter nichts als Helligkeit wahrnehmen konnte, „wie einer, der zwischen Traum und Wachen die Augen auf- und wieder zumacht“ (Tasso). Die seelischen Funktionen erwachten ebenso allmählich wie die körperlichen. Ich sah, daß ich ganz blutig war; denn mein Wams war mit dem Blut bespritzt, das ich ausgebrochen hatte. Der erste Gedanke, der mir kam, war, daß ich einen Kopfschuß hätte; in der Tat waren zugleich mehrere Schüsse in der Nähe zu hören; ich hatte den Eindruck, daß mein Leben nur noch ein Hauch sei; ich schloß die Augen, um, wie ich glaubte, beim Ausatmen dieses Hauches mitzuhelfen; mit Genuß gab ich mich dieser Empfindung des Verfalls und des Vergehens hin. Diese Empfindung war nur ganz oben in meiner Seele, so zart und schwach wie alles übrige; aber sie war wirklich nicht nur frei von Unlustgefühlen, sondern es war etwas von der Wonne dabei, die wir beim Einschlafen empfinden.

[...]

Dieser Bericht über ein so nichtiges Ereignis hätte an sich wenig Bedeutung, hätte ich nicht für mich eine bestimmte Erkenntnis daraus gezogen: ich finde nämlich, daß, um mit dem Tod vertraut zu werden, man wirklich weiter nichts nötig hat, als seine Nähe zu erleben. Nun ist, wie Plinius sagt, jeder für sich selbst ein sehr gutes Beobachtungsfeld, wenn er nur die Befähigung besitzt, genau in sich hineinzusehen. Dies ist nicht meine Theorie, sondern meine Erfahrung; das ist nicht eine Erkenntnis, die ich von anderen, sondern die ich von mir selbst gelernt habe. Trotzdem darf man es mir nicht übelnehmen, wenn ich sie weitergebe; vielleicht kann, was mir hilft, auch anderen helfen. [...]

Es ist schwieriger, als es zunächst scheint, den schweifenden Verlauf der geistigen Erlebnisse zu verfolgen, in die dunklen Tiefen der inneren Seelenfalten einzudringen, die vielen kleinen Nuancen dieser inneren Unruhe zu fassen und festzuhalten; es ist ein ganz besonderer und ein ganz neuer Genuß; er zieht uns ab von den üblichen weltlichen Beschäftigungen, auch von denen, die sonst am höchsten geschätzt werden. Seit mehreren Jahren richte ich alle meine Gedanken nur auf ein Ziel: auf mich selbst; ich registriere und studiere nur, was in mir vorgeht. Wenn ich etwas anderes beobachte, so buche ich es sofort in seinem Verhältnis zu mir oder, besser gesagt, als mein inneres Erlebnis: und es ist, glaube ich, nicht falsch, wenn ich mitteilte, was ich auf diesem Gebiet für Erkenntnisse gewonnen habe – wie es bei anderen Wissensgebieten, die unvergleichlich weniger Nutzen bringen, üblich ist –; wenn ich das mitteile, obwohl die Resultate meiner Beobachtungen mich noch nicht recht befriedigen. Mit der Selbstbeschreibung läßt sich keine andere Art der Beschreibung vergleichen, weder an Schwierigkeit noch an Nützlichkeit: immer wieder muß man sich frisieren, immer wieder sich zurechtmachen, um vor die Öffentlichkeit zu treten: nun, auch ich putze mich dauernd heraus, denn ich beschreibe mich dauernd. Von sich zu sprechen, wird durch das Herkommen als Laster gestempelt und hartnäckig verhindert, aus Abneigung gegen das Eigenlob, das immer mit den Selbstzeugnissen verknüpft zu sein scheint: anstatt zu sagen, „ich muß dem Kind den Rotz abwischen", wird der Ausdruck gewählt: die

Nase putzen; „aus Angst vor einem kleineren Übel geraten wir in ein schlimmeres" (Horaz). Ich finde, diese Arznei bringt mehr Schaden als Nutzen. Aber wenn es auch wirklich so sein sollte, daß notwendigerweise eine Anmaßung darin liegt, vor anderen von sich zu sprechen, darf ich doch, meinem Gesamtplan entsprechend, auf eine Handlung nicht verzichten, durch welche diese meine krankhafte Anlage an den Tag kommt; denn sie liegt nun einmal in mir. Ich darf diesen Fehler nicht verstecken; ich habe ihn nicht nur, sondern ich bekenne mich ausdrücklich dazu. Ich glaube jedoch, wenn ich meine Meinung aussprechen darf, das Herkommen hat unrecht, das Herkommen z.B., den Wein zu verwerfen, weil immer wieder Leute sich betrinken: Mißbrauch treiben kann man nur mit dem, was gut ist; die erwähnte Regel ist, glaube ich, nur in Rücksicht auf die übliche Schwäche der Menschen aufgestellt worden. Es sind Ausflüchte; weder die Heiligen, die doch so laut von sich selber sprechen, noch die Philosophen, noch die Theologen halten sich daran; auch ich tue es nicht, obwohl ich gewiß weder Philosoph noch Theologe bin. Wenn diese nicht davon schreiben, wo es angebracht wäre, so nehmen sie doch keinen Anstand, wenn es in ihren Kram paßt, sich öffentlich bloßzustellen. Wovon spricht Sokrates ausführlicher als von sich? Wohin sonst sucht er meist seine Schüler zu bringen als zu Aussagen über sich selbst? Und zwar nicht darüber, was sie aus Büchern gelernt haben, sondern darüber, wie es in ihrem Inneren aussieht und was darin vorgeht.

Michel de Montaigne (1533–1592) wurde auf einem französischen Landgut geboren, nach dem er sich später „Herr von Montaigne" nannte. Seine Erziehung sah er im Rückblick als nutzlose Büchergelehrsamkeit im Geiste einer trockenen scholastischen Philosophie an. Dagegen müsse Philosophie lebensbezogen und für den einzelnen seelisch und auch körperlich belebend sein: „Die Seele fühlt sich wohl, wenn die Philosophie in ihr wohnt; diese seelische Gesundheit wird auch auf die körperliche Gesundheit übergreifen" (Essais, Erstes Buch, 25. Kap.). Bereits mit dreizehn Jahren hatte Montaigne seine Schulausbildung abgeschlossen und übernahm nach einem juristischen Studium erst einundzwanzigjährig ein juristisches Amt; von 1557 an war er 14 Jahre lang Parlamentsrat in Bordeaux und wurde dort zweimal zum Bürgermeister gewählt. 1570 gab Montaigne sein juristisches Amt auf und zog sich auf sein Landgut zurück. In dieser Zeit schrieb er in jahrelanger Arbeit in der Abgeschiedenheit seines geliebten Bibliothekszimmers im Turm seines Schlößchens an seinen „Essais", von denen 1580 die ersten beiden Bände erschienen und 1588 die durch den dritten Band erweiterte Neuausgabe. In dieser Zeit heiratete Montaigne erneut, wurde Vater einer Tochter, reiste viel und war mit verschiedenen politischen Vermittlungsaufgaben betraut. Während der Religionskriege seiner Zeit, bei denen es vor allem um politische Ziele ging, hielt Montaigne zur nationalen Einheit, die durch das katholische Königtum repräsentiert wurde. Er war bei aller Ablehnung einer schablonenhaften, autoritären Tradition politisch und religiös konservativ orientiert. Montaigne hatte es seit 1577 mit den schmerzhaften Folgen eines ererbten Steinleidens zu tun und starb schließlich während einer Messe, die an seinem Krankenlager gelesen wurde.

Montaignes „Essais" begründen die Form tastender, nicht systematischer „Versuche" über lebenspraktische Fragen, wie Nichtstun, Erziehung, Freundschaft, Einsamkeit, Trunksucht, Zorn, Frauen und Kutschen. Sie stehen damit inhaltlich in der Tradition des Epikureismus (Text 10) und der Stoa (Text 11, 12). Methodisch ist sein abwägendes, zurückhaltendes Urteilen mit der antiken Skepsis verwandt, etwa in seinem Motto: „Was weiß ich?" als Inschrift auf einer Waage nach einem Cicero-Zitat: „Wie die Schale einer Waage, wenn sie belastet wird, sich senken muß, so muß der Geist der Evidenz nachgeben" (Erstes Buch, 25. Kap.). Ohne seine konservative religiöse und politische Grundüberzeugung aufzugeben, praktiziert Montaigne die Freiheit im Denken und Handeln, selbst abwägen und sich entscheiden zu können. Bei Entscheidungen in praktischen Lebensfragen spielt die begriffliche und argumentative Logik eine untergeordnete Rolle, vielmehr kommt es nach Montaigne in erster Linie auf persönliche Lebenserfahrung und Beobachtungsgabe an. Auch in seinen Überlegungen zur Todesfurcht praktiziert er eine Methode der Selbstbeobachtung auf Grund eigener Erfahrungen als Form angemessener Wahrheitserkenntnis. Seine Ausführungen sind in gut verständlicher, lebendiger Weise geschrieben und lediglich von einigen gelehrten Zitaten durchzogen. Auch inhaltlich handelt es sich um eine Philosophie, die grundlegende Fragen menschlichen Daseins berührt. Wie Epikur (Text 10) sieht Montaigne in seiner lebensbezogenen Philosophie das Glück nicht im Ausleben der Lüste, sondern in der Befreiung von Unlust oder Schmerz und Furcht. Auch von der Todesfurcht versucht Montaigne keine Befreiung durch ablenkenden Sinnesgenuß, erst recht nicht durch metaphysisch-religiöse Tröstungen, sondern durch die Erfahrungen mit der eigenen Todesfurcht in der Situation eines erlebten nahen Todes. Das ernste Thema des Sterbens gehört ebenso zum Philosophieren Montaignes wie auch lustvolle Themen. So schreibt er etwa über den sinnlichen Genuß der Liebe: „Im Altertum wünschte sich einmal jemand, daß sein Schlund so lang würde wie ein Kranichhals, damit er länger schmecken könne, was er schluckte: dieser Wunsch ist noch besser angebracht beim Liebesgenuß, der so schnell und plötzlich vorübergeht" (Drittes Buch, 5. Kap.).

Die „Moralistik", zu deren Vertretern – von Epikur über Schopenhauer bis Adorno (Text 33) – auch Montaigne gehört, ist keine Ratgeber- und Trostphilosophie mit dem moralischen Zeigefinger, sondern will das persönliche Nachdenken über Sitten und Gebräuche (latein. mores), Lebensweisen, Charaktere und Zeitverhältnisse durch persönliche Erfahrungen und Überlegungen bereichern: „So also, lieber Leser, bin ich selber Gegenstand meines Buches" (Vorrede). Montaigne beansprucht zwar kein theologisches oder philosophisch-metaphysisches Wissen vom Wesen des Menschen, ist aber davon überzeugt, daß er durch die Mitteilung seiner persönlichen Erfahrungen auch anderen in ähnlichen Situation nützen kann: „vielleicht kann, was mir hilft, auch anderen helfen".

18. René Descartes: Zweifel und Gewißheit

I. 1. Schon vor einer Reihe von Jahren habe ich bemerkt, wieviel Falsches ich in meiner Jugend habe gelten lassen und wie zweifelhaft alles ist, was ich hernach darauf aufgebaut, daß ich daher einmal im Leben alles von Grund aus umstoßen und von den ersten Grundlagen an neu beginnen müsse, wenn ich jemals für etwas Unerschütterliches und Bleibendes in den Wissenschaften festen Halt schaffen wollte. Indessen schien mir dies ein gewaltiges Unternehmen zu sein, und ich wartete daher dasjenige reifere Alter ab, dem keines mehr folgen würde, das geeigneter wäre, sich der Wissenschaften gründlich anzunehmen. Daher habe ich so lange gezögert, daß ich mich fernerhin schuldig machte, wenn ich die zur Ausführung noch übrige Zeit mit weiteren Bedenken vergeuden wollte. So habe ich denn heute zur rechten Zeit meine Gedanken aller Sorgen entledigt, mir ungestörte Muße in einsamer Zurückgezogenheit verschafft und werde endlich ernsthaft und unbeschwert zu diesem allgemeinen Umsturz meiner Meinungen schreiten.

2. Dazu wird es indessen nicht nötig sein zu zeigen, daß sie alle falsch sind, denn das würde ich wohl niemals erreichen können; da es jedoch nur vernünftig ist, bei dem nicht ganz Gewissen und Unzweifelhaften ebenso sorgsam seine Zustimmung zurückzuhalten wie bei offenbar Falschem, so wird es, sie alle zurückzuweisen, genügen, wenn ich in einer jeden irgendeinen Grund zu zweifeln antreffe. Auch brauche ich sie deswegen nicht alle einzeln durchzugehen, was eine endlose Arbeit wäre; ich werde vielmehr, da bei untergrabenen Fundamenten alles darauf Gebaute von selbst zusammenstürzt, den Angriff sogleich auf eben die Prinzipien richten, auch die sich alle meine früheren Meinungen stützten.

3. Alles nämlich, was ich bisher am ehesten für wahr gehalten habe, verdanke ich den Sinnen oder der Vermittlung* der Sinne. Nun aber bin ich dahintergekommen, daß diese uns bisweilen täuschen, und es ist ein Gebot der Klugheit, denen niemals ganz zu trauen, die uns auch nur einmal getäuscht haben.

4. Indessen – mögen uns auch die Sinne mit Bezug auf zu kleine und entfernte Gegenstände bisweilen täuschen, so gibt es doch am Ende sehr vieles andere, woran man gar nicht zweifeln kann, wenngleich es aus denselben Quellen geschöpft ist; so z.B. daß ich jetzt hier bin, daß ich, mit meinem Winterrock angetan, am Kamin sitze, daß ich dieses Papier mit den Händen betaste und ähnliches; vollends daß diese Hände selbst, daß überhaupt mein ganzer Körper da ist, wie könnte man mir das abstreiten? Ich

* D.h. Dinge, die ich von meinen Eltern, Lehrern usw. (durch Vermittlung des Gehörs) gelernt habe.

müßte mich denn mit ich weiß nicht welchen Wahnsinnigen vergleichen, deren ohnehin kleines Gehirn durch widerliche Dünste aus ihrer schwarzen Galle so geschwächt ist, daß sie hartnäckig behaupten, sie seien Könige, während sie bettelarm sind, oder in Purpur gekleidet, während sie nackt sind, oder sie hätten einen tönernen Kopf, oder sie seien gar Kürbisse oder aus Glas; – aber das sind eben Wahnsinnige, und ich würde ebenso wie sie von Sinnen zu sein scheinen, wenn ich mir sie zum Beispiel nehmen wollte.

5. Vortrefflich! – Als ob ich nicht ein Mensch wäre, der des Nachts zu schlafen pflegt, und dem dann genau dieselben, ja bisweilen noch weniger wahrscheinliche Dinge im Traume begegnen, als jenen im Wachen! Wie oft doch kommt es vor, daß ich mir all diese gewöhnlichen Umstände während der Nachtruhe einbilde, etwa daß ich hier bin, daß ich, mit meinem Rock bekleidet, am Kamin sitze, während ich doch entkleidet im Bette liege! Jetzt aber schaue ich doch sicher mit wachen Augen auf dieses Papier, dies Haupt, das ich hin und her bewege, schläft doch nicht, mit Vorbedacht und Bewußtsein strecke ich meine Hand aus und fühle sie. So deutlich geschieht mir dies doch nicht im Schlaf. – Als wenn ich mich nicht entsänne, daß ich sonst auch schon im Traume durch ähnliche Gedankengänge genarrt worden bin! Denke ich einmal aufmerksamer hierüber nach, so sehe ich ganz klar, daß Wachsein und Träumen niemals durch sichere Kennzeichen unterschieden werden können, – so daß ich ganz betroffen bin und gerade diese Betroffenheit mich beinahe in der Meinung bestärkt, ich träume.

6. Meinetwegen: wir träumen. Mögen wirklich alle jene Einzelheiten nicht wahr sein, daß wir die Augen öffnen, den Kopf bewegen, die Hände ausstrecken; ja, mögen wir vielleicht gar keine solchen Hände, noch überhaupt solch einen Körper haben: so muß man in der Tat doch zugeben, das im Schlafe Gesehene seien gleichsam Bilder, die nur nach dem Muster wahrer Dinge sich abmalen konnten, daß also wenigstens dies Allgemeine: Augen, Haupt, Hände und überhaupt der ganze Körper nicht bloß eingebildet ist, sondern wirklich existiert. Sind doch auch die Maler, selbst wenn sie Sirenen und Satyre in den fremdartigsten Gestalten zu bilden versuchen, nicht imstande, ihnen in jeder Hinsicht neue Eigenschaften zuzuteilen, sondern sie mischen nur die Glieder

von verschiedenen lebenden Wesen durcheinander; oder wenn sie vielleicht etwas so unerhört Neues sich ausdenken, wie man ähnliches überhaupt nie gesehen hat, das also ganz und gar erfunden und unwahr ist, so müssen doch mindestens die Farben wahr sein, aus denen sie es zusammensetzen. Aus demselben Grunde muß man, auch wenn sogar dies Allgemeine: Augen, Haupt, Hände und dergleichen nur eingebildet sein könnte, doch notwendig gestehen, daß wenigstens gewisse andere, noch einfachere und allgemeinere Dinge wahr sind, mit denen als den wahren Farben alle jenen wahren oder falschen Bilder von Dingen in unserem Bewußtsein gemalt sind.

7. Von dieser Art scheinen die Natur der Körper im allgemeinen und ihre Ausdehnung zu sein, ferner die Gestalten der ausgedehnten Dinge, ebenso die Quantität, d.i. ihre Größe und Zahl, ebenso der Ort, an dem sie existieren, die Zeit, während der sie dauern, und dergleichen.

8. Man darf wohl mit Recht hieraus schließen, daß zwar die Physik, die Astronomie, die Medizin und alle anderen Wissenschaften, die von der Betrachtung der zusammengesetzten Dinge ausgehen, zweifelhaft sind, daß dagegen die Arithmetik, die Geometrie und andere Wissenschaften dieser Art, die nur von den allereinfachsten und allgemeinsten Gegenständen handeln und sich wenig darum kümmern, ob diese in der Wirklichkeit vorhanden sind oder nicht, etwas von zweifelloser Gewißheit enthalten. Denn ich mag wachen oder schlafen, so sind doch stets $2 + 3 = 5$, das Quadrat hat nie mehr als vier Seiten, und es scheint unmöglich, daß so augenscheinliche Wahrheiten in den Verdacht der Falschheit geraten können.

9. Es ist indessen in meinem Denken eine alte Überzeugung verwurzelt, daß es einen Gott gebe, der alles vermag, und von dem ich so, wie ich bin, geschaffen wurde. Woher weiß ich aber, ob er nicht bewirkt hat, daß es überhaupt keine Erde, keinen Himmel, kein ausgedehntes Ding, keine Gestalt, keine Größe, keinen Ort gibt und daß dennoch dies alles genau so, wie es mir jetzt vorkommt, bloß da zu sein scheint; ja sogar auch so, wie ich überzeugt bin, daß andere sich bisweilen in dem irren, was sie vollkommen zu wissen meinen, ebenso könnte auch ich mich täuschen, sooft ich 2 und 3 addiere oder die Seiten des Quadrats zähle, oder was man sich noch leichteres denken mag.

[...]

II. 6. Wie verhält es sich aber jetzt, wo ich annehme, daß irgendein allmächtiger und, wenn man so sagen darf, boshafter Betrüger sich bemüht hat, mich in allem, soweit er vermochte, zu täuschen? Kann ich noch behaupten, auch nur das geringste von alledem zu besitzen, wovon ich oben gesagt habe, es gehöre zur Natur des Körpers? Mit gespannter Aufmerksamkeit denke ich immer wieder darüber nach, – nichts fällt mir ein, und ich werde es müde, furchtlos immer dasselbe zu wiederholen. Wie verhält es sich aber mit dem, was ich der Seele zuschrieb, mit dem Sichernähren und dem Gehen? Nun, da ich jetzt überhaupt keinen Körper habe, so sind auch das nichts als Erfindungen. Empfinden? Aber auch das kommt ohne Körper nicht zustande, auch glaubte ich sehr vieles während des Traumes zu empfinden, von dem ich hernach bemerkte, daß ich es nicht empfunden hatte. Denken? Hier liegt es: Das Denken ist's, es allein kann von mir nicht getrennt werden. Ich bin, ich existiere, das ist gewiß. Wie lange aber? Nun, solange ich denke. Denn vielleicht könnte es sogar geschehen, daß ich, wenn ich ganz aufhörte zu denken, alsbald auch aufhörte zu sein. Für jetzt lasse ich aber nichts zu, als was notwendig wahr ist! Ich bin also genau nur ein denkendes Wesen, d.h. Geist, Seele, Verstand, Vernunft – lauter Ausdrücke, deren Bedeutung mir früher unbekannt war. Ich bin aber ein wahres und wahrhaft existierendes Ding, doch was für ein Ding? Nun, ich sagte es bereits – ein denkendes.

[...]

Achte ich darauf, daß ich zweifle, d.h. daß ich ein unvollkommenes und abhängiges Wesen bin, dann findet sich eine so klare und deutliche Vorstellung eines unabhängigen und vollkommenen Wesens – d.h. Gottes – bei mir ein; so einleuchtend schließe ich allein daraus, daß eine solche Vorstellung existiert, auf die Existenz Gottes und auf die Abhängigkeit, in der sich meine ganze Existenz in jedem Moment von ihm befindet, – daß ich zuversichtlich überzeugt bin: Einleuchtenderes, Gewisseres kann vom Menschengeist nicht erkannt werden. Und schon glaube ich einen Weg zu sehen, auf dem man von dieser Betrachtung des wahren Gottes – in dem nämlich alle Schätze des Wissens und der Weisheit verborgen sind – zur Erkenntnis aller übrigen Dinge gelangt.

Denn erstens erkenne ich, daß es nicht geschehen kann, daß er mich täuscht, denn in jeder Täuschung und jedem Betrug liegt etwas Unvollkommenes. Und möchte es auch scheinen, als ob „täuschen können" ein Zeichen von Scharfsinn oder ein Beweis von Macht sei, so bezeugt doch „täuschen wollen" unzweifelhaft entweder Bosheit oder Schwäche und trifft demnach auf Gott nicht zu.

Sodann entdecke ich in mir eine gewisse Urteilsfähigkeit, die ich sicherlich, wie auch alles übrige in mir, von Gott empfangen habe und die, da er mich nicht täuschen will, gewiß nicht so sein wird, daß ich jemals irren könnte, solange ich sie nur recht gebrauche.

René Descartes (1596–1650) wurde in La Haye in der Touraine geboren. Nach dem Besuch der führenden Schule seiner Zeit, des Jesuitenkollegs La Flèche, war er insbesondere von der traditionellen, scholastischen Philosophie als Grundlage seiner Bildung enttäuscht, da sie seines Erachtens eine zusammenhanglose, in sich widersprüchliche und lebensferne bloße Meinung, aber kein sicheres Wissen von der Wirklichkeit darstellt. In seine Schulzeit fielen als prägende Ereignisse 1610 die Ermordung Heinrichs IV. (von Navarra) und die festliche Beisetzung von dessen Herz im Jesuitenkolleg. Mit diesem Mord kündigte sich zugleich das Ende religiöser Toleranz und eine Verschärfung des Religionskriegs an. Möglicherweise haben auch diese Erfahrungen Descartes' Zweifel an bloßer Meinung und seine Suche nach Gewißheit als Basis für die Beendigung der Zwistigkeiten beeinflußt (so Stephen Toulmin, Kosmopolis, 1991). Die Denkweise eines toleranten Skeptizismus im Stil Montaignes (Text 17), der auch Heinrich IV. zuneigte, schien zur Überwindung der religiösen und politischen Krise nicht auszureichen. Nach dem Studium der Jurisprudenz wandte sich Descartes schließlich völlig von der Gelehrsamkeit alter Art ab und diente zu Beginn des Dreißigjährigen Krieges in verschiedenen Heeren, um in anderen Ländern Lebenserfahrungen zu sammeln. Anschließend widmete er sich intensiv dem Studium der Mathematik und mathematischen Physik, die durch die Forschungen von Kepler und Galilei eine sichere Wirklichkeitserkenntnis zu bieten schienen. Auf Grund seines wachsenden Ruhms wurde

Descartes 1649 von der schwedischen Königin Christine eingeladen, sie in die Philosophie einzuführen. Schon im ersten Winter in Stockholm jedoch starb Descartes an einer Lungenentzündung. Von Descartes' philosophischen Werken sind vor allem drei zu nennen. 1637 veröffentlichte er in französisch die „Abhandlung über die Methode des richtigen Vernunftsgebrauchs und der wissenschaftlichen Wahrheitsforschung" (Discours de la méthode), 1641 die „Meditationen über die Grundlagen der Philosophie" (Meditationes de prima philosophia), 1644 die „Prinzipien der Philosophie".

Der Textauszug aus den „Meditationen" zeigt, wie Descartes zunächst methodisch, das heißt als Denkender, sowie aber auch auf Grund eigener Erfahrungen an allen bisherigen Gewißheiten zweifelt (I, 1–9), ferner wie er den Anfang der Philosophie und jeder Gewißheit im denkenden Ich begründet (II, 6) und schließlich wie er Gott als Garanten unserer gesicherten Erkenntnisse beweist (IV, 1–3). Descartes schließt zunächst schrittweise alle, wie er meint, bisherigen Gewißheiten aus und beginnt dabei mit den empirischen Urteilen über die Eigenschaften und das Dasein realer Dinge. Nach Descartes verfügen wir über kein Kriterium, um reale Dinge und bloße Vorstellungen von diesen mit Gewißheit unterscheiden zu können, auch wissen wir nicht wirklich, ob wir träumen oder wachen. Zweitens sind unsere vernünftigen Urteile nicht zweifelsfrei, etwa daß 2 + 3 = 5 ist. Daß aus der Bedeutung der Zahlzeichen, des Additions- und Gleichheitszeichens das Urteil per definitionem oder analytisch folgt, war sicher auch Descartes klar. Nach ihm ist aber daran zu zweifeln, ob den Begriffen tatsächlich ideale Gegenstände nach Art des Universalienrealismus entsprechen (Text 7). Drittens ist zwar das Urteil über das Ich als zweifelndes, denkendes Wesen eine erste gewisse Wirklichkeitserkenntnis, ohne daß damit aber auch die Gewißheit über die beiden ersten Urteilsklassen gegeben wäre. Deren Gewißheit, so viertens, ist erst durch die Vorstellung des vollkommenen Gottes begründet. Unvollkommenheit ist nur auf Grund von Vollkommenheit denkbar, daher folgt aus der Vorstellung des denkenden, in seinen Zweifelsakten unvollkommenen Ichs die Vorstellung des vollkommenen Gottes. Daß aber unsere Vorstellung des Vollkommenen zugleich einer Wirklichkeit entspricht, ist nach Descartes, wie er später nach Art des Anselmschen Gottesbeweises (Text 14) erläutert, als „Notwendigkeit der Sache selbst" einleuchtend (fünfte Meditation). Der vollkommene, gute Gott kann uns nicht wie der gefürchtete „allmächtige, boshafte Betrüger" in der Gewißheit der sonst von uns nicht angezweifelten empirischen Urteile und Vernunfturteile täuschen. Die in unserem Ich erkannte Vollkommenheit Gottes macht den methodischen Zweifel grundlos, daß unsere Urteile über reale und ideale Gegenstände in dem Sinne ungewiß sind, daß ihnen keine Wirklichkeit entspricht, „solange ich sie nur recht gebrauche", wie der Textauszug endet.

Für den „rechten Vernunftgebrauch" hatte Descartes nach dem Vorbild der von ihm selbst weiterentwickelten analytischen Geometrie in seiner „Abhandlung" vier Grundregeln aufgestellt: die einzelnen Begriffe und Urteile sollten nach den Kriterien der Evidenz, Zergliederung, Ordnung und Vollständigkeit in einen Ableitungszusammenhang gebracht werden. Ziel des rechten Vernunftsgebrauchs aber ist, die Menschen zu „Herrn und Eigentümern der Natur" zu machen (Abhandlung, sechstes Kapitel). Ob Descartes allerdings das Ziel absoluter Wirklichkeitserkenntnis erreicht hat, ist ebenso zweifelhaft wie dieses Ziel selbst. Mit seinem Ziel folgt Descartes dem Muster platonischer, gottgleicher Gewißheit des „klar und gewiß" (clare et distincte) Erkannten, ohne die Alternative sokratischen, menschenmöglichen Wissens (Text 5) ernsthaft in Erwägung zu ziehen oder das Gewißheitsmodell selbst dem methodischen Zweifel zu unterziehen. Wie gewiß können wir sein, daß nur gewisse Erkenntnis sein soll? Andererseits hat Descartes für das moralische Handeln aus pragmatischen Gründen durchaus die zweite Alternative befürwortet: „Und so ist es, weil die Handlungen des Lebens oft keinen Aufschub dulden, ein richtiger Grundsatz, daß, wenn wir die wahrsten Ansichten nicht deutlich zu erkennen vermögen, wir den wahrscheinlichsten folgen" (Abhandlung, drittes Kapitel). Mit der Unterscheidung wahrer theoretischer Ansichten und bloß wahrscheinlicher praktischer Ansichten bleibt Descartes einem bis heute nachwirkenden Zweifstufenmodell von wirklichem Wissen der mathematischen Naturwissenschaft und bloßer Meinung der handlungspraktischen Wissenschaften verhaftet.

Ob allerdings Descartes das Ziel gewisser Erkenntnis mit dem „Ich denke" als Ausgangspunkt wirklich erreicht hat, ist ebenfalls zweifelhaft. In den „Meditationen“ (I, 6) geht Descartes von der wahrgenommenen Wirklichkeit seines Denkens aus: „das Denken ist's“ (cogitatio est, das Denken ist die gesuchte gewisse Wirklichkeit); und vom Denken schließt er auf den Denkenden zurück: „Ich bin, ich existiere, das ist gewiß“ (ego sum, ego existo, certum est). Descartes schließt also nicht vom Denken auf das Sein des Ichs, sondern ist sich selbst als eines denkenden Ichs bewußt oder erlebt sich als denkend. Genauso ist auch die berühmte Formel aus der „Abhandlung“ (viertes Kapitel, erster Abschnitt): „ich denke, also bin ich“ (je pense, donc je suis), die in der Fassung „cogito, ergo sum“ nicht von Descartes selbst stammt (sondern aus einer von ihm anerkannten lateinischen Übersetzung von 1644), kein Schluß von der Art: „Wenn etwas denkt, dann existiert es. Ich denke. Also existiere ich“. In diesem Fall wäre die Prämisse genauso anzuzweifeln wie die Sätze der Mathematik. Aber auch als unmittelbare Erfahrung ist Descartes' Grundlegung absoluter Gewißheit zweifelhaft: Das „Ich denke“ könnte auch ein „es denkt“ sein, außerdem ist auch das Denken und Zweifeln eine ungewisse Wirklichkeit. Denn was ist Denken? Ist Denken vielleicht nur eine Kette von Assoziationen? Und wieso ist das wahre Ich das denkende, wie Descartes insgesamt annimmt? Schließlich ist auch Descartes' Schluß vom Unvollkommenen zum Vollkommenen zweifelhaft. Wenn das menschliche Denken unvollkommen ist, dann ist auch das Denken des Vollkommenen unvollkommen. Somit ist auch die Absicherung der zunächst angezweifelten Gewißheiten zweifelhaft. Der von Descartes begründeten Bewußtseinsphilosophie gelingt es nicht, die zuvor ohne zwingenden Grund angezweifelten Gewißheiten wirklich wieder zu rehabilitieren. Eine Alternative zu Descartes' Bewußtseinsphilosophie ist Heideggers Fundierung des Wissens durch das In-der-Welt-sein des Menschen (Text 31).

19. Thomas Hobbes: Der Krieg aller gegen alle

Die Menschen sind von Natur aus gleich, sowohl in ihren körperlichen als auch in den geistigen Anlagen. Es mag wohl jemand erwiesenermaßen stärker sein als ein anderer oder schneller in seinen Gedankengängen, wenn man jedoch alles zusammen bedenkt, so ist der Unterschied zwischen den einzelnen Menschen nicht so erheblich, daß irgend jemand Veranlassung hätte, sich einen Anspruch daraus herzuleiten, den ein anderer nicht mit dem gleichen Recht geltend machen könnte. Man nehme nur die Körperstärke: Selbst der Schwächste ist stark genug, auch den Stärksten zu vernichten; er braucht sich nur einer List zu bedienen oder sich zu verbinden mit anderen, die in derselben Gefahr sind wie er.

Im Bereich der geistigen Fähigkeiten scheint mir die Gleichheit noch offensichtlicher zu sein – eine Ausnahme bilden nur die Künste, die sich des Wortes bedienen, vor allem die Wissenschaften, die nämlich verlangen, daß man allgemeingültige Regeln abzuleiten in der Lage ist, eine Fähigkeit, die nur wenige und dann nur begrenzt auf einzelne Denkbereiche besitzen, denn sie ist nicht angeboren und kann auch nicht – wie die Klugheit – durch einfaches Schlußfolgern erworben werden. Denn Klugheit ist nichts als Erfahrung, und diese wird allen in gleicher Weise zuteil, wenn sie nur irgendeiner Sache die gleiche Aufmerksamkeit schenken. Es lebt nur jeder in dem Irrglauben, die eigene Weisheit sei größer als die aller übrigen, und so allein mag meine Behauptung unglaubhaft scheinen. Nur ganz wenige ist er bereit, anzuerkennen – sei es ihres Ruhmes wegen, sei es, weil ihre Ansichten mit den seinen übereinstimmen. Denn so ist die Natur des Menschen: er mag zwar zugestehen, daß es geistreichere, redegewandtere oder gebildetere Menschen geben mag als ihn selbst, er wird aber schwerlich glauben wollen, daß es viele gibt, die ihm an Weisheit gleichkommen. Seinen eigenen Verstand nämlich sieht er ganz aus der Nähe, den der anderen dagegen nur von fern. Allein, dies ist eher ein Beweis für die Gleichheit der Menschen als für ihre Ungleichheit. Denn von der gerechten Verteilung einer Sache zeugt im allgemeinen nichts offenkundiger, als daß ein jeder mit seinem Anteil zufrieden ist.

Dieser Gleichheit der Fähigkeiten entspringen die gleichen Hoffnungen, ein Ziel zu erreichen. So werden zwei Menschen zu Feinden, wenn beide zu erlangen versuchen, was nur einem von ihnen zukommen kann. Um ihr Ziel zu erreichen (welches fast immer ihrer Selbsterhaltung dient, nur selten allein der größeren Befriedigung ihrer Bedürfnisse), trachten sie danach, den anderen zu vernichten oder ihn sich untertan zu machen. Hier öffnet sich das Feld für einen Angreifer, der nicht mehr zu fürchten hat, als die Macht eines Einzelnen. Derjenige nämlich, der ein gutes Stück Land bepflanzt, besät oder gar besitzt, wird fürchten müssen, daß andere mit vereinten Kräften kommen, um ihn nicht nur seines Brotes, sondern auch seines Lebens oder seiner Freiheit zu berauben. Und der Angreifer selbst ist wieder durch andere gefährdet.

Die Folge dieses wechselseitigen Argwohns ist, daß sich ein jeder um seiner Sicherheit willen bemüht, dem anderen zuvorzukommen. So wird er sich so lange gewaltsam oder hinterrücks des anderen zu bemächtigen suchen, bis ihn keine größere Macht mehr gefährden kann. Das verlangt nur seine Selbsterhaltung und wird deshalb allgemein gebilligt. Schon weil es einige geben mag, die bestrebt sind, aus Machtgier und Eitelkeit mehr an sich zu reißen, als zu ihrer Sicherheit notwendig wäre. Die aber, die glücklich wären, sich in schmalen Grenzen zu begnügen, würden schnell untergehen, wenn sie sich – ein jeder für sich – verteidigen würden und nicht danach trachteten, durch Eroberungen ihre Macht zu vergrößern. Folglich muß dem Menschen die Ausweitung seiner Macht über andere, zu der ihn sein Selbsterhaltungstrieb zwingt, erlaubt sein.

Das Zusammenleben ist den Menschen also kein Vergnügen, sondern schafft ihnen im Gegenteil viel Kummer, solange es keine übergeordnete Macht gibt, die sie alle im Zaum hält. Ein jeder ist darauf bedacht, daß die anderen ihn genauso schätzen, wie er sich selbst. Auf jedes Zeichen der Verachtung oder Geringschätzung hin ist er daher bestrebt, sich höhere Achtung zu erzwingen – bei den einen, indem er ihnen Schaden zufügt, bei den anderen durch das statuierte Exempel. Er wird dabei so weit gehen, wie er es wagen darf – was dort, wo es keine Ordnungsgewalt gibt, zur wechselseitigen Vernichtung führt.

So sehen wir drei Hauptursachen des Streites in der menschlichen Natur begründet: Wettstreben, Argwohn und Ruhmsucht.

Dem Wettstreben geht es um Gewinn, dem Argwohn um Sicherheit, der Ruhmsucht um Ansehen. Die erste Leidenschaft scheut keine Gewalt, sich Weib, Kind und Vieh eines anderen zu unterwerfen, ebensowenig die zweite, das Geraubte zu verteidigen, oder die dritte, sich zu rächen für Belanglosigkeiten wie ein Wort, ein Lächeln, einen Widerspruch oder irgendein anderes Zeichen der Geringschätzung, das entweder ihm selbst oder aber seinen Kindern oder Freunden, seinem Vaterland, seinem Gewerbe oder seinem Namen entgegengebracht wird.

Und hieraus folgt, daß Krieg herrscht, solange die Menschen miteinander leben ohne eine oberste Gewalt, die in der Lage ist, die Ordnung zu bewahren. Und es ist ein Krieg, den jeder Einzelne gegen jeden führt. Der Krieg zeigt sich nämlich nicht nur in der Schlacht oder in kriegerischen Auseinandersetzungen. Es kann vielmehr eine ganze Zeitspanne, in der die Absicht, Gewalt anzuwenden, unverhüllt ist, ebenso Krieg sein. Und deshalb ist der Begriff der Zeit mit der Natur des Krieges ebenso untrennbar verbunden wie mit dem Begriff des Wetters. Macht doch nicht allein ein Regenschauer das schlechte Wetter aus, sondern ebensosehr die tagelange Regenneigung. Und gleichermaßen zeigt sich das Wesen des Krieges nicht nur im wirklichen Gefecht, sondern schon in einer Periode der offensichtlichen Kriegsbereitschaft, in der man des Friedens nicht sicher sein kann. Jeden anderen Zustand aber mag man als Frieden bezeichnen.

Was immer die Folgen eines Krieges sein mögen, in dem jeder des anderen Feind ist, die gleichen Folgen werden auftreten, wenn Menschen in keiner anderen Sicherheit leben als der, die ihr eigener Körper und Verstand ihnen verschafft. In einem solchen Zustand gibt es keinen Fleiß, denn seine Früchte werden ungewiß sein, keine Bebauung des Bodens, keine Schiffahrt, keinerlei Einfuhr von überseeischen Gütern, kein behagliches Heim, keine Fahrzeuge zur Beförderung von schweren Lasten, keine geographischen Kenntnisse, keine Zeitrechnung, keine Künste, keine Literatur, keine Gesellschaft. Statt dessen: Ständige Furcht und die drohende Gefahr eines gewaltsamen Todes. Das Leben der Menschen: einsam, arm, kümmerlich, roh und kurz.

Wer hierüber noch keine ernsthaften Erwägungen angestellt hat, dem mag es wohl befremdlich erscheinen, daß die Natur die Menschen einander derart entfremdet haben sollte, daß einer den anderen angreift und vernichtet. Und er möchte gewiß gern durch die Erfahrung bestätigt sehen, was sich aus der triebhaften Veranlagung des Menschen als notwendiger Schluß ergibt. Er braucht aber nur selbst hinzusehen: Wenn er eine Reise unternimmt, versieht er sich mit Waffen und sucht zu seinem Schutz eine sichere Begleitung. Wenn er sich schlafen legt, verriegelt er seine Tür und selbst die Schränke in seinem eigenen Haus. Dabei weiß er doch, daß es Gesetze gibt und Männer, deren Pflicht es ist, ihn für jedes nur mögliche Unrecht mit Waffengewalt zu rächen. Was für eine Meinung muß er also von seinen Mitbürgern haben, wenn er glaubt, sich gegen sie rüsten zu müssen, was muß er von seinen Nachbarn denken, wenn er beim Schlafengehen die Türen versperrt, und was von seinen Hausgenossen, wenn er die Schränke verriegelt? Klagt er die Menschheit mit solchem Handeln nicht stärker an als ich mit meinen Worten? Doch beide klagen wir nicht die Natur des Menschen an sich an. Die menschlichen Triebe und Leidenschaften sind in sich selbst nicht Sünde. Und auch seine triebhaften Handlungen sind es nicht, solange kein Gesetz sie verbietet. Ein solches Gesetz kann der Mensch aber erst dann kennen, wenn es geschaffen ist; und es kann erst geschaffen werden, wenn man irgend jemanden zum Gesetzgeben ermächtigt hat.

Man mag vielleicht denken, daß es diesen Zustand des Krieges aller gegen alle niemals gegeben habe. Auch ich glaube, daß er niemals in der ganzen Welt zugleich in dieser Weise geherrscht hat. Sicher aber immer an einigen Orten. Denn noch heute sehen wir Menschen unter diesen Bedingungen leben. Die Eingeborenenvölker vieler Teile *Amerikas* z.B. kennen keine Regierung, es sei denn eine Ordnung innerhalb der Familie. Und zu Familiengemeinschaften schließen sie sich zur Befriedigung ihrer Lustbedürfnisse zusammen. Sie leben also heute noch ganz so tierhaft, wie ich es oben beschrieben habe. Aber wie dem auch sein: Wie das Leben ohne eine furchtgebietende oberste Gewalt aussehen würde, kann man aus dem Zustand ersehen, in den Menschen, die vorher unter einer friedlichen Regierung gelebt haben, im Bürgerkrieg verfallen.

Und wenn es nie eine Zeit gegeben haben sollte, in der jeder des anderen Feind gewesen ist, so leben doch die Könige und alle souveränen Machthaber aus Furcht vor dem Verlust ihrer Unabhängigkeit in unaufhörlichem Argwohn und in Stellung und Haltung wie Gladiatoren; ihre Waffen sind gezückt, und einer belauert den anderen: durch Festungen, Heere und Geschütze an den Grenzen, durch Spione im Innern. Es herrscht also Krieg. Doch weil sie dadurch ihre Untertanen in Tätigkeit halten, tritt nicht jener elende Zustand ein, der die Folge der absoluten Freiheit aller ist.

Wenn ein jeder gegen jeden Krieg führt, so kann auch nichts als unerlaubt gelten. Für die Begriffe Recht und Unrecht, Gerechtigkeit und Ungerechtigkeit bleibt kein Raum. Wo es keine Herrschaft gibt, gibt es auch kein Gesetz. Wo es kein Gesetz gibt, kann es auch kein Unrecht geben. List und Gewalt sind die einzigen Tugenden. Denn weder Gerechtigkeit noch Ungerechtigkeit sind Naturanlagen des Menschen – nicht geistige und auch nicht körperliche. Wenn sie es wären, so müßten sie auch einem Menschen, der ganz allein auf der Welt lebte, eignen – ganz so wie sein Gefühl, wie seine Triebe. Es kennt sie aber nur der Mensch in der Gesellschaft, nicht der im Naturzustand. Aus demselben Grunde auch gibt es keinen Besitz, kein Eigentum, überhaupt keine Vorstellung von *mein* und *dein*. Vielmehr kann sich jeder alles aneignen und kann es so lange für sich behaupten, wie er in der Lage ist, es zu sichern. So viel über jenen armseligen Zustand, in den der Mensch von Natur aus verwiesen ist. Es ist ihm jedoch möglich, ihm zu entrinnen; diese Möglichkeit liegt teils in seinen Leidenschaften, teils in seiner Vernunft.

Was ihn zum Frieden treibt, ist seine Furcht vor dem Tode, sein Verlangen nach Dingen, die ihm sein Leben angenehmer machen können, und die Hoffnung, sie durch Anstrengung zu erlangen. Seine Vernunft läßt ihn für den Frieden notwendige Grundsätze aufstellen, zu deren Annahme die Menschen veranlaßt werden können. Solche Grundsätze werden gemeinhin als die natürlichen Gesetze bezeichnet. Und sie sollen der Gegenstand meiner Betrachtung in den nächsten beiden Kapiteln sein.

Thomas Hobbes (1588–1679), Sohn eines englischen Landpfarrers, war in seiner Jugend durch die Werke der griechischen Autoren stark beeinflußt. So übersetzte er bereits 1603 die „Medea" von Euripides in lateinische Jamben, und 1629 folgte noch eine englische Übersetzung von Thukydides' „Peloponnesischem Krieg". In beiden Schriften stehen Motive im Vordergrund, die Hobbes tief geprägt haben: ein pessimistisches Menschenbild und der kalkulierte Gebrauch der Macht. Hobbes selber führt sein gesamtes Denken in seiner lateinisch geschriebenen Autobiographie auf das Grundmotiv der Angst zurück, die ihn seit seiner Geburt begleitet habe, als sich die spanische Armada England näherte: seine Mutter habe Zwillingen das Leben geschenkt, ihm und der Furcht. Nach seinem Studium wurde er Hauslehrer und Privatsekretär verschiedener junger Adliger, die er auf mehrere Bildungsreisen vor allem nach Frankreich begleitete. Dabei lernte Hobbes auch die Philosophie von Descartes (Text 18) kennen, deren rationalistische Methode er übernahm, die er aber in ihrer rationalistischen Metaphysik ablehnte. Während des Bürgerkriegs in England (1642–1647) hielt sich Hobbes im Pariser Exil auf und unterrichtete den späteren König Karl II. in Mathematik. Politisch orientierte er sich zunächst am republikanischen Absolutismus Oliver Cromwells, nach der Rückkehr der Stuarts 1660 hielt er jedoch wieder stärker zu den Royalisten und gewann über Karl II., seinen ehemaligen Schüler, Einfluß auf den englischen Hof. Hobbes starb nach vielen Ehrungen, aber auch starken Anfeindungen seitens der Kirche in hohem Alter. Sein Hauptwerk sind die „Elementa philosophiae"; davon erschien der dritte Teil, „De cive" (Vom Bürger), zuerst (1642), der erste Teil, „De corpore" (Vom Körper), kam erst 1655 heraus, der zweite Teil, „De homine" (Vom Menschen), wurde 1658 publiziert.

Der Text stammt aus Hobbes' bekanntestem, englisch verfaßtem Werk „Leviathan oder Wesen, Form und Gewalt des kirchlichen und bürgerlichen Staates" (1651). Hier entwickelte Hobbes im ersten Teil „Der Mensch" zunächst eine mechanistische Erklärung aller Tatsachen im Bereich der Physik, Anthropologie oder Gesellschaft, die er insgesamt als „Körper" bezeichnet; anschließend skizziert er seine pessimistische Anthropologie; im zweiten Teil „Der Staat" legt Hobbes seine absolutistische Staatstheorie dar. Deren Urbild ist das alttestamentarische Seeungeheuer „Leviathan", von dem es im Buch „Hiob" (Kap. 41, Vers 25) heißt: „Es gibt keine Gewalt auf Erden, die der seinen vergleichbar wäre". Das Bibelzitat steht auch auf der obersten Kante des Titelblatts, einer bildlichen Darstellung des „Leviathan". Die untere Bildhälfte symbolisiert die weltliche Gewalt, etwa Festung und Kanonen, außerdem die kirchliche Gewalt, etwa das logische Besteck der scholastischen Philosophen (zweihörniges Dilemma, Dreizack des Syllogismus, Forken der Unterscheidungskunst) und die Einrichtung des Konzils. In der oberen Bildhälfte thront eine gigantische Gestalt, ausgestattet mit den Machtinsignien Schwert und Bischofsstab, mit einem Körper aus Menschenleibern und einer bis zum Himmel reichenden Krone. Der Leviathan bereitet mit seiner Machtfülle der Friedlosigkeit ein Ende und repräsentiert in den Menschenleibern den Willen aller. Der absolute Herrscher regiert über alle, aber nicht gegen, sondern mit ihrem Willen, wie Hobbes mit dem Bild suggeriert.

Basis der absolutistischen Staatstheorie von Hobbes ist seine pessimistische Anthropologie (Textauszug; Erster Teil, Kap. XIII). Ihre Kernaussage, die Gleichheit aller Menschen, ist nicht normativ, sondern deskriptiv gemeint. Die „Natur“ des Menschen ist nicht sein metaphysisches Wesen, etwa seine Gottesebenbildlichkeit oder Vernunft, sondern die beobachtbare Summe seiner körperlichen und geistigen Anlagen. Alle Menschen sind von Wettstreben, Argwohn und Ruhmsucht geprägt, und allen geht es letztlich um Selbsterhaltung ober Überleben, erst sekundär um Wohlleben. Der „Naturzustand“ des Menschen ist der „Krieg aller gegen alle“ (bellum omnium contra omnes), weil „der Mensch dem Menschen ein Wolf“ ist (homo homini lupus), wie es in der Widmung des Buches „De cive“ nach Plautus und Ovid heißt. Weil der Naturzustand zur Selbstzerstörung führen würde, ist die Friedenshoffnung eine notwendige Überlebensbedingung, die nur durch absolute Macht gewährleistet werden kann. Der „Krieg aller gegen alle“ kann allein dadurch beendet werden, daß alle Macht einem einzigen oder einer obersten Versammlung übertragen wird. Der fiktive Naturzustand wird durch einen fiktiven Gesellschaftsvertrag in einen „institutionellen Staat“ überführt, wie Hobbes im zweiten Teil des Buches in einer systematischen Rekonstruktion – nicht in Form einer historischen Genese – zusammenfaßt: „Jeder Einzelne sagt gleichsam: Ich gebe mein Recht, über mich selbst zu bestimmen, auf und übertrage es diesem anderen Menschen oder dieser Versammlung – unter der alleinigen Bedingung, daß auch du ihm deine Rechte überantwortest und ihn ebenfalls zu seinen Handlungen ermächtigst“ (Kap. XVII). Der Leviathan mit den Eigenschaften eines „sterblichen Gottes“ hat allein die Funktion, jedem einzelnen Bürger „Schutz und Frieden“ zu sichern – der Staat ist für das Individuum da, nicht das Individuum für den Staat. Die staatliche Macht wiederum garantiert die Einhaltung der am Textende erwähnten „natürlichen Gesetze“. Diese sind keine metaphysischen Normen, sondern Aussagen über Mittel, die für den Erhalt des Daseins notwendig sind und von Hobbes in den anschließenden Kapiteln XIV und XV beschrieben werden: vor allem das Friedensgebot, die wechselseitige Freiheitsbegrenzung und die Vertragsverpflichtung. Hobbes' naturalistische Moralphilosophie basiert auf seiner naturalistischen Anthropologie, und beide haben den Status einer deskriptiven Wissenschaft: „Die Wissenschaft von den Naturgesetzen ist die wahre und einzige Moralphilosophie. Die Moralphilosophie ist nichts anderes als die Lehre von Gut und Böse im menschlichen Zusammenleben" (Erster Teil, Kap. XV).

Insofern Hobbes gleichzeitig die „Leitsätze der Natur als in dem Wort Gottes" enthalten ansieht, begeht er keinen naturalistischen Fehlschluß, der fälschlicherweise Sollens- aus Seinsaussagen ableitet, sondern orientiert die Moral am göttlichen Sollen. Damit bewegt er sich dem Anschein nach durchaus im Rahmen der traditionellen christlichen Metaphysik. Auch seine Anthropologie und Staatstheorie sind nicht völlig neu. So geht beispielsweise schon Platons „Staat" davon aus, daß die anarchischen Triebe des einzelnen durch die Herrschaft der Vernunft mit Hilfe der „Wächter" als Militärgewalt gezügelt werden müssen (Text 5). Ähnlich kommt selbst das soziale Lebewesen Mensch („das in einer Polis wohnt") bei Aristoteles nicht ohne disziplinierende Gewalt aus. Neu ist aber Hobbes' Versuch, die „Natur" des Menschen in erster Linie deskriptiv zu bestimmen; demgegenüber erscheint die dazu widersprüchliche metaphysische Fundierung eher wie ein Lippenbekenntnis, das Hobbes – vergeblich – vor theologischen Anfeindungen schützen sollte. Tatsächlich gleicht Hobbes' „Leviathan" weit mehr Machiavellis „Fürst" (1532) als Platons „Staat". Hobbes anthropologische Prämisse vom wolfshaften, atomistischen Menschen hat zwar insgesamt den Anschein einer realistischen Beschreibung, ist aber in ihrer Ausschließlichkeit nach heutigem Wissen unhaltbar. Seit Freuds Psychoanalyse ist die Ambivalenz oder Doppelnatur des Menschen deutlicher geworden, der zu beidem fähig ist, zur Destruktion und zur Kooperation. Auch die neuere Verhaltensforschung betont den „guten Affen" im Menschen (De Waal), der durch kooperatives Verhalten größere Überlebenschancen hat als durch allein egoistisches. Die Revision der pessimistischen Anthropologie Hobbes' zugunsten einer ambivalenten Auffassung vom Menschen ist aber nicht nur aus theoretischen Gründen, sondern auch aus praktischen Erwägungen notwendig. Wenn alle Menschen tatsächlich derartig „wölfisch" wären, wie Hobbes unterstellt, käme dem Staat zu Recht eine kaum kontrollierbare Übermacht zu, gegen die der einzelne im wohlverstandenen Eigeninteresse nicht opponieren dürfte, da ja die absolute Staatsgewalt angeblich jeden einzelnen repräsentiert. Dagegen rechtfertigen die kooperativen, wenn auch nicht durchweg „guten" Eigenschaften des Menschen ein größeres Maß an demokratischer Mitbestimmung.

20. Blaise Pascal: Der Mensch zwischen Nichts und All

Also bedenke der Mensch die ganze Welt in ihrer hohen und weiten Herrlichkeit, er banne aus seinem Blick das Niedrige, das ihn umgibt. Er schaue das blendende Licht, das, um das All zu erhellen, wie eine ewige Leuchte gegeben ist, und die Erde werde ihm im Vergleich zu der weiten Bahn, die dieses Gestirn beschreibt, wie ein Punkt, und er erschaudere, daß diese weite Bahn selbst nur ein unmerklicher Punkt ist jenen Bahnen gegenüber, die die Sterne durch das Firmament ziehen, das sie alle umhüllt. Aber wenn unser Schauen dort stockt, die Einbildungskraft gehe weiter: sie wird eher im Erfassen als die Natur im Zeigen ermatten. Die ganze sichtbare Welt ist nur ein unmerklicher Zug in der weiten Höhlung des Alls. Keinerlei Begreifen kommt ihr nahe. Wir können unsere Vorstellungen von ihr aufblähen über die letzt denkbaren Räume hinaus, was wir zeugen, sind, verglichen mit der Wirklichkeit der Dinge, Winzigkeiten. Es ist eine unendliche Kugel, deren Mittelpunkt überall und deren Oberfläche nirgends ist. Das ist am Ende die mächtigste, den Sinnen noch faßbare Eigenschaft der Allmacht Gottes. Unsere Einbildungskraft verliere sich in diesem (unfaßbaren) Gedanken.

Zurückgekehrt zu sich selbst, bedenke der Mensch, was er ist, demgegenüber, was ist, er betrachte sich als verirrt in diesem versprengten Winkel der Welt und von diesem engen Verließ aus, wo er sich befindet – ich meine damit das Universum – lerne er die Erde, die Königreiche, die Städte und sich selbst nach seinem wahren Wert einzuschätzen.

Was ist ein Mensch in der Unendlichkeit?

Aber um ihm ein anderes, ebenso erstaunliches Wunder zu zeigen, sollte er unter dem, was er kennt, das Winzigste (Ungreifbarste) suchen. In der Winzigkeit ihres Körpers weise ihm eine Milbe die unvergleichlich viel kleineren Teile, Gliedmaßen mit Gelenken, Adern (Nerven) in die Gliedmaßen, Blut in den Adern, Säfte im Blut, Tropfen in diesen Säften, Gase in diesen Tropfen; so erschöpfe er seinen Geist, in seiner Vorstellung diese letzten Dinge teilend und teilend, und das letzte, an was er so gelangen kann, sei nunmehr Gegenstand unserer Untersuchung; denn vielleicht wird man meinen, hier wäre das äußerst Kleine der Welt. Ich will ihm darin die unendliche Größe zeigen.

Einen neuen Abgrund will ich ihn darin schauen lassen. Nicht nur das sichtbare Weltall will ich zeichnen, sondern auch die Unermeßlichkeit, die man im Bereich des immer verkürzten Atoms von der Natur erfassen kann. Hierin schaue er eine Unermeßlichkeit von Welten, jegliche habe ihren Weltraum, ihre Planeten, ihre Erde und alles im gleichen Verhältnis der sichtbaren Welt; auf dieser Erde Tiere und endlich Milben, wo er wieder finden wird, was die ersten zeigten; und in ihnen das Gleiche ohne Ende und Abschluß findend, verliere er sich in diesen Wundern, die in ihrer Winzigkeit gleich erstaunlich sind wie die andern in ihrer Weite. Denn wer wird nicht staunen, daß unser Körper, der eben unmerkbar in der Welt war, die selbst unfaßbar in der Höhlung des Alls ist, jetzt ein Koloß, eine Welt oder vielmehr ein All ist, gegenüber dem Nichts, wo wir nie hingelangen können.

Wer sich derart sehen wird, wird vor sich selbst erschaudern und wenn er sich so sich selbst vorstellt, geprägt in den Stoff, den die Natur ihm zuteilte, zwischen den beiden Abgründen des Unendlichen und des Nichts, wird er erbeben vor der Schau dieser Wunder, und ich glaube, daß wenn sich seine Neugierde in Bewunderung verwandelt hat, er eher bereit sein wird, in Stille darüber nachzusinnen als sie anmaßend erforschen zu wollen.

Denn was ist zum Schluß der Mensch in der Natur? Ein Nichts vor dem Unendlichen, ein All gegenüber dem Nichts, eine Mitte zwischen Nichts und All. Unendlich entfernt von dem Begreifen der äußersten Grenzen, sind ihm das Ende aller Dinge und ihre Gründe undurchdringlich verborgen, unlösbares Geheimnis; er ist gleich unfähig, das Nichts zu fassen, aus dem er gehoben, wie das Unendliche, das ihn verschlingt.

Was also wird er tun, wenn er nichts anderes erkennt als in etwas den Anschein von der Mitte der Dinge, weil er weder ihren Grund noch ihr Ende erkennt? Alle Dinge entwachsen dem Nichts und ragen bis in das Unendliche. Wer kann diese erschrekkenden Schritte mitgehen? Der Schöpfer dieser Wunder begreift sie, niemand anderes vermag es. Weil die Menschen versäumten über diese Unendlichkeiten nachzudenken, unterfingen sie sich, die Natur zu erforschen, so als hätten sie irgendein gemeinsames Maß mit ihr. Rätselhaftes Ding, daß sie in einer Anmaßung, die so unendlich wie ihr Gegenstand ist, die Gründe der Dinge verstehen und dahin gelangen wollten, alles zu wissen. Denn es ist außer Zweifel, daß man diesen Plan nicht fassen kann ohne eine Anmaßung oder eine Fähigkeit so unendlich wie die Natur.

Blaise Pascal (1623–1662) ist in seinem Lebens- und Denkweg von der unaufhebbaren Spannung zwischen mathematischer Rationalität und religiöser Inspiration geprägt. Seit seinem zwölften Lebensjahr betrieb er gemeinsam mit seinem Vater, einem hohen Steuerbeamten, mathematische Studien und schloß sich einem Kreis von Gelehrten um Mersenne an. Dort lernte er auch die an der Mathematik orientierte Philosophie von Descartes kennen (Text 18). Mit seiner „Abhandlung über die Kegelschnitte" (1640) wurde er früh als Mathematiker berühmt, und noch heute ist das „Pascalsche Zahlendreieck" populär. Um 1646 erlebte Pascal seine erste „Bekehrung" unter dem Einfluß der Jansenisten, einer theologischen Richtung, die im Anschluß an Augustinus (Text 13) die rational nicht erklärbare Gnade Gottes betonte und den religiösen Glauben über die rationalistische Vernunft stellte. Dagegen spielte Pascal nicht Glaube und Vernunft gegeneinander aus, sondern versuchte, beides in seiner jeweiligen Berechtigung zu würdigen, so in seiner um 1655 verfaßten logischen Hauptschrift „Vom Geiste der Geometrie". In ihr kritisiert er den einseitigen mathematischen oder „geometrischen Geist" (l'esprit géométrique) und ergänzt ihn um den „Geist des Feinsinns" (l'esprit de finesse), den er auch mit Begriffen wie Herz, Inspiration, Evidenz, Intuition, Instinkt oder Gefühl umschreibt. Beide sind Weisen des Zugangs zur Wirklichkeit und bilden keinen Gegensatz von Rationalismus und Irrationalismus. Während sich der „Geist der Geometrie" oder der „Scharfsinn“ durch begriffliche und argumentative Klarheit auszeichnet, erschließt der „Feinsinn“ vor allem viererlei Wirklichkeitsbereiche: die Prinzipien oder Axiome der (mathematischen) Wissenschaften, die Fülle der konkreten Welt, die Existenz und Eigenschaften Gottes sowie das existentielle Sinnganze.

Pascals zweite „Bekehrung“ kommt besonders deutlich in seinem berühmten „Memorial“ (1654) zum Ausdruck, einer Notiz im Futter seines Rocks, die man erst nach seinem Tode fand: „Gott Abrahams, Gott Isaaks, Gott Jakobs, nicht der Philosophen und der Gelehrten. Gewißheit. Gewißheit. Empfindung. Freude. Frieden.“ Aber auch nach dieser zweiten, existentiell tiefgreifenden „Bekehrung“ wandte sich Pascal keineswegs von der wissenschaftlichen und praktischen Tätigkeit ab. In seinen letzten Lebensjahren arbeitete er vor allem an seinen „Pensées“ und starb nach qualvoller Krankheit bereits mit neununddreißig Jahren.

Die „Pensées“ (Gedanken), denen der Textauszug entnommen ist, wurden erst postum (1670) unter diesem Titel veröffentlicht. Sie sind ein Bündel aphoristischer Aufzeichnungen zur Verteidigung des Christentums gegen Agnostiker und Skeptiker. Daß Pascal auch hier keine Ablehnung, sondern eine Ergänzung der rationalistischen Vernunft anstrebt, zeigt sein Bild von der Wette, in dem die – unabweisbare – Entscheidung für oder gegen Gott mit einer Wette auf Kopf oder Adler einer Münze verglichen wird. Rein nach Vernunftsgründen läßt sich zwar keine der beiden Alternativen begründen, auch nicht die Alternativentscheidung insgesamt, dennoch spricht nach den Regeln der Wahrscheinlichkeitsrechnung angesichts der existentiellen Bedeutung der Frage mehr für eine Entscheidung für Gott – das Risiko des Vernunftsirrtums ist unendlich kleiner als das eines rational nicht auszuschließenden Heilsverlustes. Daß Pascals Denken nicht nur auf den einseitigen Rationalismus von Descartes sowie den ebenso einseitigen Irrationalismus in Glaubens- und Lebensfragen kritisch reagierte, sondern auch auf die zeitgenössische rationalistische Astronomie Galileo Galileis, zeigt schließlich die von ihm behauptete „Stellung des Menschen im Kosmos“ (nach einem Buchtitel von Max Scheler, 1928) „zwischen Nichts und All“. Galilei hatte mit der ptolemäischen Vorstellung eines begrenzten, in sich wohlgeordneten Kosmos mit der Erde und dem Menschen auf ihr als Mittelpunkt gebrochen und das kopernikanische Weltbild auf Grund empirischer Beobachtungen durch das neu erfundene Fernrohr sowie durch mathematische Berechnungen gestärkt. Pascal dagegen traut der wirklichkeitserschließenden Kraft der endlichen Vernunft grundsätzlich nicht zu, das göttliche Ganze der Unendlichkeit erschließen zu können. Weder die Unendlichkeit der Atome noch der Gestirne läßt sich für ihn rational nach geordneten Gesetzen und als Ausdruck göttlicher Schöpfung verstehen, wie Galilei in der Tradition von Platons „Timaios" meint. Der Mikro- und Makrokosmos erregen zwar „Bewunderung", aber nicht im Sinne einer beseligenden Schau (theoria) des Kosmos wie bei Platon und Aristoteles (Text 5 u. 8), sondern als Ausdruck existentieller Leere und Bedrohung. Die Unendlichkeit und das Nichts lassen uns in unserer eigenen widersprüchlichen Stellung „erschaudern" und „erbeben". Sinn und Trost, so glaubt Pascal, kann uns nur durch Gottes Gnade zuteil werden.

Mit seiner radikalen Absage an jede rein rationale, wissenschaftliche Sicherheit und Sinngebung drückt Pascal durchweg ein modernes Selbstverständnis des „Abgrunds" und der existentiellen Geworfenheit im Weltganzen aus. Pascal sieht auch schärfer als Freud, worin die stärkste „narzißtische Kränkung" des Menschen liegt. Während der Mensch, so Freud, seit Galileo nicht länger Mittelpunkt der Ende, seit Darwin nicht länger Mittelpunkt des Tierreichs und schließlich seit Freud selbst nicht länger Mittelpunkt eines Vernunftreichs ist, ist nach Pascal darüber hinaus auch die Welt oder der Makro- und Mikrokosmos insgesamt keine Domäne menschlicher Vernunft mehr.

21. John Locke: Der Geist als unbeschriebenes Blatt

1. Da sich jedermann dessen bewußt ist, daß er denkt und daß das, womit sich sein Geist beim Denken befaßt, die dort vorhandenen *Ideen* sind, so ist es zweifellos, daß die Menschen in ihrem Geist verschiedene Ideen haben, zum Beispiel diejenigen, die durch die Wörter *Weiße, Härte, Süßigkeit, Denken, Bewegung, Mensch, Elefant, Armee, Trunkenheit* und andere mehr ausgedrückt wer-

den. In erster Linie werden wir also zu untersuchen haben, *wie der Mensch zu diesen Ideen gelangt.*

Es ist, wie ich weiß, eine allgemein anerkannte Lehre, daß die Menschen angeborene Ideen und ursprüngliche Schriftzeichen besitzen, die ihrem Geist gleich beim Entstehen eingeprägt wurden. Diese Meinung habe ich schon einer eingehenden Prüfung unterzogen, und ich nehme an, meine Ausführungen im vorigen Buch werden sehr viel eher Anklang finden, wenn ich gezeigt haben werde, woher der Verstand alle die Ideen, die er besitzt, nehmen kann, und auf welchen Wegen und in welchem Maße sie in den Geist gelangen können; ich berufe mich hierbei auf die eigene Beobachtung und Erfahrung eines jeden.

2. Nehmen wie also an, der Geist sei, wie man sagt, ein unbeschriebenes Blatt, ohne alle Schriftzeichen, frei von allen Ideen; wie werden ihm diese dann zugeführt? Wie gelangt er zu dem gewaltigen Vorrat an Ideen, womit ihn die geschäftige schrankenlose Phantasie des Menschen in nahezu unendlicher Mannigfaltigkeit beschrieben hat? Woher hat er all das *Material* für seine Vernunft und für seine Erkenntnis? Ich antworte darauf mit einem einzigen Worte: aus der *Erfahrung*. Auf sie gründet sich unsere gesamte Erkenntnis, von ihr leitet sie sich schließlich her. Unsere Beobachtung, die entweder auf äußere sinnlich wahrnehmbare Objekte gerichtet ist oder auf innere Operationen des Geistes, die wir wahrnehmen und über die wir nachdenken, liefert unserm Verstand das gesamte *Material* des Denkens. Dies sind die beiden Quellen der Erkenntnis, aus denen alle Ideen entspringen, die wir haben oder naturgemäß haben können.

Wenn unsere Sinne mit bestimmten sinnlich wahrnehmbaren Objekten in Berührung treten, so führen sie dem Geist eine Reihe verschiedener Wahrnehmungen von Dingen zu, die der mannigfach verschiedenen Art entsprechen, wie jene Objekte auf die Sinne einwirken. Auf diese Weise kommen wir zu den *Ideen*, die wir von *gelb, weiß, heiß, kalt, weich, hart, bitter, süß* haben und zu allen denen, die wir sinnlich wahrnehmbare Qualitäten nennen. Wenn ich sage, die Sinne führen sie dem Geist zu, so meine ich damit, sie führen von den Gegenständen der Außenwelt her dem Geist dasjenige zu, was in demselben jene Wahrnehmungen hervorruft. Diese wichtige Quelle der meisten unserer Ideen, die ganz und gar von unseren Sinnen abhängen und durch sie dem Verstand zugeleitet werden, nenne ich *Sensation*.

Die andere Quelle, aus der die Erfahrung den Verstand mit Ideen speist, ist die Wahrnehmung der Operationen des eigenen Geistes in uns, der sich mit den ihm zugeführten Ideen beschäftigt. Diese Operationen statten den Verstand, sobald die Seele zum Nachdenken und Betrachten kommt, mit einer anderen Reihe von Ideen aus, die durch Dinge der Außenwelt nicht hätten erlangt werden können. Solche Ideen sind: *wahrnehmen, denken, zweifeln, glauben, schließen, erkennen, wollen* und all die verschiedenen Tätigkeiten unseres eigenen Geistes. Indem wir uns ihrer bewußt werden und sie in uns beobachten, gewinnen wir von ihnen für unseren Verstand ebenso deutliche Ideen wie von Körpern, die auf unsere Sinne einwirken. Diese Quelle von Ideen liegt ausschließlich im Innern des Menschen, und wenn sie auch kein Sinn ist, da sie mit den äußeren Objekten nichts zu tun hat, so ist sie doch etwas sehr Ähnliches und könnte füglich als *innerer Sinn* bezeichnet werden. Während ich im ersten Fall von Sensation rede, so nenne ich diese Quelle *Reflexion*, weil die Ideen, die sie liefert, lediglich solche sind, die der Geist durch eine Beobachtung seiner eigenen Operationen gewinnt. Im weiteren Fortgang dieser Abhandlung bitte ich demnach unter Reflexion die Kenntnis zu verstehen, die der Geist von seinen eigenen Operationen und von ihren Eigenarten nimmt, auf Grund derer Ideen von diesen Operationen in den Verstand gelangen können. Zweierlei Dinge also, nämlich äußere materielle Dinge als die Objekte der *Sensation* und die inneren Operationen unseres Geistes als die Objekte der *Reflexion*, sind für mich die einzigen Ursprünge, von denen alle unsere Ideen ihren Anfang nehmen. Den Ausdruck *Operationen* gebrauche ich hier in einem weiten Sinne, da er nicht nur die aktiven Einwirkungen des Geistes auf seine Ideen bezeichnet, sondern auch bestimmte, bisweilen durch sie herbeigeführte passive Zustände, wie zum Beispiel die aus irgendeinem Gedanken entspringende Zufriedenheit oder Unruhe.

Der Verstand scheint mir nicht den leisesten Schimmer von irgendwelchen Ideen zu haben, die er nicht aus einer dieser beiden Quellen empfängt. Die *äußeren Objekte* versehen den Geist mit den Ideen der sinnlich wahrnehmbaren Qualitäten; diese Ideen sind all die verschiedenen Wahrnehmungen, die die äußeren Objekte in uns erzeugen; *der Geist* versieht den Verstand mit Ideen seiner eigenen Operationen.

Wenn wir uns einen Gesamtüberblick über sie sowie über ihre verschiedenen Modi [Kombinationen und Relationen] erworben haben, dann werden wir finden, daß darunter unser ganzer Ideenvorrat begriffen ist und daß wir nichts in unserm Geist haben, was nicht auf dem einen dieser beiden Wege hineingelangt wäre. Man prüfe einmal seine eigenen Gedanken und durchforsche gründlich seinen Verstand und sage mir dann, ob unter all den ursprünglichen Ideen, die dort vorhanden sind, irgendwelche sind, die nicht die Objekte unserer Sinne oder unsere zu Objekten der Reflexion gemachten Geistesoperationen beträfen. Wie groß man sich auch die Masse der im Geist angehäuften Kenntnisse vorstellen möge, bei genauer Betrachtung wird sich herausstellen, daß der Geist keine einzige Idee aufweist, die ihm nicht auf einem dieser beiden Wege eingeprägt wurde, wenn auch, wie wir später sehen werden, durch den Verstand in unendlicher Mannigfaltigkeit zusammengesetzt und erweitert.

John Locke (1632–1704) erhielt eine ausgezeichnete Bildung in den Grundlagen der scholastischen Gelehrsamkeit, vor allem in Logik und Metaphysik. Wie Descartes und Hobbes aber (Text 18 u. 19) wandte er sich der mathematisch-empirischen Wissenschaft zu und übte ebenfalls praktische Tätigkeiten aus. Seit 1652 studierte er insbesondere Chemie und Medizin, anschließend war er in der Familie des Grafen Shaftesbury als Sekretär, Hausarzt und Erzieher tätig, bekleidete mehrere hohe Staatsämter und brachte es durch seine ökonomischen Kenntnisse zu einem großen Vermögen. Nach anfänglicher Sympathie für royalistisch-absolutistische Staatstheorien wandte er sich schließlich liberal-republikanischen Auffassungen zu. Nach einem längeren Aufenthalt in Holland holte ihn Wilhelm von Oranien wieder nach England zurück, wo er nach seiner umfangreichen und hochangesehenen publizistischen Tätigkeit starb. Fast alle Werke Lockes sind von einem liberalen Grundton durchzogen, so der „Essay zu Toleranz" (1667), die „Zwei Traktate über die Regierung" (1690), ferner „Einige Gedanken über die Erziehung" (1693) und schließlich sein Hauptwerk „Untersuchung über den menschlichen Verstand" (1690).

Die „Untersuchung“ (Essay) stellt keine einheitliche Theorie dar, sondern enthält grundlegende Betrachtungen zur Erkenntnisleistung des mündigen Subjekts als theoretische Basis für seine praktische Autonomie als denkende und handelnde Person. Im Gegensatz zu Descartes und Hobbes strebt Locke keine Wesenserkenntnis des Subjekts oder des Weltganzen als „denkende Substanz“ oder „Körper“ an, sondern untersucht, wie die Erkenntnisleistung jedes einzelnen funktioniert. Nachdem er im ersten Buch die auf Platon zurückgehende Theorie angeborener, ewiger Ideen (Text 4 u. 7) mit dem Argument zurückgewiesen hatte, daß bei Kindern, Geistesschwachen, Wilden und Ungebildeten faktisch keine gemeinsamen, auf eine angeborene Vernunft zurückführbaren Ideen vorliegen, etwa Ideen wie die logischen Prinzipien des Nichtwiderspruchs und der Identität oder Ideen von Gott und sittlichen Prinzipien. Daraus folgert Locke seine These vom Geist als „unbeschriebenem Blatt“ (tabula rasa). Nur die Anlagen zum Erkennen, nicht aber die Erkenntnisse selbst sind angeboren, wie Locke die Alternative von Vererbung und Umwelt auflöst. Seine Erkenntnistheorie läßt sich nicht eindeutig dem Empirismus zuordnen. Alle Erkenntnis ist zwar Erfahrungserkenntnis, aber mit Hilfe aktiver Verstandesleistung. Andererseits unterscheidet sich Lockes Erkenntnistheorie deutlich vom Rationalismus platonistischer Herkunft, da auch die „Operationen des Geistes“ als Erfahrungsquelle bezeichnet werden. Aus der Erfahrung der äußeren, sinnlich wahrnehmbaren Objekte sowie der inneren Operationen des Geistes entstehen in uns „Wahrnehmungen“ (sensations), etwa gelb, weiß, heiß etc., und „Reflexionen“ (reflections), etwa wahrnehmen, denken, zweifeln etc., ferner „passive Zustände“ wie „Zufriedenheit und Unruhe“. In seinen weiteren Ausführungen entwickelt Locke dann den „Gesamtüberblick“ und die „verschiedenen Modi“ des Erkennens genauer, etwa die Lehre von den primären und sekundären Qualitäten (Ausdehnung, Gestalt, Bewegung etc. sowie Farben, Töne, Geschmacksempfindungen etc.), der einfachen und zusammengesetzten Vorstellungen, der Abstraktion sowie der Wörter.

In der Nachfolge von Descartes hat Locke eine ganze Reihe kontroverser grundlegender erkenntnistheoretischer Abhandlungen ausgelöst, die von Leibniz (Neue Abhandlungen, 1704) über

Berkeley (Treatise concerning the principles of human knowledge, 1709) und Hume (Text 22) bis zu Kant (Text 24) reichen und auch heute noch aktuell sind. Noch konsequenter als Locke führt beispielsweise die „evolutionäre Erkenntnistheorie" die „Operationen des eigenen Geistes" auf eine Erfahrungsbasis zurück und versteht sie als überlebensförderliches Mittel im Sinne eines „empirischen Apriori", etwa Substanz als Beständigkeit oder Kausalität als Verknüpfung von Erfahrungen.

22. David Hume: Kausalität als Gewohnheitsprinzip

I. [...] Von einem Körper mit der gleichen Farbe und Konsistenz wie Brot erwarten wir gleiche Ernährung und Erhaltung. Das ist aber sicherlich ein Schritt oder Fortschritt des Geistes, der nach Erklärung verlangt. Wenn jemand sagt: *Ich habe in allen früheren Fällen solche Sinnesqualitäten mit solchen geheimen Kräften verbunden gefunden;* und wenn er sagt: *Ähnliche Sinnesqualitäten werden stets mit ähnlichen geheimen Kräften verbunden sein,* macht er sich keiner Tautologie schuldig, und die Sätze sind auch in keiner Hinsicht dieselben. Man sagt, der eine Satz sei eine Folgerung aus dem anderen. Aber man wird zugeben müssen, daß diese Folgerung weder intuitiv noch demonstrativ ist. Welcher Art ist sie denn aber? Zu sagen, sie stamme aus der Erfahrung, läßt die Frage offen; den alle Folgerungen aus der Erfahrung setzen als ihre Grundlage voraus, daß die Zukunft der Vergangenheit ähnlich sei und daß ähnliche Kräfte mit ähnlichen Sinnesqualitäten verbunden sein werden. Gäbe es irgendeine Vermutung, daß der Lauf der Natur sich ändern und die Vergangenheit keine Regel für die Zukunft geben könnte, dann würde alle Erfahrung nutzlos und könnte keine Herleitung oder Schlußfolgerung veranlassen. Es ist daher unmöglich, daß irgendwelche Erfahrungsbeweise diese Ähnlichkeit der Vergangenheit mit der Zukunft erweisen können, da alle diese Argumente auf der Annahme dieser Ähnlichkeit begründen. Mag der Gang der Dinge bislang auch noch so regelmäßig gewesen sein, so kann das allein – ohne ein neues Argument oder eine neue Folgerung – nicht beweisen, daß es auch in Zukunft so bleiben werde. Vergeblich behauptet man, die Natur der Körper aus früherer Erfahrung erfaßt zu haben.

Ihre verborgene Natur und folglich ihre gesamten Wirkungen und ihr Einfluß können sich ohne eine Veränderung ihrer Sinnesqualitäten ändern. Das kommt bisweilen bei einigen Dingen vor. Warum sollte es nicht allemal und mit allen Dingen geschehen? Welche Logik, welches Beweisverfahren sichert uns gegen diese Annahme? Mein Handeln, so sagt man, widerlegt meine Zweifel. Aber dann mißversteht man den Sinn meiner Frage. Als Handelnder bin ich in diesem Punkte völlig zufrieden; als Philosoph jedoch, der einigen Wissensdrang, um nicht zu sagen einige Skepsis, sein eigen nennt, möchte ich gerne den Grund dieser Ableitung herausfinden. Keine Lektüre und keine Untersuchung haben es bisher vermocht, meine Schwierigkeit zu beheben bzw. mir Befriedigung in einer so wichtigen Angelegenheit zu bringen. Kann ich Besseres tun, als die Schwierigkeit der Öffentlichkeit zu unterbreiten – wenn ich vielleicht auch geringe Hoffnung auf eine Lösung habe? Wir werden auf diese Weise wenigstens unserer Unwissenheit gewahr, wenn wir schon unser Wissen nicht vermehren.

[...]

II. Angenommen, ein Mensch mit ausgeprägtesten Denk- und Reflexionsvermögen würde plötzlich in diese Welt gestellt, so würde er freilich sofort eine kontinuierliche Folge von Gegenständen und Ereignissen bemerken, aber er wäre außerstande, irgend etwas anderes festzustellen. Er würde zunächst nicht in der Lage sein, durch irgendeine Verstandestätigkeit zu der Vorstellung von Ursache und Wirkung zu gelangen, da die spezifischen Kräfte, wodurch alle Naturvorgänge ins Werk gesetzt werden, nie den Sinnen erscheinen. Es ist auch unvernünftig, aus der bloßen Tatsache, daß in einem Falle ein Ereignis einem anderen vorhergeht, zu schließen, das eine sei Ursache, das andere Wirkung. Ihre Verbindung kann willkürlich und zufällig sein. Es braucht keinen Grund zu geben, die Existenz des einen aus der Erscheinung des anderen herzuleiten. Kurz gesagt, ein solcher Mensch könnte ohne weitere Erfahrung nie Vermutungen oder Gedanken in bezug auf Tatsachen anstellen oder irgendeiner Sache gewiß sein, die über das seinem Gedächtnis und seinen Sinnen unmittelbar Gegenwärtige hinausliegt.

Nehmen wir weiter an, er hätte mehr Erfahrung gewonnen und so lange in der Welt gelebt, um beobachtet zu haben, daß ihm geläufige Gegenstände oder Ereignisse konstant miteinander verbunden sind. Was ist die Folge dieser Erfahrung? Er leitet unmittelbar die Existenz des einen Gegenstandes aus der Erscheinung des anderen ab. Er hat jedoch – trotz seiner ganzen Erfahrung – keine Vorstellung oder Kenntnis der geheimen Kraft erlangt, durch die der eine Gegenstand den anderen hervorbringt, noch wird er durch irgendeinen Denkvorgang zu einer solchen Folgerung verpflichtet, und dennoch sieht er sich veranlaßt, so zu folgern. Wenn er auch davon überzeugt wäre, daß sein Verstand an dieser Operation unbeteiligt ist, würde er dennoch in denselben Bahnen weiterdenken. Es gibt ein anderes Prinzip, das ihn zu einer solchen Schlußfolgerung bestimmt.

Dieses Prinzip ist Gewohnheit (CUSTOM) oder herkömmliche Lebenspraxis (HABIT). Wo immer die Wiederholung einer bestimmten Handlung oder eines Vorgangs das Verlangen hervorruft, dieselbe Handlung oder denselben Vorgang zu erneuern, ohne dazu durch einen Denkakt oder Verstandesvorgang gedrängt zu sein, sagen wir stets, dieses Verlangen sei die Wirkung der *Gewohnheit*. Doch behaupten wir nicht, mit der Anwendung dieses Wortes den letzten Grund solchen Verlangens genannt zu haben. Wir weisen damit lediglich auf ein Prinzip der Menschennatur hin, das allgemein anerkannt wird und in seinen Auswirkungen wohlbekannt ist. Vielleicht können wir unsere Untersuchungen nicht weitertreiben oder uns anmaßen, die Ursache dieser Ursache anzugeben, sondern müssen uns mit ihm als dem obersten von uns bestimmbaren Prinzip aller unserer Erfahrungsschlüsse begnügen. Es stellt uns hinreichend zufrieden, daß wir so weit gehen können, ohne uns über die enge Begrenzung unserer Fähigkeiten, weil sie uns nicht weiterführen, zu beklagen. Sicherlich nähern wir uns hier einem sehr einleuchtenden, wenn nicht wahren Satz, indem wir feststellen, daß wir gemäß einem konstanten Zusammenhang zweier Gegenstände – z.B. Hitze und Feuer, Gewicht und Masse – einzig durch Gewohnheit bestimmt werden, das eine beim Auftreten des anderen zu erwarten. Das scheint die einzige Hypothese zur Erklärung der Schwierigkeit zu sein, weshalb wir aus tausend Fällen etwas ableiten, das wir aus einem einzigen Falle, der sich doch in keiner Weise von ihnen unterscheidet, nicht ableiten können. Die Vernunft ist eines solchen Unterschiedes nicht fähig. Die Schlüsse, die sie aus der Betrachtung eines Kreises zieht, sind die gleichen, die sie auf Grund einer Prüfung aller Kreise der Welt ziehen würde. Aber niemand, der nur einen Körper gesehen hat, wie er sich nach dem Stoß durch einen anderen bewegt, könnte schließen, daß sich jeder andere Körper, nach ähnlichem Stoß, bewegen wird. Alle Erfahrungsschlüsse sind somit Folgen der Gewohnheit, nicht der Vernunft.

So ist Gewohnheit die große Führerin im Menschenleben. Dieses Prinzip ist es allein, das unsere Erfahrung für uns nützlich macht und uns für die Zukunft einen ähnlichen Geschehensablauf erwarten läßt wie jene, die sich in der Vergangenheit gezeigt haben. Ohne den Einfluß der Gewohnheit würden wir absolut nichts von jeder Tatsache wissen, die jenseits dessen liegt, was Gedächtnis und Sinnen unmittelbar gegeben ist. Wir würden niemals Mittel den Zwecken anzupassen wissen oder es verstehen, unsere naturgegebenen Kräfte zur Erzeugung irgendeiner Wirkung zu gebrauchen. Alles Handeln sowie der größte Teil der Forschung wären mit einmal zu Ende.

Aber hier ist die Bemerkung angebracht, daß – wenn uns auch unsere Erfahrungsschlüsse über Gedächtnis und Sinne hinausführen und uns Gewißheit von Tatsachen geben, die sich an den entlegensten Orten und in entferntesten Zeiten ereigneten – dennoch irgendeine Tatsache immer den Sinnen oder dem Gedächtnis gegeben sein muß, von der wir bei solchen Schlußfolgerungen zunächst ausgehen können. Jemand, der in einem wüsten Land die Überreste prächtiger Bauwerke fände, würde daraus schließen, daß dieses Land in alter Zeit durch gebildete Bewohner kultiviert worden sei. Würde er auf nichts Derartiges stoßen, könnte er niemals zu einem Schluß kommen. Wir lernen die Ereignisse vergangener Zeiten aus der Geschichte; aber zunächst müssen wir die Bände lesen, die diese Belehrung enthalten, und von da mit unseren Folgerungen von einem Zeugnis zum anderen fortschreiten, bis wir zu den Augenzeugen und Beobachtern dieser fernen Ereignisse gelangen. Kurz, wenn wir nicht von einer dem Gedächtnis oder den Sinnen gegenwärtigen Tatsache ausgehen, würde unser Denken rein hypothetisch bleiben; und wie auch immer die einzelnen Glieder miteinander verknüpft sein mögen, die ganze Schlußkette würde durch nichts gestützt sein, noch könnten wir je durch sie zur Erkenntnis eines wirklich Existierenden gelangen. Frage ich, weshalb du von einer bestimmten Tatsache, die du berichtest, überzeugt bist, so mußt du mir einen Grund nennen, und dieser Grund wird irgendeine andere, mit jener in Beziehung stehende Tatsache sein. Da du jedoch nicht in dieser Art *in infinitum* fortfahren kannst, mußt du schließlich bei einer Tatsache haltmachen, die deinem Gedächtnis oder deinen Sinnen gegenwärtig ist – oder du mußt zugeben, daß diese Überzeugung gänzlich unbegründet ist.

Was ist nun aus alledem die Schlußfolgerung? Eine ganz simple, obgleich – wie man zugeben muß – eine von den herkömmlichen philosophischen Theorien recht weit entfernte. Aller Glaube an Tatsachen oder wirkliche Existenz stammt lediglich von einem dem Gedächtnis oder den Sinnen gegenwärtigen Gegenstand und einer gewohnheitsmäßigen Verbindung zwischen diesem und irgendeinem anderen Gegenstand; oder, mit anderen Worten: Nachdem man gefunden hat, daß in vielen Fällen zwei Arten von Gegenständen – Feuer und Hitze, Schnee und Kälte – immer in Zusammenhang standen, wird der Geist, wenn Feuer oder Schnee sich erneut den Sinnen darbieten, aus Gewohnheit dazu gebracht, Hitze oder Kälte zu erwarten und zu *glauben*, daß es eine derartige Qualität gibt und sie sich nun bei eingehenderer Beschäftigung entdecken wird. Dieser Glaube ist das notwendige Resultat, wenn man den Geist in eine solche Lage bringt. Es ist ein seelischer Vorgang (operation of the soul), der in dieser Lage ebenso unvermeidlich ist wie das Gefühl der Liebe, wenn wir Wohltaten empfanden, oder des Hasses, wenn uns Unrecht widerfährt. Alle diese Vorgänge sind eine Art natürlicher Instinkte, die keine Vernunfttätigkeit, d.h. kein Denk- oder Verstandesprozeß jemals hervorzubringen oder zu verhindern vermag.

David Hume (1711–1776) trat bereits mit zwölf Jahren in die Universität Edinburgh ein, verließ sie aber nach philologischen, philosophischen und juristischen Studien bereits mit knapp sechzehn Jahren wieder. 1739/40 erschien der „Treatise of Human Nature“, der von der gelehrten Welt kaum beachtet oder sogar entschieden abgelehnt wurde. Nicht viel besser erging es Hume mit den beiden 1741/42 erschienenen Bänden „Essays, Moral, Political and Literary“. Seinen Lebensunterhalt bestritt Hume als Gesellschafter, Privatsekretär, Bibliothekar und schließlich (1767–1769) als Unterstaatssekretär im Auswärtigen Amt. 1754–1762 erschien seine sechsbändige „History of England“; 1779 gab der bekannte Moral- und Sozialphilosoph Adam Smith Humes „Dialogues Concerning Natural Religion“ heraus, nachdem dieser zurückgezogen in Edinburgh verstorben war.

Humes Ruhm wurde durch sein 1748 bzw. 1758 mit dem endgültigen Titel erschienenes Werk „Eine Untersuchung über den menschlichen Verstand“ (An Enquiry Concerning Human Understanding) begründet. In dieser erkenntnistheoretischen Studie setzt sich Hume kritisch mit dem rationalistischen Denken auseinander und führt den empiristischen Ansatz von Locke (Text 21) weiter. Als Grundprinzip seiner Erkenntnistheorie formuliert er: „Alle unsere Vorstellungen oder schwächeren Perzeptionen sind Abbilder unserer Eindrücke oder lebhafteren Impressionen“ (Zweiter Abschnitt). Die unmittelbaren Eindrücke (impressions), wie Zorn, Liebe oder Sinneseindrücke, sind lebhafter als unsere entsprechenden Gedanken (thoughts) oder Vorstellungen (ideas); außerdem sind sie „bei näherer Prüfung“ die Quelle selbst zunächst entfernter liegenden Ableitungen; so beruht etwa die Vorstellung von Gott auf der Erfahrung mit übersteigerten menschlichen Eigenschaften. Ferner kann nach Hume jedermann selbst beim „zwanglosesten und freiesten Gespräch“ eine „Verknüpfung“ (connexion) feststellen, die sich nach „nur drei Prinzipien“ anordnen ließe: „*Ähnlichkeit*“ (Resemblance), raum-zeitliche *Berührung* (Continuity) und *Ursache* oder *Wirkung* (Cause or Effect)“; z.B. lenkt ein Bild unsere Gedanken auf das Original, weist von einem Teil auf ergänzende andere hin und läßt an den Maler als Hersteller denken. Die Vollständigkeit der drei Prinzipien der Verknüpfung oder Assoziation unserer Vorstellungen überläßt Hume einer weiteren Prüfung möglichst vieler Einzelfälle (Dritter Abschnitt). Ebenso gibt er auch in bezug auf die „skeptischen Zweifel an den Verstandestätigkeiten“ (Vierter Abschnitt, siehe erster Teil des Textauszugs), vor allem hinsichtlich der kausalen Verknüpfung, lediglich eine „skeptische Lösung dieser Zweifel“ (Fünfter Abschnitt; siehe zweiter Teil des Textauszugs).

Die Behauptung einzelner kausaler Beziehungen, etwa zwischen einem Brot „mit der gleichen Farbe und Konsistenz“ und der „gleichen Ernährung und Erhaltung“, geschieht auf Grund von Erfahrung. Das Kausalitätsprinzip selbst aber stammt nicht aus Erfahrung, sondern wird in ihr vorausgesetzt. Die „verborgene Natur“ der Dinge selbst dagegen könnte sich unbemerkt von unserer Erfahrung „allemal und mit allen Dingen“ ändern. Wir setzen zwar die Kausalität des Naturablaufs voraus, können diese selbst aber nicht erkennen, wie Hume gegen die rationalistische Weltdeutung einwendet. Mit einem Gedankenexperiment von einem Menschen, der „plötzlich in diese Welt gestellt“ würde, versucht Hume zu zeigen, daß auch die Beobachtung regelmäßiger, als kausal gedeuteter Ereignisse einer längeren Erfahrung bedarf, daß aber das Kausalitätsprinzip selbst durch keinen Denkvorgang“ als notwendig bewiesen werden kann. Es ist vielmehr lediglich „Gewohnheit (custom) oder herkömmliche Lebenspraxis (habit)“, ebenso der „Glaube an Tatsachen oder wirkliche Existenz“. „Feuer und Hitze, Schnee und Kälte“ sind weder als Substanzen noch in ihrer Kausalbeziehung beweisbar, sondern lediglich als „seelischer Vorgang“ oder „eine Art natürlicher Instinkte“ präsent. Aus der Erkenntnistheorie wird Erkenntnispsychologie.

Über den Aufbau des Weltganzen selbst enthält sich Hume jeder Aussage. Eine rationalistische Lösung, so ist er zu verstehen, würde die menschliche Erfahrungsgrenze übersteigen, eine empiristische Lösung dagegen würde sich in den Selbstwiderspruch verwickeln, daß sich eine endliche Vernunft Aussagen unendlicher, absoluter Geltung anmaßt. Zum Schluß seiner „Abhandlung“ faßt Hume seine skeptische Auffassung gegenüber der Metaphysik zusammen und fordert damit die Kritik Kants heraus: „Nehmen wir irgendein Buch zur Hand, z.B. über Theologie oder Schulmetaphysik, so laßt uns fragen: *Enthält es eine abstrakte Erörterung über Größe und Zahl?* Nein. *Enthält es eine auf Erfahrung beruhende Erörterung über Tatsachen und Existenz?* Nein. So übergebe man es den Flammen, denn es kann nichts als Sophisterei und Blendwerk enthalten.“ Humes Überzeugung vom praktischen Nutzen seiner Art zu philosophieren kann geradezu als Motto der gegenwärtigen analytischen Philosophie gelten: „Genaues und richtiges Denken ist das einzige universale Heilmittel für jedermann und in jeder Verfassung“ (Erster Abschnitt).

23. Jean-Jacques Rousseau: Der Gesellschaftsvertrag

„Finde eine Form des Zusammenschlusses, die mit ihrer ganzen gemeinsamen Kraft die Person und das Vermögen jedes einzelnen Mitglieds verteidigt und schützt und durch die doch jeder, indem er sich mit allen vereinigt, nur sich selbst gehorcht und genauso frei bleibt wie zuvor." Das ist das grundlegende Problem, dessen Lösung der Gesellschaftsvertrag darstellt.

Die Bestimmungen dieses Vertrages sind durch die Natur des Aktes so vorgegeben, daß die geringste Abänderung sie null und nichtig machen würde; so daß sie, wiewohl sie vielleicht niemals förmlich ausgesprochen wurden, allenthalben die gleichen sind, allenthalben stillschweigend in Kraft und anerkannt; bis dann, wenn der Gesellschaftsvertrag verletzt wird, jeder wieder in seine ursprünglichen Rechte eintritt, seine natürliche Freiheit wiedererlangt und dadurch die auf Vertrag beruhende Freiheit verliert, für die er die seine aufgegeben hatte.

Diese Bestimmungen lassen sich bei richtigem Verständnis sämtlich auf eine einzige zurückführen, nämlich die völlige Entäußerung jedes Mitglieds mit allen seinen Rechten an das Gemeinwesen als Ganzes. Denn erstens ist die Ausgangslage, da jeder sich voll und ganz gibt, für alle die gleiche, und da sie für alle gleich ist, hat keiner ein Interesse daran, sie für die anderen beschwerlich zu machen.

Darüber hinaus ist die Vereinigung, da die Entäußerung ohne Vorbehalt geschah, so vollkommen, wie sie nur sein kann, und kein Mitglied hat mehr etwas zu fordern: denn wenn den Einzelnen einige Rechte blieben, würde jeder – da es keine allen übergeordnete Instanz gäbe, die zwischen ihm und der Öffentlichkeit entscheiden könnte – bald den Anspruch erheben, weil er in manchen Punkten sein eigener Richter ist, es auch in allen zu sein; der Naturzustand würde fortdauern, und der Zusammenschluß wäre dann notwendig tyrannisch oder inhaltslos.

Schließlich gibt sich jeder, da er sich allen gibt, niemandem, und da kein Mitglied existiert, über das man nicht das gleiche Recht erwirbt, das man ihm über sich einräumt, gewinnt man den Gegenwert für alles, was man aufgibt, und mehr Kraft, um zu bewahren, was man hat.

Wenn man also beim Gesellschaftsvertrag von allem absieht, was nicht zu seinem Wesen gehört, wird man finden, daß er sich auf folgendes beschränkt: *Gemeinsam stellen wir alle, jeder von uns seine Person und seine ganze Kraft unter die oberste Richtschnur des Gemeinwillens; und wir nehmen, als Körper, jedes Glied als untrennbaren Teil des Ganzen auf.*

Dieser Akt des Zusammenschlusses schafft augenblicklich anstelle der Einzelperson jedes Vertragspartners eine sittliche Gesamtkörperschaft, die aus ebenso vielen Gliedern besteht, wie die Versammlung Stimmen hat, und die durch ebendiesen Akt ihre Einheit, ihr gemeinschaftliches Ich, ihr Leben und ihren Willen erhält. Diese öffentliche Person, die so aus dem Zusammenschluß aller zustande kommt, trug früher den Namen Polis, heute trägt sie den der *Republik* oder der staatlichen Körperschaft, die von ihren Gliedern *Staat* genannt wird, wenn sie passiv, *Souverän*, wenn sie aktiv ist, und *Macht* im Vergleich mit ihresgleichen. Was die Mitglieder betrifft, so tragen sie als Gesamtheit den Namen *Volk*, als Einzelne nennen sie sich *Bürger*, sofern sie Teilhaber an der Souveränität, und *Untertanen*, sofern sie den Gesetzen des Staates unterworfen sind. Aber diese Begriffe werden oft vermengt und einer für den anderen genommen; es genügt, sie auseinanderhalten zu können, wenn sie im strengen Sinn gebraucht werden.

[...]

Die erste und wichtigste Folge der oben aufgestellten Prinzipien ist, daß allein der Gemeinwille die Kräfte des Staates gemäß dem Zweck seiner Errichtung, nämlich dem Gemeinwohl, leiten kann: denn wenn der Widerstreit der Einzelinteressen die Gründung von Gesellschaften nötig gemacht hat, so hat der Einklang derselben Interessen sie möglich gemacht. Das Gemeinsame nämlich in diesen unterschiedlichen Interessen bildet das gesellschaftliche Band, und wenn es nicht irgendeinen Punkt gäbe, in dem alle Interessen übereinstimmen, könnte es keine Gesellschaft geben. Nun darf aber die Gesellschaft nur gemäß diesem Gemeininteresse regiert werden.

Ich behaupte deshalb, daß die Souveränität, da sie nichts anderes ist als die Ausübung des Gemeinwillens, niemals veräußert werden kann und daß der Souverän, der nichts anderes ist als ein Gesamtwesen, nur durch sich selbst vertreten werden kann; die Macht kann wohl übertragen werden, nicht aber der Wille.

In der Tat, wenn es zwar nicht unmöglich ist, daß ein Einzelwille in irgendeinem Punkt mit dem Gemeinwillen übereinkommt, so ist es doch unmöglich, daß diese Übereinstimmung dauerhaft und von Bestand ist; denn der Einzelwille neigt seiner Natur nach zur Bevorzugung und der Gemeinwille zur Gleichheit. Noch unmöglicher ist es, daß sich einer für diese Übereinstimmung verbürgt, selbst wenn sie immer bestehen sollte; dies wäre kein Ergebnis der Kunst, sondern des Zufalls. Der Souverän kann sehr wohl sagen: In diesem Augenblick will ich, was ein bestimmter Mensch will oder wenigstens angibt zu wollen; aber er kann nicht sagen: Was dieser Mensch morgen will, das werde auch ich wollen; es ist nämlich unsinnig, daß sich der Wille Ketten anlegt für die Zukunft, und es hängt auch keineswegs vom Willen ab, mit etwas einverstanden zu sein, das dem Wohl des wollenden Wesens widerspricht. Wenn daher das Volk einfach verspricht, zu gehorchen, löst es sich durch diesen Akt auf und verliert seine Eigenschaft als Volk; in dem Augenblick, in dem es einen Herrn gibt, gibt es keinen Souverän mehr, und von da an ist der politische Körper zerstört.

Das heißt nicht, daß die Befehle der Oberhäupter nicht so lange für Gemeinwillen gelten können, als der Souverän, der die Freiheit hat, sich zu widersetzen, dies nicht tut. In einem solchen Fall muß man aus dem Schweigen aller auf die Zustimmung des Volkes schließen.

Jean-Jacques Rousseau (1712–1778) wurde in der freien Republik Genf geboren und war Zeit seines Lebens stolz darauf, Bürger (citoyen) und nicht Untertan zu sein. Seine Biographie war allerdings eher von Erfahrungen der Unfreiheit und Abhängigkeit als der Freiheit geprägt. Jedoch konnte er seine soziale Deklassierung in der Lehre eines Genfer Kupferstechers und die Schikanen seines „schlechten Meisters“ durch intensive Privatlektüre kompensieren; auch gewann er durch sein Verhältnis zu Madame de Warens Zugang zu adligen Kreisen. Seine nicht unproblematische Balance zwischen persönlicher Freiheit und Verpflichtung gegenüber den Nächsten kommt nicht zuletzt in seinem Verhältnis mit der Wäscherin Therèse de Vasseur zum Ausdruck, mit der er fünf Kinder hatte – die er alle im Findelhaus aufziehen ließ – und die er schließlich gegen Ende seines Lebens heiratete (1768). Wegen seiner freiheitlichen Ideen war Rousseau zu seinen Lebzeiten zahlreichen politischen und kirchlichen Verfolgungen ausgesetzt und starb schließlich im Pariser Exil. Bald nach seinem Tod allerdings wurde er zum Vorbild eines freiheitlichen Denkens, vor allem in der Französischen Revolution von 1789; und zugleich wurde er als Überwinder rationalistischer Zwänge durch das Bekenntnis zum Gefühl gefeiert. Seine Grundüberzeugung von der natürlichen, ursprünglichen Freiheit der Menschen und ihrer wachsenden Unfreiheit durch die Zivilisation mit ihrem Konkurrenzneid, ihren gesellschaftlichen Ungleichheiten und gekünstelten Verhaltensformen arbeitete Rousseau zuerst 1749 in seinem „Diskurs über die Künste und Wissenschaften" aus; seine zeit- und sozialkritischen Gedanken entwickelte er in der Schrift „Über den Ursprung und die Grundlagen der Ungleichheiten unter den Menschen" weiter (1755). Der idealtypisch rekonstruierte, nicht aber realhistorische Übergang des Menschen vom Natur- zum Kulturzustand und die Möglichkeit einer natürlichen, an der ursprünglichen Freiheit und Gleichheit aller Menschen orientierten Kulturleistung in der Pädagogik und Politik sind schließlich auch das Thema der 1762 erschienenen Schriften „Emile oder über die Erziehung" und „Vom Gesellschaftsvertrag oder Grundsätze des Staatsrechts".

Das „grundlegende Problem", wie die ursprüngliche Freiheit des einzelnen mit der notwendigen Einschränkung dieser Freiheit zusammen bestehen kann, sieht Rousseau durch den von ihm vorgeschlagenen Gesellschaftsvertrag (contrat social) gelöst. Er soll die Grundrechte des einzelnen sichern, etwa die Unversehrtheit der „Person und das Vermögen jedes einzelnen Mitglieds". Doch hat jeder einzelne, so Rousseau, nicht nur gleiche Freiheitsrechte, sondern auch gleiche Freiheitspflichten, die eine Einschränkung seiner zügellosen Freiheitstriebe und eine Übertragung der Freiheitssicherung und damit auch des Gewaltmonopols an den Staat als „sittliche Gesamtkörperschaft" erfordern. Die naturwüchsige wird durch die gesetzmäßige Freiheit ersetzt. Daher repräsentiert der Staat den „Gemeinwillen" (volonté générale), der mehr ist als der faktische Wille einer Mehrheit oder „der Wille aller" (volonté des tous). Vielmehr ist der „Gemeinwille" die Norm der gerechten Balance von Ausleben und Einschränkung der Freiheit jedes einzelnen. Aufgrund der Differenz von Gemein- und Allwillen ist der Souverän in seinen politischen Entscheidungen nicht an die faktische Mehrheit oder die Übereinstimmung aller gebunden (die sich beispielsweise über die Legitimität der Todesstrafe oder des Atomausstiegs irren können). Andererseits verbietet der Gesellschaftsvertrag aufgrund der Freiheitsprämisse ein politisches Verhältnis von Gehorsam und Herrschaft.

Mit seinem Gesellschaftsvertrag hat Rousseau die Grundlagen der modernen Demokratie geschaffen, ohne jedoch ihre Grundaporie überwinden zu können. Zwar kann in einer plebiszitären Demokratie nach dem Muster der antiken Polis oder der Genfer Republik zur Zeit Rousseaus sowie in einer repräsentativen Demokratie die Differenz von Gemein- und Allwillen kontinuierlich kontrolliert werden, doch besteht stets die Gefahr, das Individuum in einer bloß behaupteten „Volksdemokratie" zu unterwerfen oder zum bloßen „Stimmvieh" einer manipulativen Massen- und Parteiendemokratie zu degradieren. Eine zweite Schwierigkeit in Rousseaus politischer Theorie und Philosophie stellt sein Naturbegriff dar. Zwar verkennt Voltaires bissiger Kommentar „Auf die Bäume, ihr Affen!" die Intention von Rousseaus Leitspruch „Zurück zur Natur!", der darauf abzielt, den faktischen Zivilisationszustand mit Hilfe der Norm einer natürlichen, gesollten (und vielleicht in Urzeiten vorhandenen) Freiheit zu kritisieren und zu verbessern. Dennoch weist Voltaires Kritik auf die bei Rousseau ungelöste Frage hin, wieviel Natur die Kultur der Zivilisation braucht und vertragen kann, was Natur (als Freiheit von gesellschaftlichen Normen und Zwängen) positiv ausmacht und wie sie als Bestimmung des Menschen oder als anthropologische Prämisse zu begründen ist. Als bloße Behauptung steht sie auf derselben Stufe wie Hobbes' Menschenbild (Text 19). Das Begründungsdefizit der anthropologischen Freiheitsprämisse hat dagegen Kant aufzuheben versucht (Text 25).

24. Immanuel Kant: Metaphysik als Wissenschaft

(1) [...] Hume ging hauptsächlich von einem einzigen, aber wichtigen Begriffe der Metaphysik, nämlich dem der Verknüpfung der *Ursache und Wirkung* (mithin auch dessen Folgebegriffe der Kraft

und Handlung etc.), aus, forderte die Vernunft, die da vorgibt, ihn in ihrem Schoße erzeugt zu haben, auf, ihm Rede und Antwort zu geben, mit welchem Rechte sie sich denkt: daß etwas so beschaffen sein könne, daß, wenn es gesetzt ist, dadurch auch etwas anderes notwendig gesetzt werden müsse; denn das sagt der Begriff der Ursache. Er bewies unwidersprechlich: daß es der Vernunft gänzlich unmöglich sei, a priori, und aus Begriffen eine solche Verbindung zu denken, denn diese enthält Notwendigkeit; es ist aber gar nicht abzusehen, wie darum, weil etwas ist, etwas anderes notwendiger Weise auch sein müsse, und wie sich also der Begriff von einer solchen Verknüpfung a priori einführen lasse. Hieraus schloß er, daß die Vernunft sich mit diesem Begriffe ganz und gar betrüge, daß sie ihn fälschlich für ihr eigen Kind halte, da er doch nichts anders als ein Bastard der Einbildungskraft sei, die, durch Erfahrung beschwängert, gewisse Vorstellungen unter das Gesetz der Assoziation gebracht, und eine daraus entspringende subjektive Notwendigkeit, d.i. Gewohnheit, für eine objektive aus Einsicht unterschiebt. Hieraus schloß er: die Vernunft habe gar kein Vermögen, solche Verknüpfungen, auch selbst nur im allgemeinen, zu denken, weil ihre Begriffe alsdenn bloße Erdichtungen sein würden, und alle ihre vorgeblich a priori bestehende Erkenntnisse wären nichts als falsch gestempelte gemeine Erfahrungen, welches eben so viel sagt, als, es gebe überall keine Metaphysik und könne auch keine geben. [...]

(2) Wenn man eine Erkenntnis als *Wissenschaft* darstellen will, so muß man zuvor das Unterscheidende, was sie mit keiner andern gemein hat, und was ihr also *eigentümlich* ist, genau bestimmen können; widrigenfalls die Grenzen aller Wissenschaften ineinander laufen, und keine derselben, ihrer Natur nach, gründlich abgehandelt werden kann.

Dieses Eigentümliche mag nun in dem Unterschiede des *Objekts,* oder der *Erkenntnisquellen,* oder auch der *Erkenntnisart,* oder einiger, wo nicht aller dieser Stücke zusammen bestehen, so beruht darauf zuerst die Idee der möglichen Wissenschaft und ihres Territorium.

Zuerst, was die *Quellen* einer metaphysischen Erkenntnis betrifft, so liegt es schon in ihrem Begriffe, daß sie nicht empirisch sein können. Die Prinzipien derselben (wozu nicht bloß ihre Grundsätze, sondern auch Grundbegriffe gehören) müssen also niemals aus der Erfahrung genommen sein: denn sie soll nicht physische, sondern metaphysische, d.i. jenseits der Erfahrung liegende Erkenntnis sein. Also wird weder äußere Erfahrung, welche die Quelle der eigentlichen Physik, noch innere, welche die Grundlage der empirischen Psychologie ausmacht, bei ihr zum Grunde liegen. Sie ist also Erkenntnis a priori, oder aus reinem Verstande und reiner Vernunft.

Hierin würde sie aber nichts Unterscheidendes von der reinen Mathematik haben; sie wird also *reine philosophische Erkenntnis* heißen müssen; wegen der Bedeutung dieses Ausdrucks aber beziehe ich mich auf Kritik d. r. V. Seite 712 u.f., wo der Unterschied dieser zwei Arten des Vernunftgebrauchs einleuchtend und genugtuend ist dargestellt worden. – So viel von den Quellen der metaphysischen Erkenntnis.

Metaphysische Erkenntnis muß lauter Urteile a priori enthalten, das erfordert das Eigentümliche ihrer Quellen. Allein Urteile mögen nun einen Ursprung haben, welchen sie wollen, oder auch, ihrer logischen Form nach, beschaffen sein, dem Inhalte nach, vermöge dessen sie entweder bloß *erläuternd sind,* und zum Inhalte der Erkenntnis nichts hinzutun, oder *erweiternd,* und die gegebene Erkenntnis vergrößern; die ersten werden *analytische,* die zweiten *synthetische* Urteile genannt werden können.

Analytische Urteile sagen im Prädikate nichts, als das, was im Begriffe des Subjekts schon wirklich, obgleich nicht so klar und mit gleichem Bewußtsein gedacht war. Wenn ich sage: alle Körper sind ausgedehnt, so habe ich meinen Begriff vom Körper nicht im mindesten erweitert, sondern ihn nur aufgelöst, indem die Ausdehnung von jenem Begriffe schon vor dem Urteile, obgleich nicht ausdrücklich gesagt, dennoch wirklich gedacht war; das Urteil ist also analytisch. Dagegen enthält der Satz: einige Körper sind schwer, etwas im Prädikate, was in dem allgemeinen Begriffe vom Körper nicht wirklich gedacht wird, er vergrößert also meine Erkenntnis, indem er zu meinem Begriffe etwas hinzutut, und muß daher ein synthetisches Urteil heißen. [...]

(3) Man sollte anfänglich wohl denken: daß der Satz $7 + 5 = 12$ ein bloß analytischer Satz sei, der aus dem Begriffe einer Summe von Sieben und Fünf nach dem Satze des Widerspruches erfolge. Allein, wenn man es näher betrachtet, so findet man, daß der Begriff der Summe von 7 und 5 nichts weiter enthalte, als die Verei-

nigung beider Zahlen in eine einzige, wodurch ganz und gar nicht gedacht wird, welches diese einzige Zahl sei, die beide zusammenfaßt. Der Begriff von Zwölf ist keinesweges dadurch schon gedacht, daß ich mir bloße jene Vereinigung von Sieben und Fünf denke, und, ich mag meinen Begriff von einer solchen möglichen Summe noch so lange zergliedern, so werde ich doch darin die Zwölf nicht antreffen. Man muß über diese Begriffe hinausgehen, indem man die Anschauung zu Hilfe nimmt, die einem von beiden korrespondiert, etwa seine fünf Finger, oder (wie *Segner* in seiner Arithmetik) fünf Punkte, und so nach und nach die Einheiten der in der Anschauung gegebenen Fünf zu dem Begriffe der Sieben hinzutut. Man erweitert also wirklich seinen Begriff durch diesen Satz 7 + 5 = 12 und tut zu dem ersten Begriff einen neuen hinzu, der in jenem gar nicht gedacht war, d.i. der arithmetische Satz ist jederzeit synthetisch, welches man desto deutlicher inne wird, wenn man etwas größere Zahlen nimmt; da es denn klar einleuchtet, daß, wir möchten unsern Begriff drehen und wenden, wie wir wollen, wir, ohne die Anschauung zu Hilfe zu nehmen, vermittelst der bloßen Zergliederung unserer Begriffe die Summe niemals finden könnten. [...]

(4) Wir haben oben den mächtigen Unterschied der analytischen und synthetischen Urteile gesehen. Die Möglichkeit analytischer Sätze konnte sehr leicht begriffen werden; denn sie gründet sich lediglich auf dem Satze des Widerspruchs. Die Möglichkeit synthetischer Sätze a posteriori, d.i. solcher, welche aus der Erfahrung geschöpfet werden, bedarf auch keiner besondern Erklärung; denn Erfahrung ist selbst nichts anders, als eine kontinuierliche Zusammenfügung (Synthesis) der Wahrnehmungen. Es bleiben uns also nur synthetische Sätze a priori übrig, deren Möglichkeit gesucht oder untersucht werden muß, weil sie auf anderen Prinzipien, als dem Satze des Widerspruchs, beruhen muß.

Wir dürfen aber die *Möglichkeit* solcher Sätze hier nicht zuerst suchen, d.i. fragen, ob sie möglich seien. Denn es sind deren genug, und zwar mit unstreitiger Gewißheit wirklich gegeben, und, da die Methode, die wir jetzt befolgen, analytisch sein soll, so werden wir davon anfangen: daß dergleichen, synthetische, aber reine Vernunfterkenntnis wirklich sei; aber alsdenn müssen wir den Grund dieser Möglichkeit dennoch *untersuchen,* und fragen, wie diese Erkenntnis möglich sei, damit wir aus den Prinzipien ihrer Möglichkeit die Bedingungen ihres Gebrauchs, den Umfang und die Grenzen desselben zu bestimmen in Stand gesetzt werden. Die eigentliche mit schulgerechter Präzision ausgedruckte Aufgabe, auf die alles ankömmt, ist also:

Wie sind synthetische Sätze a priori möglich?

Ich habe sie oben, der Popularität zu Gefallen, etwas anders, nämlich als eine Frage nach dem Erkenntnis aus reiner Vernunft, ausgedrückt, welches ich dieses mal ohne Nachteil der gesuchten Einsicht wohl tun konnte, weil, da es hier doch lediglich um die Metaphysik und deren Quellen zu tun ist, man, nach den vorher gemachten Erinnerungen, sich, wie ich hoffe, jederzeit erinnern wird: daß, wenn wir hier von Erkenntnis aus reiner Vernunft reden, niemals von der analytischen, sondern lediglich der synthetischen die Rede sei.

Auf die Auflösung dieser Aufgabe nun kommt das Stehen oder Fallen der Metaphysik, und also ihre Existenz gänzlich an. [...]

(5) Um einen Versuch an *Humes* problematischem Begriff (diesem seinem crux metaphysicorum), nämlich dem Begriffe der Ursache, zu machen, so ist mir erstlich vermittelst der Logik die Form eines bedingten Urteils überhaupt, nämlich, eine gegebene Erkenntnis als Grund, und das andere als Folge zu gebrauchen, a priori gegeben. Es ist aber möglich, daß in der Wahrnehmung eine Regel des Verhältnisses angetroffen wird, die da sagt: daß auf eine gewisse Erscheinung eine andere (obgleich nicht umgekehrt) beständig folgt, und dieses ist ein Fall, mich des hypothetischen Urteils zu bedienen, und z.B. zu sagen, wenn ein Körper lange genug von der Sonne beschienen ist, so wird er warm. Hier ist nun freilich noch nicht eine Notwendigkeit der Verknüpfung, mithin der Begriff der Ursache. Allein ich fahre fort, und sage: wenn obiger Satz, der bloß eine subjektive Verknüpfung der Wahrnehmungen ist, ein Erfahrungssatz sein soll, so muß er als notwendig und allgemeingültig angesehen werden. Ein solcher Satz aber würde sein: Sonne ist durch ihr Licht die Ursache der Wärme. Die obige empirische Regel wird nunmehr als ein Gesetz angesehen, und zwar nicht als geltend bloß von Erscheinungen, sondern von ihnen zum Behuf einer möglichen Erfahrung, welche durchgängig und also notwendig gültige Regeln bedarf. Ich sehe also den Begriff der Ursache als einen zur bloßen Form der Erfahrung notwendig ge-

hörigen Begriff, und dessen Möglichkeit als einer synthetischen Vereinigung der Wahrnehmungen in einem Bewußtsein überhaupt, sehr wohl ein; die Möglichkeit eines Dinges überhaupt aber, als einer Ursache, sehe ich gar nicht ein, und zwar darum, weil der Begriff der Ursache ganz und gar keine den Dingen, sondern nur der Erfahrung anhängende Bedingung andeutet, nämlich, daß diese nur eine objektiv-gültige Erkenntnis von Erscheinungen und ihrer Zeitfolge sein könne, sofern die vorhergehende mit der nachfolgenden nach der Regel hypothetischer Urteile verbunden werden kann.

Daher haben auch die reinen Verstandesbegriffe ganz und gar keine Bedeutung, wenn sie von Gegenständen der Erfahrung abgehen und auf Dinge an sich selbst (noumena) bezogen werden wollen. Sie dienen gleichsam nur, Erscheinungen zu buchstabieren, um sie als Erfahrung lesen zu können; die Grundsätze die aus der Beziehung derselben auf die Sinnenwelt entspringen, dienen nur unserm Verstande zum Erfahrungsgebrauch; weiter hinaus sind es willkürliche Verbindungen, ohne objektive Realität, deren Möglichkeit man weder a priori erkennen, noch ihre Beziehung auf Gegenstände durch irgend ein Beispiel bestätigen, oder nur verständlich machen kann, weil alle Beispiele nur aus irgend einer möglichen Erfahrung entlehnt, mithin auch die Gegenstände jener Begriffe nirgend anders, als in einer möglichen Erfahrung angetroffen werden können.

Diese vollständige, obzwar wider die Vermutung des Urhebers ausfallende Auflösung des Humeschen Problems rettet also den reinen Verstandesbegriffen ihren Ursprung a priori, und den allgemeinen Naturgesetzen ihre Gültigkeit, als Gesetzen des Verstandes, doch so, daß sie ihren Gebrauch nur auf Erfahrung einschränkt, darum, weil ihre Möglichkeit bloß in der Beziehung des Verstandes auf Erfahrung ihren Grund hat: nicht aber so, daß sie sich von Erfahrung, sondern daß Erfahrung sich von ihnen ableitet, welche ganz umgekehrte Art der Verknüpfung *Hume* sich niemals einfallen ließ.

(6) Der Erfahrungsgebrauch, auf welchen die Vernunft den reinen Verstand einschränkt, erfüllt nicht ihre eigene ganze Bestimmung. Jede einzelne Erfahrung ist nur ein Teil von der ganzen Sphäre ihres Gebietes, das *absolute Ganze aller möglichen Erfahrung* ist aber selbst keine Erfahrung, und dennoch ein notwendi-

ges Problem für die Vernunft, zu dessen bloßer Vorstellung sie ganz anderer Begriffe nötig hat, als jener reinen Verstandesbegriffe, deren Gebrauch nur *immanent* ist, d.i. auf Erfahrung geht, so weit sie gegeben werden kann, indessen daß Vernunftbegriffe auf die Vollständigkeit, d.i. die kollektive Einheit der ganzen möglichen Erfahrung und dadurch über jede gegebene Erfahrung hinausgehen, und *transzendent* werden.

So wie also der Verstand der Kategorien zur Erfahrung bedurfte, so enthält die Vernunft in sich den Grund zu Ideen, worunter ich notwendige Begriffe verstehe, deren Gegenstand gleichwohl in keiner Erfahrung gegeben werden *kann.* Die letztern sind eben sowohl in der Natur der Vernunft, als die erstere in der Natur des Verstandes gelegen, und, wenn jene einen Schein bei sich führen, der leicht verleiten kann, so ist dieser Schein unvermeidlich, obzwar „daß er nicht verführe" gar wohl verhütet werden kann.

Da aller Schein darin besteht, daß der subjektive Grund des Urteils für objektiv gehalten wird, so wird eine Selbsterkenntnis der reinen Vernunft in ihrem transzendenten (überschwenglichen) Gebrauch das einzige Verwahrungsmittel gegen die Verirrungen sein, in welche die Vernunft gerät, wenn sie ihre Bestimmung mißdeutet, und dasjenige transzendenter Weise aufs Objekt an sich selbst bezieht, was nur ihr eigenes Subjekt und die Leitung desselben in allem immanenten Gebrauche angeht.

(7) Daß der Geist des Menschen metaphysische Untersuchungen einmal gänzlich aufgeben werde, ist ebenso wenig zu erwarten, als daß wir, um nicht immer unreine Luft zu schöpfen, das Atemholen einmal lieber ganz und gar einstellen würden. Es wird also in der Welt jederzeit, und, was noch mehr, bei jedem, vornehmlich dem nachdenkenden Menschen Metaphysik sein, die, in Ermangelung eines öffentlichen Richtmaßes, jeder sich nach seiner Art zuschneiden wird. Nur kann das, was bis daher Metaphysik geheißen hat, keinem prüfenden Kopfe ein Genüge tun, ihr aber gänzlich zu entsagen, ist doch auch unmöglich, also muß endlich eine Kritik der reinen Vernunft selbst *versucht,* oder, wenn eine da ist, *untersucht,* und in allgemeine Prüfung gezogen werden, weil es sonst keine Mittel gibt, diesem dringenden Bedürfnis, welches noch etwas mehr als bloße Wißbegierde ist, abzuhelfen.

Seitdem ich Kritik kenne, habe ich am Ende des Durchlesens einer Schrift metaphysischen Inhalts, die mich durch Bestimmung ihrer Begriffe, durch Mannigfaltigkeit und Ordnung und einen leichten Vortrag so wohl unterhielt, als auch kultivierte, mich nicht entbrechen können, zu fragen: *hat dieser Autor wohl die Metaphysik um einen Schritt weiter gebracht?*

Immanuel Kant (1724–1804) kam nie über die Grenzen seiner Heimatprovinz Königsberg hinaus und hat doch den beispiellosen Versuch unternommen, die Grenzen und Reichweite der Erkenntnis des Weltganzen und seines letzten Ziels auszuloten – um zu sehen „was die Welt, in ihrem Innersten zusammenhält" (Goethe, Faust I). Kant wurde im strengen Geist des Pietismus erzogen und studierte neben Theologie und Philosophie vor allem Mathematik und Physik. Wegen finanzieller Schwierigkeiten durch den Tod seines Vaters mußte er die Stelle eines Hauslehrers antreten, kam aber trotzdem zu ausgedehnten naturwissenschaftlichen Studien. 1755 erschien anonym seine Schrift „Allgemeine Naturgeschichte und Theorie des Himmels", in der er die Entstehung der Himmelskörper aus einem rotierenden Gasnebel erklärte und damit die Laplacesche Theorie vorwegnahm. In demselben Jahr kehrte Kant an die Universität zurück und veröffentlichte in seiner „vorkritischen Phase" mehrere Schriften, in denen er nach Art der rationalistischen Metaphysik von Leibniz und Wolff eine Erkenntnis des Weltganzen und seines letzten Ziels in Gott aus reiner Vernunft für möglich hielt. Aus diesem „dogmatischen Schlummer" erweckte ihn erst Hume (Text 22), wie er in der „Vorrede" zu den „Prolegomena" später (1783) freimütig bekannte. Kant folgte allerdings ebensowenig Humes Empirismus und Skeptizismus, sondern bezog im Kritizismus Empirismus und Rationalismus aufeinander.

Kants „kritische Phase" wird vor allem durch seine drei großen „Kritiken" repräsentiert. In der „Kritik der reinen Vernunft" (1781) nimmt er eine Grenzziehung oder Scheidung (griechisch: krinein) von menschenmöglicher und göttlicher Erkenntnis vor. Erkenntnis wird dabei im Sinne von Platons „episteme" (Text 6) als allgemeingültig verstanden und nach dem Muster der neuzeitlichen Naturwissenschaft als Faktum vorausgesetzt. Wir können zwar nicht das Wesen der Wirklichkeit oder das „Ding an sich" erkennen, weil wir auf sinnliche Wahrnehmung und Erfahrung der „Dinge für uns" in der raum-zeitlichen Welt begrenzt sind, können aber die allgemeinen Formen der Erkenntnis erkennen. Nach Kants „kopernikanischer Wende" richtet sich die Erkenntnis nicht nach den Gegenständen, sondern diese richten sich nach der Erkenntnis. In der „Kritik der praktischen Vernunft" (1788) versucht Kant zu zeigen, daß die menschliche Würde darin besteht, nach dem kategorischen Imperativ der reinen praktischen Vernunft seine Handlungsziele selbst zu bestimmen und sich nicht an vorgegebenen weltlichen oder überweltlichen, göttlichen Glücksgütern zu orientieren (Text 25). In seinem dritten Hauptwerk schließlich, der „Kritik der Urteilskraft" (1790), behandelt Kant die autonomen Gefühlsurteile als „interesseloses Wohlgefallen", das einen möglichen Zugang zur Wirklichkeit des wohlgeordneten Weltganzen eröffnet.

Kant hatte in seiner Karriere als Universitätslehrer erst spät Erfolg (er erhielt erst 1770 eine ordentliche Professur für Logik und Metaphysik) und gewann mit seiner kritischen Philosophie nur langsam Anerkennung. Schließlich wurde er aber über die Grenzen seiner Heimatuniversität hinaus in der philosophischen Welt und bei den interessierten Laien berühmt; allerdings war er wegen seines religionskritischen und autonomen Denkens auch Anfeindungen und Lehrverboten ausgesetzt – wie sein verehrtes Vorbild Sokrates (Text 3). Als er hochbetagt in Königsberg starb, trauerte nicht nur die wissenschaftliche, sondern auch die öffentliche Welt der Stadt Königsberg um ihn.

Trotz seiner Betonung der autonomen Erkenntnisleistung und des Selbstdenkens schreibt Kant in seinen Hauptwerken auch für Fachleute nur schwer verständlich, anders in seinen kleineren Schriften, z.B. in der „Beantwortung der Frage: Was ist Aufklärung?" (1783), sowie in den eher populären Schriften, etwa den Anthropologie- und Pädagogikvorlesungen (1798, 1803). Da er aber nicht nur die dogmatische Metaphysik, sondern auch eine unkritische Aufklärung des „gesunden Menschenverstandes" kritisierte, machte er auch die Grenzen populärer Philosophie deutlich. Kant traute sich zwar den „eleganten" Stil nicht zu, legte aber mit seinen „Prolegomena zu einer jeden künftigen Metaphysik, die als Wissenschaft wird auftreten können" (1783) wegen der durchgehenden Klagen über die Schwerverständlichkeit seiner „Kritik der reinen Vernunft" eine populärere Fassung vor, allerdings mit der doppelten Einschränkung, sie sei „nicht zum Gebrauch für Lehrlinge, sondern für künftige Lehrer" bestimmt (Vorrede), außerdem sei sie nur eine „Vorübung" (Prolegomenon) zur näheren Durchführung in der „Kritik der reinen Vernunft". Der hier abgedruckte Textauszug kann einen ersten Einblick in Kants Vorhaben geben, die Metaphysik als Wissenschaft zu begründen. Er macht aber wegen seiner notwendigerweise komprimierten Form einige zusätzliche Erläuterungen erforderlich, die entlang den (vom Herausgeber durchnumerierten) Teilstücken gegeben werden sollen.

Zunächst macht Kant deutlich, daß er Humes Kritik der rationalistischen Variante des Kausalitätsprinzips zwar teilt, nicht aber die vorgeschlagene skeptische Lösung, Kausalität als Gewohnheitsprinzip anzusehen, ebensowenig teilt er die Ablehnung jeglicher Metaphysik überhaupt (1). Kant hält an der Metaphysik fest und versteht unter einer Metaphysik als Wissenschaft nach ihren „Quellen" eine „vor" der Erfahrung liegende Erkenntnis" (a priori) und nach ihrem „Inhalt" eine „erweiternde" (synthetische) Erkenntnis im Unterschied zu einer analytischen Begriffswahrheit (2). Beispiel für einen synthetischen Satz a priori ist nach Kant die Arithmetik, insofern man etwa im Satz „7 + 5 = 12" etwas (die 5) zu etwas anderem (zur 7) „hinzutut" und so zu einer erweiternden Erkenntnis (der Summe 12) gelangt, die nicht bereits im Begriff der einzelnen Zahlen und des Additionszeichens liegt (3). Kants operationalistische Arithmetik wird zwar weder von der zeitgenössischen noch von der heutigen Mathematik generell geteilt, stellt aber etwa nach der „konstruktivistischen" Mathematik und Logik von Paul Lorenzen durchaus eine mögliche Deutung dar.

Mit dem so verstandenen Faktum der Mathematik ist nach Kant nicht die Frage, *ob*, sondern *wie* „synthetische Sätze a priori" als Metaphysik möglich sind, zu beantworten (4). Die Antwort liegt nach Kant in dem Nachweis, daß Mathematik und, wie er hinzufügt, reine Naturwissenschaft als Bedingung ihrer unbezweifelbaren Möglichkeit immer schon, d.h. vor jeder Erfahrung, reine Erkenntnisformen oder Begriffe enthalten. Kant selbst bezeichnet seine „Deduktion dieser Begriffe" im Rahmen der „Kritik der reinen Vernunft" als „das Schwerste, das jemals zum Behuf der Metaphysik unternommen werden konnte" (Prolegomena, Vorrede). Ob ihm allerdings diese Deduktion gelungen ist, muß bereits bei seinem

„Versuch“ zum Kausalitätsprinzip, dem „crux metaphysicorum“ (5), bezweifelt werden. Nach Hume beruht der Übergang von singulären Wahrnehmungen zu universellen Erfahrungsurteilen lediglich auf Gewohnheit, nach Kant dagegen ist dies die Bedingung der Möglichkeit des Faktums Wissenschaft. Nach Hume argumentiert Kant aber zirkulär. Was gemäß Humes Skeptizismus erst zu beweisen ist, setzt Kants transzendentale oder regressive Wenn-dann-Methode als bewiesenes Faktum voraus. Die Reproduzierbarkeit und Prognosefähigkeit, so ist Hume kaum zu widersprechen, beruht auf einer hypothetischen, keineswegs zwingenden metaphysischen Prämisse von Kausalität. Die universalistischen Anteile von Erfahrungsurteilen bei der Interpretation von Wahrnehmungen sind nicht zu leugnen, ihr ontologischer Status aber bleibt im unerledigten Universalienstreit (Text 7) umstritten: als notwendige Regelhaftigkeit der Dinge an sich oder der menschlichen Verstandesleistung. Auch Kants Behauptung, daß nicht nur mit dem Faktum der Mathematik und Naturwissenschaft die Möglichkeit einer wissenschaftlichen Metaphysik im engeren Sinne bewiesen sei, sondern daß außerdem die Vernunft notwendigerweise danach strebe, „das absolute Ganze aller möglichen Erfahrung“ über die „Teile“ der erfahrungsbezogenen Verstandeserkenntnis hinaus zu erweitern (6), ist zwar nicht zu widerlegen, aber auch nicht zwingend. Die „Ideen“ der Vernunft, etwa vom Anfang und Ende der Welt oder von Kausalität aus Freiheit, sind eine ebenso hypothetische Annahme wie die „Kategorien“ des Verstandes und die Raum-Zeit-Formen der Anschauung. Ebenso problematisch ist auch Kants Behauptung, Metaphysik sei ebenso notwendig wie das „Atemholen“ (7). Das „dringende Bedürfnis“ nach Metaphysik, das sich vornehmlich in den Fragen nach Gott, Freiheit und Unsterblichkeit ausdrücke (Kritik der reinen Vernunft, Vorrede zur zweiten Auflage), mag zwar eine naheliegende „Gewohnheit“ (Hume) sein, ist aber als Frage keine zwingende Notwendigkeit. Daher ist auch Kants Frage an die Autoren metaphysischer Schriften – als Kritik der Humeschen Frage – ihrerseits fraglich: *„hat dieser Autor wohl die Metaphysik um einen Schritt weiter gebracht?“* Allerdings scheint auch Kant die Metaphysik als Wissenschaft letztlich auf die Frage zugespitzt zu haben, wie moralisches Handeln aus Freiheit allgemeingültig begründet werden kann (Text 25).

25. Immanuel Kant: Der kategorische Imperativ

(1) Er ist überall nichts in der Welt, ja überhaupt auch außer derselben zu denken möglich, was ohne Einschränkung für gut könnte gehalten werden, als allein ein *guter Wille.* Verstand, Witz, Urteilskraft, und wie die *Talente* des Geistes sonst heißen mögen, oder Mut, Entschlossenheit, Beharrlichkeit im Vorsatze, als Eigenschaften des *Temperaments,* sind ohne Zweifel in mancher Absicht gut und wünschenswert; aber sie können auch äußerst böse und schädlich werden, wenn der Wille, der von diesen Naturgaben Gebrauch machen soll und dessen eigentümliche Beschaffenheit darum *Charakter* heißt, nicht gut ist. Mit den *Glücksgaben* ist es eben so bewandt. Macht, Reichtum, Ehre, selbst Gesundheit, und das ganze Wohlbefinden und Zufriedenheit mit seinem Zustande, unter dem Namen der *Glückseligkeit,* machen Mut und hierdurch öfters auch Übermut, wo nicht ein guter Wille da ist, der den Einfluß derselben aufs Gemüt, und hiemit auch das ganze Prinzip zu handeln, berichtige und allgemein-zweckmäßig mache; ohne zu erwähnen, daß ein vernünftiger unparteiischer Zuschauer sogar am Anblicke eines ununterbrochenen Wohlergehens eines Wesens, das kein Zug eines reinen und guten Willens zieret, nimmermehr ein Wohlgefallen haben kann, und so der gute Wille die unerläßliche Bedingung selbst der Würdigkeit glücklich zu sein, auszumachen scheint.

Einige Eigenschaften sind sogar diesem guten Willen selbst beförderlich und können sein Werk sehr erleichtern, haben aber dem ungeachtet keinen innern unbedingten Wert, sondern setzen immer noch einen guten Willen voraus, der die Hochschätzung, die man übrigens mit Recht für sie trägt, einschränkt, und es nicht erlaubt, sie für schlechthin gut zu halten. Mäßigung in Affekten und Leidenschaften, Selbstbeherrschung und nüchterne Überlegung sind nicht allein in vielerlei Absicht gut, sondern scheinen sogar einen Teil vom *innern* Werte der Person auszumachen; allein es fehlt viel daran, um sie ohne Einschränkung für gut zu erklären (so unbedingt sie auch von den Alten gepriesen worden). Denn ohne Grundsätze eines guten Willens können sie höchst böse werden, und das kalte Blut eines Bösewichts macht ihn nicht allein weit gefährlicher, sondern auch unmittelbar in unsern Augen noch verabscheuungswürdiger, als er ohne dieses dafür würde gehalten werden.

Der gute Wille ist nicht durch das, was er bewirkt, oder ausrichtet, nicht durch seine Tauglichkeit zu Erreichung irgend eines vorgesetzten Zweckes, sondern allein durch das Wollen, d.i. an sich, gut und, für sich selbst betrachtet, ohne Vergleich weit höher zu schätzen, als alles, was durch ihn zu Gunsten irgend einer Neigung, ja, wenn man will, der Summe aller Neigungen, nur immer zu Stande gebracht werden könnte. Wenn gleich durch eine besondere Ungunst des Schicksals, oder durch kärgliche Ausstattung einer stiefmütterlichen Natur, es diesem Willen gänzlich an Vermögen fehlete, seine Absicht durchzusetzen; wenn bei seiner größten Bestrebung dennoch nichts von ihm ausgerichtet würde, und nur der gute Wille (freilich nicht etwa ein bloßer Wunsch, sondern als die Aufbietung aller Mittel, so weit sie in unserer Gewalt sind) übrig bliebe: so würde er wie ein Juwel doch für sich selbst glänzen, als etwas, das seinen vollen Wert in sich selbst hat. Die Nützlichkeit oder Fruchtlosigkeit kann diesem Werte weder etwas zusetzen, noch abnehmen. Sie würde gleichsam nur die Einfassung sein, um ihn im gemeinen Verkehr besser handhaben zu können, oder die Aufmerksamkeit derer, die noch nicht genug Kenner sind, auf sich zu ziehen, nicht aber, um ihn Kennern zu empfehlen, und seinen Wert zu bestimmen.

Es liegt gleichwohl in dieser Idee von dem absoluten Werte des bloßen Willens, ohne einigen Nutzen bei Schätzung desselben in Anschlag zu bringen, etwas so Befremdliches, daß unerachtet aller Einstimmung selbst der gemeinen Vernunft mit derselben, dennoch ein Verdacht entspringen muß, daß vielleicht bloß hochfliegende Phantasterei insgeheim zu Grunde liege, und die Natur in ihrer Absicht, warum sie unserm Willen Vernunft zur Regiererin beigelegt habe, falsch verstanden sein möge. Daher wollen wir diese Idee aus diesem Gesichtspunkte auf die Prüfung stellen. [...]

(2) Die Frage sei z.B.: darf ich, wenn ich im Gedränge bin, nicht ein Versprechen tun, in der Absicht, es nicht zu halten? Ich mache hier leicht den Unterschied, den die Bedeutung der Frage haben kann, ob es klüglich, oder ob es pflichtmäßig sei, ein falsches Versprechen zu tun. Das erstere kann ohne Zweifel öfters stattfinden. Zwar sehe ich wohl, daß es nicht genug sei, mich vermittelst dieser Ausflucht aus einer gegenwärtigen Verlegenheit

zu ziehen, sondern wohl überlegt werden müsse, ob mir aus dieser Lüge nicht hinterher viel größere Ungelegenheit entspringen könne, als die sind, von denen ich mich jetzt befreie, und, da die Folgen bei aller meiner vermeinten *Schlauigkeit* nicht so leicht vorauszusehen sind, daß nicht ein einmal verlornes Zutrauen mir weit nachteiliger werden könnte, als alles Übel, das ich jetzt zu vermeiden gedenke, ob es nicht *klüglicher* gehandelt sei, hiebei nach einer allgemeinen Maxime zu verfahren, und es sich zur Gewohnheit zu machen, nichts zu versprechen, als in der Absicht, es zu halten. Allein es leuchtet mir hier bald ein, daß eine solche Maxime doch immer nur die besorglichen Folgen zum Grunde habe. Nun ist es doch etwas ganz anderes, aus Pflicht wahrhaft zu sein, als aus Besorgnis der nachteiligen Folgen; indem, im ersten Falle, der Begriff der Handlung an sich selbst schon ein Gesetz für mich enthält, im zweiten ich mich allererst anderwärtsher umsehen muß, welche Wirkungen für mich wohl damit verbunden sein möchten. Denn, wenn ich von dem Prinzip der Pflicht abweiche, so ist es ganz gewiß böse; werde ich aber meiner Maxime der Klugheit abtrünnig, so kann es mir doch manchmal sehr vorteilhaft sein, wiewohl es freilich sicherer ist, bei ihr zu bleiben. Um indessen mich in Ansehung der Beantwortung dieser Aufgabe, ob ein lügenhaftes Versprechen pflichtmäßig sei, auf die allerkürzeste und doch untrügliche Art zu belehren, so frage ich mich selbst: würde ich wohl damit zufrieden sein, daß meine Maxime (mich durch ein unwahres Versprechen aus Verlegenheit zu ziehen) als ein allgemeines Gesetz (sowohl für mich als andere) gelten solle, und würde ich wohl zu mir sagen können: es mag jedermann ein unwahres Versprechen tun, wenn er sich in Verlegenheit befindet, daraus er sich auf andere Art nicht ziehen kann? So werde ich bald inne, daß ich zwar die Lüge, aber ein allgemeines Gesetz zu lügen gar nicht wollen könne; denn nach einem solchen würde es eigentlich gar kein Versprechen geben, weil es vergeblich wäre, meinen Willen in Ansehung meiner künftigen Handlungen andern vorzugeben, die diesem Vorgeben doch nicht glauben, oder, wenn sie es übereilter Weise täten, mich doch mit gleicher Münze bezahlen würden, mithin meine Maxime, so bald sie zum allgemeinen Gesetze gemacht würde, sich selbst zerstören müsse.

Was ich also zu tun habe, damit mein Wollen sittlich gut sei, dazu brauche ich gar keine weit ausholende Scharfsinnigkeit.

Unerfahren in Ansehung des Weltlaufs, unfähig, auf alle sich ereignende Vorfälle desselben gefaßt zu sein, frage ich mich nur: Kannst du auch wollen, daß deine Maxime ein allgemeines Gesetz werde? wo nicht, so ist sie verwerflich, und das zwar nicht um eines dir, so auch anderen, daraus bevorstehenden Nachteils willen, sondern weil sie nicht als Prinzip in eine mögliche allgemeine Gesetzgebung passen kann. [...]

(3) Die Vorstellung eines objektiven Prinzips, sofern es für einen Willen nötigend ist, heißt ein Gebot (der Vernunft) und die Formel des Gebots heißt *Imperativ.*

Alle Imperativen werden durch ein *Sollen* ausgedruckt, und zeigen dadurch das Verhältnis eines objektiven Gesetzes der Vernunft zu einem Willen an, der seiner subjektiven Beschaffenheit nach dadurch nicht notwendig bestimmt wird (eine Nötigung). Sie sagen, daß etwas zu tun oder zu unterlassen gut sein würde, allein sie sagen es einem Willen, der nicht immer darum etwas tut, weil ihm vorgestellt wird, daß es zu tun gut sei. Praktisch *gut* ist aber, was vermittelst der Vorstellungen der Vernunft, mithin nicht aus subjektiven Ursachen, sondern objektiv, d.i. aus Gründen, die für jedes vernünftige Wesen, als ein solches, gültig sind, den Willen bestimmt. Es wird vom *Angenehmen* unterschieden, als demjenigen, was nur vermittelst der Empfindung aus bloß subjektiven Ursachen, die nur für dieses oder jenes seinen Sinn gelten, und nicht als Prinzip der Vernunft, das für jedermann gilt, auf den Willen Einfluß hat.

Ein vollkommen guter Wille würde also eben sowohl unter objektiven Gesetzen (des Guten) stehen, aber nicht dadurch als zu gesetzmäßigen Handlungen *genötigt* vorgestellt werden können, weil er von selbst, nach seiner subjektiven Beschaffenheit, nur durch die Vorstellung des Guten bestimmt werden kann. Daher gelten für den *göttlichen* und überhaupt für einen *heiligen* Willen keine Imperativen; das *Sollen* ist hier am unrechten Orte, weil das *Wollen* schon von selbst mit dem Gesetz notwendig einstimmig ist. Daher sind Imperativen nur Formeln, das Verhältnis objektiver Gesetze des Wollens überhaupt zu der subjektiven Unvollkommenheit des Willens dieses oder jenes vernünftigen Wesens, z.B. des menschlichen Willens, auszudrücken.

Alle *Imperativen* nun gebieten entweder *hypothetisch*, oder *kategorisch.* Jene stellen die praktische Notwendigkeit einer möglichen Handlung als Mittel, zu etwas anderem, was man will (oder doch möglich ist, daß man es wolle), zu gelangen, vor. Der kategorische Imperativ würde der sein, welcher eine Handlung als für sich selbst, ohne Beziehung auf einen andern Zweck, als objektiv-notwendig vorstellte. [...]

(4) Wenn es denn also ein oberstes praktisches Prinzip, und, in Ansehung des menschlichen Willens, einen kategorischen Imperativ geben soll, so muß es ein solches ein, das aus der Vorstellung dessen, was notwendig für jedermann Zweck ist, weil es *Zweck an sich selbst* ist, ein *objektives* Prinzip des Willens ausmacht, mithin zum allgemeinen praktischen Gesetz dienen kann. Der Grund dieses Prinzips ist: *die vernünftige Natur existiert als Zweck an sich selbst.* So stellt sich notwendig der Mensch sein eignes Dasein vor; so fern ist es also ein *subjektives* Prinzip menschlicher Handlungen. So stellt sich aber auch jedes andere vernünftige Wesen sein Dasein, zufolge eben desselben Vernunftgrundes, der auch für mich gilt, vor, also ist es zugleich ein *objektives* Prinzip, woraus, als einem obersten praktischen Grunde, alle Gesetze, des Willens müssen abgeleitet werden können. Der praktische Imperativ wird also folgender sein: *Handle so, daß du die Menschheit, sowohl in deiner Person, als in der Person eines jeden andern, jederzeit zugleich als Zweck, niemals bloß als Mittel brauchest.* Wir wollen sehen, ob sich dieses bewerkstelligen lasse.

Um bei den vorigen Beispielen zu bleiben, so wird

Erstlich, nach dem Begriffe der notwendigen Pflicht gegen sich selbst, derjenige, der mit Selbstmorde umgeht, sich fragen, ob seine Handlung mit der Idee der Menschheit, *als Zwecks an sich selbst,* zusammen bestehen könne. Wenn er, um einem beschwerlichen Zustande zu entfliehen, sich selbst zerstört, so bedient er sich einer Person, bloß als *eines Mittels,* zu Erhaltung eines erträglichen Zustandes bis zu Ende des Lebens. Der Mensch aber ist keine Sache, mithin nicht etwas, das *bloß* als Mittel gebraucht werden kann, sondern muß bei allen seinen Handlungen jederzeit als Zweck an sich selbst betrachtet werden. Also kann ich über den Menschen in meiner Person *nicht* disponieren, ihn zu verstümmeln, zu verderben, oder zu töten. (Die nähere Bestimmung dieses Grundsatzes zur Vermeidung alles Mißverstandes, z.B. der Amputation der Glieder, um mich zu erhalten, der Gefahr, der ich mein Leben aussetze, um mein Leben zu erhalten etc., muß ich hier vorbeigehen; sie gehört zur eigentlichen Moral.)

Zweitens, was die notwendige oder schuldige Pflicht gegen andere betrifft, so wird der, so ein lügenhaftes Versprechen gegen andere zu tun im Sinne hat, sofort einsehen, daß er sich eines andern Menschen *bloß als Mittels* bedienen will, ohne daß dieser zugleich den Zweck in sich enthalte. Denn der, den ich durch ein solches Versprechen zu meinen Absichten brauchen will, kann unmöglich in meine Art, gegen ihn zu verfahren, einstimmen und also selbst den Zweck dieser Handlung enthalten. Deutlicher fällt dieser Widerstreit gegen das Prinzip anderer Menschen in die Augen, wenn man Beispiele von Angriffen auf Freiheit und Eigentum anderer herbeizieht. Denn da leuchtet klar ein, daß der Übertreter der Rechte der Menschen, sich der Person anderer bloß als Mittel zu bedienen, gesonnen sei, ohne in Betracht zu ziehen, daß sie, als vernünftige Wesen, jederzeit zugleich als Zwecke, d.i. nur als solche, die von eben derselben Handlung auch in sich den Zweck müssen enthalten können, geschätzt werden sollen.* […]

(5) Das vernünftige Wesen zählt sich als Intelligenz zur Verstandeswelt, und, bloß als eine zu dieser gehörige wirkende Ursache, nennt es seine Kausalität einen *Willen.* Von der anderen Seite ist es sich seiner doch auch als eines Stücks der Sinnenwelt bewußt, in welcher seine Handlungen, als bloße Erscheinungen jener Kausalität, angetroffen werden, deren Möglichkeit aber aus dieser, die wir nicht kennen, nicht eingesehen werden kann, sondern an deren Statt jene Handlungen als bestimmt durch andere Erscheinungen, nämlich Begierden und Neigungen, als zur Sinnenwelt gehörig, eingesehen werden müssen. Als bloßen Gliedes der Verstandeswelt würden also alle meine Handlungen dem Prinzip der Autonomie des reinen Willens vollkommen gemäß

* Man denke ja nicht, daß hier das triviale: quod tibi non vis fieri etc.★ zur Richtschnur oder Prinzip dienen könne. Denn es ist, obzwar mit verschiedenen Einschränkungen, nur aus jenem abgeleitet; es kann kein allgemeines Gesetz sein, denn es enthält nicht den Grund der Pflicht gegen sich selbst, nicht der Liebespflichten gegen andere (denn mancher würde es gerne eingehen, daß andere ihm nicht wohltun sollen, wenn er es nur überhoben sein dürfte, ihnen Wohltat zu erzeigen), endlich nicht der schuldigen Pflichten gegen einander; denn der Verbrecher würde aus diesem Grunde gegen seine strafenden Richter argumentieren, u.s.w.

★ „was du nicht willst, daß man dir tu, usw."

sein; als bloßen Stücks der Sinnenwelt würden sie gänzlich dem Naturgesetz der Begierden und Neigungen, mithin der Heteronomie der Natur gemäß genommen werden müssen. (Die ersteren würden auf dem obersten Prinzip der Sittlichkeit, die zweiten der Glückseligkeit, beruhen.) Weil aber *die Verstandeswelt den Grund der Sinnenwelt, mithin auch der Gesetze derselben, enthält,* also in Ansehung meines Willens (der ganz zur Verstandeswelt gehört) unmittelbar gesetzgebend ist, und also auch als solche gedacht werden muß, so werde ich mich als Intelligenz, obgleich andererseits wie ein zur Sinnenwelt gehöriges Wesen, dennoch dem Gesetze der ersteren, d.i. der Vernunft, die in der Idee der Freiheit das Gesetz derselben enthält, und also der Autonomie des Willens unterworfen erkennen, folglich die Gesetze der Verstandeswelt für mich als Imperativen und die diesem Prinzip gemäße Handlungen als Pflichten ansehen müssen.

Und es sind kategorische Imperativen möglich, dadurch, daß die Idee der Freiheit mich zu einem Gliede einer intelligibelen Welt macht, wodurch, wenn ich solches allein wäre, alle meine Handlungen der Autonomie des Willens jederzeit gemäß sein *würden,* da ich mich aber zugleich als Glied der Sinnenwelt anschaue, gemäß sein *sollen,* welches *kategorische* Sollen einen synthetischen Satz a priori vorstellt, dadurch, daß über meinen durch sinnliche Begierden affizierten Willen noch die Idee ebendesselben, aber zur Verstandeswelt gehörigen, reinen, für sich selbst praktischen Willens hinzukommt, welcher die oberste Bedingung des ersteren nach der Vernunft enthält; ohngefähr so, wie zu den Anschauungen der Sinnenwelt Begriffe des Verstandes, die für sich selbst nichts als gesetzliche Form überhaupt bedeuten, hinzu kommen, und dadurch synthetische Sätze a priori, auf welchen alle Erkenntnis einer Natur beruht, möglich machen.

Der praktische Gebrauch der gemeinen Menschenvernunft bestätigt die Richtigkeit dieser Deduktion. Es ist niemand, selbst der ärgste Bösewicht, wenn er nur sonst Vernunft zu brauchen gewohnt ist, der nicht, wenn man ihm Beispiele der Redlichkeit in Absichten, der Standhaftigkeit in Befolgung guter Maximen, der Teilnehmung und des allgemeinen Wohlwollens (und noch dazu mit großen Aufopferungen von Vorteilen und Gemächlichkeit verbunden) vorlegt, nicht wünsche, daß er auch so gesinnt sein möchte. Er kann es aber nur wegen seiner Neigungen und Antriebe nicht wohl in sich zu Stande bringen; wobei er dennoch zugleich wünscht, von solchen ihm selbst lästigen Neigungen frei zu sein. Er beweiset hiedurch also, daß er mit einem Willen, der von Antrieben der Sinnlichkeit frei ist, sich in Gedanken in eine ganz andere Ordnung der Dinge versetze, als die seiner Begierden im Felde der Sinnlichkeit, weil er von jenem Wunsche keine Vergnügung der Begierden, mithin keinen für irgend eine seiner wirklichen oder sonst erdenklichen Neigungen befriedigenden Zustand (denn dadurch würde selbst die Idee, welche ihm den Wunsch ablockt, ihre Vorzüglichkeit einbüßen), sondern nur einen größeren inneren Wert seiner Person erwarten kann. Diese bessere Person glaubt er aber zu sein, wenn er sich in den Standpunkt eines Gliedes der Verstandeswelt versetzt, dazu die Idee der Freiheit, *d.i. Unabhängigkeit* von *bestimmenden* Ursachen der Sinnenwelt ihn unwillkürlich nötigt, und in welchem er sich eines guten Willens bewußt ist, der für seinen bösen Willen, als Gliedes der Sinnenwelt, nach seinem eigenen Geständnisse das Gesetz ausmacht, dessen Ansehen er kennt, indem er es übertritt. Das moralische Sollen ist also eigenes notwendiges Wollen als Gliedes einer inteligibelen Welt, und wird nur so fern von ihm als Sollen gedacht, als er sich zugleich wie ein Glied der Sinnenwelt betrachtet.

Der kategorische Imperativ gehört zu den größten, aber auch umstrittensten Leistungen der Philosophie Kants (Text 24), weil es zunächst den Anschein hat, als ob er mit jedem Inhalt gefüllt werden könnte. Allerdings kehrt etwa ein Adolf Eichmann Kants Intention in geradezu grotesker Weise ins Gegenteil, wenn er in dem von Hannah Arendt beschriebenen Prozeß die Anklage wegen der Judendeportation unter Berufung auf den kategorischen Imperativ zur löblichen Pflichterfüllung verdreht (Text 34). Nach Kant besteht das oberste Gebot des sittlichen Handelns gerade nicht in absoluter Pflichterfüllung unter Absehung oder Mißachtung der humanen Zwecke, sondern ist Ausdruck und Anerkennung der Freiheit und Würde eines jeden als Selbstzweck, wie auch in der Charta der Vereinten Nationen und im deutschen Grundgesetz im Geiste Kants verankert ist.

Die „Grundlegung zur Metaphysik der Sitten“ (1785) ist eine Hinführung zu Kants Hauptwerk der praktischen Philosophie, der

„Kritik der praktischen Vernunft“ (1788). In den Eingangssätzen (Numerierung der Abschnitte vom Verf.) kritisiert Kant der Sache nach Aristoteles’ eudämonistische Ethik (Text 8) und ersetzt das unsichere, in sich ambivalente Streben nach Glückseligkeit durch das Streben nach Glückswürdigkeit (1). Auch nach Aristoteles aber bedarf das Streben nach Glückseligkeit durch Glücksgüter einer obersten Norm, der Tugend als richtiger Mitte, und ist auf sittliche Vervollkommnung als Selbstzweck bezogen. Umgekehrt läßt sich Kants Pflichtethik im Sinne der aristotelischen Tugendethik als Streben nach der menschlichen „Bestform“ (arete) als selbstzweckhafter Person deuten. Allerdings geht Kant im Gegensatz zu Aristoteles und der rationalistischen Metaphysik nicht mehr von einer möglichen Einsicht in die inhaltliche Ordnung des Weltganzen und einer Orientierung an einem vorgegebenen Wertekosmos aus, sondern sieht als letzten Bestimmungsgrund von Moral den „guten Willen“ als formales Prinzip an. Damit ist keine Gesinnungsethik als „bloßer Wunsch“ ohne Rücksicht auf die Folgen gemeint, sondern eine Verantwortungsethik; die unvermeidliche Ausrichtung unter „Aufbietung aller Mittel“ auf die Folgen unseres raum-zeitlichen Handelns sind am guten Willen zu bemessen. Ähnlich hat der Glanz des Juwels unsere Bewunderung zur Folge, unsere Bewunderung aber erzeugt nicht seinen Glanz. Da der Primat der Moralität als Selbstzweck gegenüber den nützlichen guten Folgen im Sinne des Utilitarismus (Text 27) etwas „Befremdliches“ an sich hat, unterzieht ihn Kant einer gründlichen „Prüfung“.

Zunächst (2) zeigt Kant am Beispiel des falschen, lügenhaften Versprechens, daß sittliche Gebote nicht wegen der klug berechneten Folgen, etwa eines nachteiligen Vertrauensverlusts, oder aus kluger Einsicht in die letztlich unberechenbaren Folgen als „Gewohnheit“ einzuhalten sind, sondern rein aus Pflicht, weil sie sich sonst „selbst zerstören“ würden. Wer ein lügenhaftes Versprechen abgibt, verspricht etwas und widerruft zugleich sein Versprechen. Damit zerstört er den Sinn des Sprechakts Versprechen und befindet sich im Widerspruch mit sich selbst. Seine „Maxime“ ist nicht verallgemeinerungsfähig oder vernünftig. Nur ehrliche Versprechen können widerspruchsfrei als „allgemeines Gesetz“ gelten, wie Kant den kategorischen Imperativ bereits hier vorwegnimmt. Die Einsicht in die absolute Geltung sittlicher Gebote sei zwar, wie schon Sokrates erkannt habe (Text 3), jedermann als ein sicherer „Kompaß“ bekannt, bedürfe aber wegen der Anfechtungen durch entgegenstehende Neigungen zu ihrer Absicherung der „Wissenschaft“, wie Kant weiter ausführt (hier nicht abgedruckt). Das behauptete Faktum sittlicher Einsicht von jedermann erläutert Kant ferner (3) als kategorischen Imperativ, der *vor* jeder Erfahrung seiner Folgen gilt und den unvollkommenen menschlichen Willen um ein vollkommenes Wollen *erweitert.* Wie die Sätze der Mathematik und reinen Naturwissenschaft (Text 24) sind die Imperative der Moral daher vor jeder Erfahrung (a priori) gültig und sind keine bloße Definitionssache, sondern eine erweiternde Erkenntnis (synthetisch). In seiner Formulierung vom kategorischen Imperativ in Anerkennung des Menschen als Selbstzweck und nicht bloß als Mittel erläutert Kant das zunächst rein formale Nichtwiderspruchsprinzip auch inhaltlich (4). Außerdem ist widersprüchliches Denken und Handeln nicht mit dem vernünftigen Wesen des Menschen vereinbar, das Kant zudem mit jedermanns Recht auf „Freiheit und Eigentum“ verbindet. Die Begründung des kategorischen Imperativs schließlich liegt nach Kant in der Selbstzuschreibung des freien, nicht nur an die Kausalgesetze der Natur gebundenen Menschen, die „selbst der ärgste Bösewicht“ als von ihm erwünschte, wenn auch nicht erreichte „bessere Person“ anerkenne (5).

Eine derartige Selbstzuschreibung als Teilhabe an einer „ganz anderen Ordnung“ jenseits der „Sinnenwelt“ ist allerdings genausowenig zwingend wie die Teilhabe des Menschen am göttlichen Kosmos in der platonisch-aristotelischen Tradition (Texte 5 u. 8). Als hypothetische Voraussetzung der Rechtsprechung und des Alltagshandelns aber ist die Freiheits-Selbstinterpretation faktisch notwendig. Nur freie, vernünftige Wesen können für ihre Taten verantwortlich gemacht werden, instinktgebundene, reflexhafte Tiere oder vorprogrammierte, mechanische Computer dagegen nicht. Gegen Ende der „Grundlegung“ gibt Kant das „Unbegreifliche“ der Freiheits- und Autonomieunterstellung zu und deklariert es in der „Kritik der praktischen Vernunft“ zum vorfindbaren „Faktum“, vergleichbar dem Faktum der Wissenschaft. Ohne eine derartige weder beweisbare noch widerlegbare Unterstellung, so ist Kant zuzustimmen, verlören wir unsere Identität als freie, autonome Personen und damit die begründbare Motivation unseres entsprechenden individuellen und politischen Handelns. Die mannigfaltigen Phänomene menschlichen Freiheits- und Vernunftstrebens sind nach Kant nicht „wegzuvernünfteln" (Grundlegung, „Von der äußersten Grenze aller praktischen Philosophie"). Im Unterschied zu Rousseaus Freiheitspathos aus Gefühl (Text 23) stammt Kants Freiheitspathos, so weit es geht, aus Vernunft. Als freies, vernünftiges und moralfähiges Wesen findet, so der Astronom und Metaphysiker Kant, der Mensch Halt in der mechanischen Unendlichkeit des Universums, nicht wie bei Pascal (Text 20) im Glauben an eine göttliche Sinnhaftigkeit des Ganzen: „Zwei Dinge erfüllen das Gemüt mit immer neuer und zunehmender Bewunderung und Ehrfurcht, je öfter und anhaltender sich das Nachdenken damit beschäftigt: *der bestirnte Himmel über mir und das moralische Gesetz in mir*" (Kritik der praktischen Vernunft, Beschluß).

26. G. W. F. Hegel: Wer denkt abstrakt?

Denken? Abstrakt? – *Sauve qui peut!* Rette sich, wer kann! – So höre ich schon einen vom Feinde erkauften Verräter ausrufen, der diesen Aufsatz dafür ausschreit, daß hier von Metaphysik die Rede sein werde. Denn Metaphysik ist das Wort, wie Abstrakt und beinahe auch Denken das Wort ist, vor dem jeder, mehr oder minder, wie vor einem mit der Pest behafteten davonläuft.

Es ist aber nicht so bös gemeint, daß, was Denken oder was abstrakt sei, hier erklärt werden sollte. Der schönen Welt ist nichts so unerträglich, als das Erklären. Mir selbst ist es schrecklich genug, wenn einer zu erklären anfängt, denn, zur Not, verstehe ich alles selbst. Hier zeigte sich die Erklärung des Denkens und des Abstrakten ohnehin schon als völlig überflüssig; denn gerade nur, weil die schöne Welt schon weiß, was das Abstrakte ist, flieht sie davor. Wie man das nicht begehrt, was man nicht kennt, so kann man es auch nicht hassen.

Auch wird es nicht darauf angelegt, hinterlistigerweise die schöne Welt mit dem Denken oder dem Abstrakten versöhnen zu wollen; etwa daß unter dem Scheine einer leichten Konversation das Denken und das Abstrakte eingeschwärzt werden sollte, so daß es unbekannterweise und ohne eben einen Abscheu erweckt zu haben, sich in die Gesellschaft eingeschlichen, und gar von der Gesellschaft selbst unmerklich hereingezogen, oder wie die Schwaben sich ausdrücken, hereingezäunselt worden wäre, und nun der Autor dieser Verwicklung diesen sonst fremden Gast, nämlich das Abstrakte, aufdeckte, den die ganze Gesellschaft unter einem andern Titel als einen guten Bekannten behandelt und anerkannt hätte. Solche Erkennungsszenen, wodurch die Welt wider Willen belehrt werden soll, haben den nicht zu entschuldigenden Fehler an sich, daß sie zugleich beschämen, und der Maschinist sich einen kleinen Ruhm erkünsteln wollte; so daß jene Beschämung und diese Eitelkeit die Wirkung aufheben, denn sie stoßen eine um diesen Preis erkaufte Belehrung vielmehr wieder hinweg.

Ohnehin wäre die Anlegung eines solchen Planes schon verdorben; denn zu seiner Ausführung wird erfordert, daß das Wort des Rätsels nicht zum voraus ausgesprochen sei. Dies ist aber durch die Aufschrift schon geschehen. In dieser, wenn dieser Aufsatz mit solcher Hinterlist umginge, hätten die Worte nicht gleich von Anfang auftreten dürfen, sondern wie der Minister in der Komödie, das ganze Spiel hindurch im Überrocke herumgehen und erst in der letzten Szene ihn aufknöpfen und den Stern der Weisheit herausblitzen lassen müssen. Die Aufknöpfung eines metaphysischen Überrocks nähme sich hier nicht einmal so gut aus, als die Aufknöpfung des ministeriellen, denn was jene an den Tag brächte, wäre weiter nichts, als ein paar Worte; denn das Beste vom Spaße sollte ja eigentlich darin liegen, daß es sich zeigte, daß die Gesellschaft längst im Besitze der Sache selbst war; sie gewänne also am Ende nur den Namen, da hingegen der Stern des Ministers etwas Reelleres, einen Beutel mit Geld, bedeutet.

Was Denken, was Abstrakt ist, daß dies jeder Anwesende wisse, wird in guter Gesellschaft vorausgesetzt, und in solcher befinden wir uns. Die Frage ist allein danach, wer es sei, der abstrakt denke? Die Absicht ist, wie schon erinnert, sie nicht mit diesen Dingen zu versöhnen, ihr zuzumuten, sich mit etwas Schwerem abzugeben, ihr ins Gewissen darüber zu reden, daß sie leichtsinniger Weise so etwas vernachlässige, was für ein mit der Vernunft begabtes Wesen rang- und standsgemäß sei. Vielmehr ist die Absicht, die schöne Welt mit sich selbst darüber zu versöhnen, wenn sie sich anders, eben nicht ein Gewissen über diese Vernachlässigung macht, aber doch vor dem abstrakten Denken als vor etwas Hohem einen gewissen Respekt wenigstens innerlich hat, und davon wegsieht, nicht weil es ihr zu gering, sondern weil es ihr zu hoch, nicht weil es zu gemein, sondern zu vornehm, oder umgekehrt, weil es ihr eine *Espèce*, etwas Besondres zu sein scheint, etwas, wodurch man nicht in der allgemeinen Gesellschaft sich auszeichnet, wie durch einen neuen Putz, sondern wodurch man sich vielmehr wie durch ärmliche Kleidung, oder auch durch reiche, wenn sie auch aus alt gefaßten Edelsteinen, oder einer noch so reichen Stickerei besteht, die aber längst chinesisch geworden ist, von der Gesellschaft ausschließt, oder sich darin lächerlich macht.

Wer denkt abstrakt? der ungebildete Mensch, nicht der gebildete. Die gute Gesellschaft denkt darum nicht abstrakt, weil es zu leicht, weil es zu niedrig ist, niedrig nicht dem äußern Stande nach, nicht aus einem leeren Vornehmtun, das sich über das wegzusetzen stellt, was es nicht vermag; sondern wegen der innern Geringheit der Sache.

Das Vorurteil und die Achtung für das abstrakte Denken ist so groß, daß feine Nasen hier eine Satire oder Ironie zum voraus wittern werden; allein da sie Leser des Morgenblattes sind, wissen sie, daß auf eine Satire ein Preis gesetzt ist, und daß ich also ihn lieber zu verdienen glauben und darum konkurrieren, als hier schon ohne weiteres meine Sachen hergeben würde.

Ich brauche für meinen Satz nur Beispiele anzuführen, von denen jedermann zugestehen wird, daß sie ihn enthalten. Es wird also ein Mörder zur Richtstätte geführt. Dem gemeinen Volke ist er nichts weiter als ein Mörder. Damen machen vielleicht die Bemerkung, daß er ein kräftiger, schöner interessanter Mann ist. Jenes Volk findet diese Bemerkung entsetzlich; was ein Mörder schön? wie kann [man] so schlecht denkend sein, und einen Mörder schön nennen; ihr seid wohl auch nicht viel besseres! Dies ist die Sittenverderbnis, die unter den vornehmen Leuten herrscht, setzt vielmehr der Priester hinzu, der den Grund der Dinge und die Herzen kennt.

Ein Menschenkenner sucht den Gang auf, den die Bildung des Verbrechers genommen, findet in seiner Geschichte schlechte Erziehung, schlechte Familienverhältnisse des Vaters und der Mutter, irgend eine ungeheure Härte bei einem leichtern Vergehen dieses Menschen, die ihn gegen die bürgerliche Ordnung erbitterte, eine erste Rückwirkung dagegen, die ihn daraus vertrieb, und es ihm jetzt nur durch Verbrechen sich noch zu erhalten möglich machte. – Es kann wohl Leute geben, die wenn sie solches hören, sagen werden: der will diesen Mörder entschuldigen! Erinnre ich mich doch, in meiner Jugend einen Bürgermeister klagen gehört [zu haben], daß es die Bücherschreiber zu weit treiben, und Christentum und Rechtschaffenheit ganz auszurotten suchen: es habe einer eine Verteidigung des Selbstmordes geschrieben: schrecklich, gar zu schrecklich. – Es ergab sich aus weiterer Nachfrage, daß „Werthers Leiden" verstanden waren.

Dies heißt abstrakt gedacht, in dem Mörder nichts als dies Abstrakte, daß er ein Mörder ist, zu sehen, und durch diese einfache Qualität alles übrige menschliche Wesen an ihm vertilgen. Ganz anders eine feine empfindsame Leipziger Welt. Sie bestreute und beband das Rad und den Verbrecher, der darauf geflochten war, mit Blumenkränzen. – Dies ist aber wieder die entgegengesetzte Abstraktion. Die Christen mögen wohl Rosenkreuzerei, oder vielmehr Kreuzroserei treiben, das Kreuz mit Rosen umwinden. Das Kreuz ist der längst geheiligte Galgen und Rad. Es hat seine einseitige Bedeutung, das Werkzeug entehrender Strafe zu sein, verloren, und kennt im Gegenteil die Vorstellung des höchsten Schmerzens und der tiefsten Verwerfung, zusammen mit der freudigsten Wonne und göttlicher Ehre. Hingegen das Leipziger mit Veilchen und Klatschrosen eingebunden, ist eine oberflächliche kotzebuische Versöhnung, eine Art liederlicher Verträglichkeit der Empfindsamkeit mit dem Schlechten.

Ganz anders hörte ich einst eine gemeine alte Frau, ein Spitalweib, die Abstraktion des Mörders töten, und ihn zur Ehre lebendig machen. Das abgeschlagene Haupt war aufs Schaffot gelegt, und es war Sonnenschein; wie doch so schön, sagte sie, Gottes Gnadensonne Binders Haupt beglänzt! – Du bist nicht wert, daß dich die Sonne bescheint, sagt man zu einem Wicht, über den man sich erzürnt. Jene Frau sah, daß der Mörderskopf von der Sonne beschienen wurde, und es also auch noch wert war. Sie erhob ihn von der Strafe des Schaffots in die SonnenGnade Gottes, brachte nicht durch ihre Veilchen und ihre empfindsame Eitelkeit die Versöhnung zu Stande, sondern sah in der höhern Sonne ihn zu Gnaden angenommen.

Alte, ihre Eier sind faul, sagt die Einkäuferin zur Hökersfrau! Was, entgegnet diese, meine Eier faul! Sie mag mir faul sein! Sie soll mir das von meinen Eiern sagen? Sie? Haben ihren Vater nicht die Läuse an der Landstraße aufgefressen, ist nicht ihre Mutter mit den Franzosen fortgelaufen, und ihre Großmutter im Spital gestorben – Schaff sie sich für ihr Flitterhalstuch ein ganzes Hemde an; man weiß wohl, wo sie dies Halstuch und ihre Mützen her hat; wenn die Offiziere nicht wären, wär jetzt manche nicht so geputzt, und wenn die gnädigen Frauen mehr auf ihre Haushaltung sähen, säße manche im Stockhause – Flick sie sich nur auch die Löcher in den Strümpfen. – Kurz sie läßt keinen guten Faden an ihr. Sie denkt abstrakt, und subsumiert sie nach Halstuch, Mütze, Hemd u.s.f. wie nach den Fingern und anderen Partien, auch nach Vater und der ganzen Sippschaft, ganz allein unter das Verbrechen, daß sie die Eier faul gefunden hat, alles an ihr ist durch und durch mit diesen faulen Eiern gefärbt, da hingegen jene Offiziere, von denen die Hökersfrau sprach, wenn anders, wie sehr zu zweifeln, etwas daran ist, ganz andre Dinge an ihr zu sehen bekommen mögen.

Um von der Magd auf den Bedienten zu kommen, so ist kein Bedienter schlechter daran, als bei einem Manne von wenigem Stande, und wenigem Einkommen; und um so besser daran, je vornehmer sein Herr ist. Der gemeine Mensch denkt wieder abstrakter, er tut vornehm gegen den Bedienten, und verhält sich zu diesem nur als zu einem Bedienten; an diesem einen Prädikate hält er fest. Am besten befindet sich der Bediente bei den Franzosen. Der vornehme Mann ist familiär mit dem Bedienten, der Franzose sogar gut Freund mit ihm; dieser führt, wenn sie allein sind, das große Wort, man sehe *Diderots Jacques et son maître,* der Herr tut nichts als Prisen-Tabak nehmen und nach der Uhr sehen; und läßt den Bedienten in allem übrigen gewähren. Der vornehme Mann weiß, daß der Bediente nicht nur Bedienter ist, sondern auch die Stadtneuigkeiten weiß, die Mädchen kennt, gute Anschläge im Kopfe hat; er fragt ihn darüber, und der Bediente darf sagen, was er über das weiß, worüber der Prinzipal frug. Beim französischen Herrn darf der Bediente nicht nur dies, sondern auch die Materie aufs Tapet bringen, seine Meinung haben und behaupten, und wenn der Herr etwas will, so geht es nicht mit Befehl, sondern er muß dem Bedienten zuerst seine Meinung einräsonnieren und ihm ein gutes Wort darum geben, daß seine Meinung die Oberhand behält.

Im Militär kommt derselbe Unterschied vor; beim preußischen kann der Soldat geprügelt werden, er ist also eine Canaille; denn was geprügelt zu werden das passive Recht hat, ist eine Canaille. Sie gilt der gemeine Soldat dem Offizier, für dies Abstraktum eines prügelbaren Subjekts, mit dem ein Herr der Uniform und Port d'épée hat, sich abgeben muß, und das ist um sich zu den Teufel zu ergeben.

Georg Wilhelm Friedrich Hegel (1770–1831) wurde in Stuttgart geboren, genoß eine ausgezeichnete Schulbildung und trat 1788 in das Tübinger Stift ein, wo er sich mit Hölderlin und Schelling befreundete. Das Studium der Theologie bestimmte auch seine Philosophie als Versuch, das Absolute als das Wirkliche zu erkennen und Kants Kritizismus (Text 24) im objektiven Idealismus zu überwinden: die Formen der reinen Erkenntnis sind nach Hegel zugleich die Gegenstände der Erkenntnis. Nach verschiedenen Hauslehrerstellen schlug Hegel eine akademische Laufbahn ein und wurde in Jena 1805 zum außerordentlichen Professor der Philosophie ernannt. Wegen politischer Unruhen zog er sich jedoch aus Jena zurück und wirkte von 1808–1816 als Rektor des Nürnberger Ägidiengymnasiums. Zuvor erschien 1807 die „Phänomenologie des Geistes" und vermutlich noch in demselben Jahr der Aufsatz „Wer denkt abstrakt?". Nach Erscheinen der „Wissenschaft der Logik" (1812, zweiter Band 1816) erfolgte 1816 Hegels Berufung nach Heidelberg. 1818 erhielt er als Fichtes Nachfolger einen Ruf nach Berlin, wo er mit großem Erfolg lehrte und als Zusammenfassung seiner Philosophie die „Enzyklopädie der Wissenschaften" (1827/30) veröffentlichte. 1831 verstarb Hegel in Berlin an Cholera.

Hegels Aufsatz ist eine ironische Verteidigung der Metaphysik, die sich das Erkennen des Absoluten zutraut und dieses selber ist. Sein und Erkennen bilden, wie bei Parmenides, eine Einheit (Text 2). Liest man den anspielungsreichen Aufsatz vor dem Hintergrund der „Phänomenologie", dann wird deutlich, daß er eine praktische Anwendung der dialektischen Methode ist. Das scheinbar konkrete Denken des einzelnen (Objekts und Subjekts) erweist sich im Gegensatz zur üblichen Sprach- und Denkgewohnheit als abstrakt, da es „abgezogen" (lat. abstrahere) von seinem Bezug zum Ganzen oder Absoluten ist und nicht im „Zusammenwuchs" (lat. concrescere) der Teile und des Ganzen gedacht wird. In der „Phänomenologie" wird der Bildungsprozeß des erkennenden Subjekts von der sinnlichen Gewißheit bis zum absoluten Wissen vollzogen. *Was* abstraktes Denken ist, zeigt sich nur, wenn man dem nachgeht, *wer* abstrakt denkt. Der Begriff, etwa des „Abstrakten", schlägt in sein Gegenteil um (Thesis und Antithesis) und vereinigt sich auf einer höheren Ebene (Synthesis), um selber wieder zum Ausgangspunkt desselben Prozesses zu werden, der schließlich in einer höchsten Synthesis des Absoluten als Objekt und Subjekt des Erkennens seine Vollendung erfährt. Das abstrakte, isolierte und fixierte Objekt und Subjekt wird in einem dreifachen Sinne „aufgehoben": es wird vernichtet (lat. tollere), bewahrt (lat. conservare) und erhoben (lat. levare). Wer abstrakt denkt, ist sich etwa sinnlich gegebener Einzelobjekte in Raum und Zeit gewiß, die es im Sinne der heutigen positivistischen Wissenschaftstheorie als Gegebenes (lat. ponere, positum: geben, Gegebenes) in Form von Protokollsätzen festzuhalten gilt, um daraus abstrakte, allgemeine Wenn-dann-Aussagen zu gewinnen (wenn die Sonne scheint, wird der Stein warm). Das Subjekt ist dabei bloß äußerer, unbeteiligter Beobachter vorgegebener Einzelobjekte. Nach Hegel dagegen erweist sich bereits bei den ersten Begriffen der sinnlichen Gewißheit, dem „Hier" und „Jetzt", eine derartig isolierte Konkretion als Selbsttäuschung. Das hier und jetzt gegebene Objekt ist in Wirklichkeit eine untrennbare Einheit (Synthesis) von einzelnen Sinneseindrücken und ihrer allgemeinen Bestimmung *als* „hier" und „jetzt" durch das bestimmende Subjekt.

Das zu Beginn des Aufsatzes im reißerischen Stil eines Straßenverkäufers geradezu wie eine „Pest" angekündigte abstrakte Denken der Metaphysik findet am Ende des Aufsatzes eine vollkommen andere Bedeutung. Wirkliche Metaphysik ist demnach weder Sache bloßer „Erklärung" im Sinne abgehobener Definitionskünste des Ganzen, noch wird sie von der „ganzen Gesellschaft" im Sinne seichter Sinndeutungen bereits schon „anerkannt". Vielmehr bringt ihr, wie Hegel vorausschickt, die „gute Gesellschaft" zu Recht „als vor etwas Hohem einen gewissen Respekt" entgegen, wenn auch in Verkennung ihres wirklichen, konkreten Phänomens. Hegel zieht in sokratischer Art durch die Umkehr der Frage vom

„Was" zum „Wer" den Leser, der sich für gebildet hält, in einen Prozeß der Selbsterkenntnis oder Bildung hinein (Texte 4 u. 5). Die von den fiktiven Lesern des Jenaer „Morgenblatts für gebildete Stände" vermutete „Satire oder Ironie" (auf die das Blatt tatsächlich einen Preis ausgesetzt hatte, ohne daß aber Hegels Aufsatz in ihm erschien) auf das abstrakte Denken der Metaphysik wendet sich schließlich gegen die Leser, die in ihrem Nichtwissen entlarvt werden und eine Ahnung von Metaphysik als Konkretion einer „guten Gesellschaft" erreichen können. Für seinen Satz, daß abstraktes Denken Sache von Unbildung (im bildungsbürgerlichen Sinne) ist, bringt Hegel Beispiele, die „jedermann" einsichtig sind. In allen vier Beispielen vom Mörder, der Hökersfrau dem Bedienten und Soldaten geht es um gesellschaftliche Prozesse der Anerkennung des einzelnen, der (in Kantscher Terminologie) nicht nur Mittel, sondern zugleich auch Selbstzweck oder (in Hegelscher Terminologie) nicht nur „prügelbares Subjekt", sondern „menschliches Wesen" ist. Abstraktes Denken nimmt sich selbst und den anderen nur als isolierten Teil wahr, ohne ihn als ganze, konkrete Person zu würdigen, die zugleich Mörder, Hökersfrau, Bedienter, Soldat oder Angehöriger der entsprechenden gesellschaftlichen Herrschaftsverhältnisse ist. Der Mörder (oder „ärgste Bösewicht", siehe Kant, Text 25) ist nicht nur dieses Abstrakte, ein Mörder (Thesis), sondern zugleich als Mensch auch Nicht-Mörder (Antithesis), dem die „Sonnen Gnade Gottes" auf das abgeschlagene Haupt ebenso scheint wie einem gekrönten Haupt. In der wechselseitigen Anerkennung des anderen als Mensch findet das subjektive Erkennen des Objekts seine höchste Vollendung, die zugleich innerste eigene Sache des Subjekts ist (Synthesis); – „*wer* denkt abstrakt?" Die wirkliche „Versöhnung" von Teil und Ganzem, Mittel und Selbstzweck kann weder durch äußere „Erklärung" noch durch rührselige „Verträglichkeit" nach Art der Rührstücke des Dichters Kotzebue geleistet werden, in der Gut und Böse bloße „Empfindsamkeit" sind. Die „Klatschrosen" der empfindsamen „Leipziger Welt" unterscheiden sich daher wahrlich absolut von den „Rosen" auf dem Kreuz der Christen (möglicherweise eine Anspielung auf Luthers Familienwappen, wohl weniger auf den dubiosen Rosenkreuz-Orden). „Respekt" ist nicht durch Erklären oder Gefühl, sondern allein durch ein konkretes oder praktisches Anerkennen des Absoluten zu leisten.

Ob es Hegel wirklich gelungen ist, Kants (inter-)subjektiven Idealismus im objektiven Idealismus zu überwinden, muß eher bezweifelt werden (so z.B. Herbert Schnädelbach). Er setzt das als gewußt voraus, was es erst zu erkennen gilt, die absolute Wahrheit des Ganzen *als* Schöpfung Gottes oder, in platonisch-aristotelischer Tradition, die Welt als geordneten, sinnvollen Kosmos. Doch nicht nur die Grenzerfahrungen der modernen Naturwissenschaft angesichts des unendlichen, unfaßbaren Mikro- und Makrokosmos (Pascal, Text 20), sondern auch die moderne Selbsterfahrung des endlichen, begrenzten Daseins läßt die Idee eines in sich abgerundeten Ganzen als leere Utopie oder bestenfalls als sinnvolle Hoffnung erscheinen, als „regulative" Idee (Kant) unserer notwendigen, aber nie abschließbaren Sinnsuche. Bei dieser Sinnsuche kann Hegels dialektische Methode (die als Begriff bei ihm nicht vorkommt) durchaus als vorwärtstreibendes und strukturierendes Moment orientierend sein, nicht aber ihre Gewißheit eines absoluten Endes, das als Anfang immer schon vorausgesetzt wird. Eine Gleichsetzung der offenen dialektischen mit der geschlossenen spekulativen Methode des Absoluten (wie sie Hegel genauer vertreten hat) führt dagegen zu den gesellschaftlich-politischen Absolutheitsansprüchen und zur Unterdrückung des Einzelnen (als Objekt und Subjekt), wie sie z.B. Popper am Marxismus als Hegelianismus (und Platonismus) zu Recht kritisiert (Die offene Gesellschaft und ihre Feinde, 1945).

27. John Stuart Mill: Das Prinzip des größten Glücks

Die Auffassung, für die die Nützlichkeit oder das Prinzip des größten Glücks die Grundlage der Moral ist, besagt, daß Handlungen insoweit und in dem Maße moralisch richtig sind, als sie die Tendenz haben, Glück zu befördern, und insoweit moralisch falsch, als sie die Tendenz haben, das Gegenteil von Glück zu bewirken. Unter ‚Glück' [happiness] ist dabei Lust [pleasure] und das Freisein von Unlust [pain], unter ‚Unglück' [unhappiness] Unlust und das Fehlen von Lust verstanden. Damit die von dieser Theorie aufgestellte Norm deutlich wird, muß freilich noch einiges mehr gesagt werden, insbesondere darüber, was die Begriffe Lust und Unlust einschließen sollen und inwieweit dies von der

Theorie offengelassen wird. Aber solche zusätzlichen Erklärungen ändern nichts an der Lebensauffassung, auf der diese Theorie der Moral wesentlich beruht: daß Lust und das Freisein von Unlust die einzigen Dinge sind, die als Endzwecke wünschenswert sind, und daß alle anderen wünschenswerten Dinge (die nach utilitaristischer Auffassung ebenso vielfältig sind wie nach jeder anderen) entweder deshalb wünschenswert sind, weil sie selbst lustvoll sind oder weil sie Mittel sind zur Beförderung von Lust und zur Vermeidung von Unlust.

Eine solche Lebensauffassung stößt bei vielen Menschen, darunter manchen, deren Fühlen und Trachten im höchsten Maße achtenswert ist, auf eingewurzelte Abneigung. Der Gedanke, daß das Leben (wie sie sagen) keinen höheren Zweck habe als die Lust, kein besseres und edleres Ziel des Wollens und Strebens, erscheint ihnen im äußersten Grade niedrig und gemein; als eine Ansicht, die nur der Schweine würdig wäre, mit denen die Anhänger Epikurs ja schon sehr früh verächtlich gleichgesetzt wurden; und zeitgenössische Vertreter der Lehre werden gelegentlich zum Gegenstand nicht weniger höflicher Vergleiche von seiten ihrer deutschen, französischen und englischen Gegner.

Auf Angriffe dieser Art haben die Epikureer stets geantwortet, daß nicht sie, sondern ihre Ankläger es sind, die die menschliche Natur in entwürdigendem Lichte erscheinen lassen, da die Anklage ja unterstellt, daß Menschen keiner anderen Lust fähig sind als der, deren auch Schweine fähig sind. Träfe diese Unterstellung zu, wäre sie nicht zu widerlegen, aber sie wäre dann auch keine Beleidigung mehr. Denn wenn die Quellen der Lust für Menschen und für Schweine genau dieselben wären, müßte die Lebensregel, die für die einen gut genug ist, auch für die anderen gut genug sein. Nur deswegen wird ja die Gleichsetzung des epikureischen Lebens mit dem tierischen als entwürdigend empfunden, weil die Lust des Tiers der menschlichen Vorstellung von Glück nicht gerecht wird. Die Menschen haben höhere Fähigkeiten als bloß tierische Gelüste und vermögen, sobald sie sich dieser einmal bewußt sind, nur darin ihr Glück zu sehen, worin deren Betätigung eingeschlossen ist. Ich möchte damit nicht behaupten, daß den Epikureern bei der Ableitung von Konsequenzen aus dem utilitaristischen Prinzip keine Fehler unterlaufen wären – im Gegenteil, keine solche Ableitung kann angemessen sein, die nicht viele stoische und christliche Elemente einbezieht. Aber wir kennen keine epikureische Lebensauffassung, die nicht den Freuden des Verstandes, der Empfindung und Vorstellungskraft sowie des sittlichen Gefühls einen weit höheren Wert zuschreibt als denen der bloßen Sinnlichkeit. Es ist allerdings einzuräumen, daß die utilitaristischen Autoren die Überlegenheit der geistigen über die körperlichen Freuden im wesentlichen nur in der größeren Dauerhaftigkeit, Verläßlichkeit, Unaufwendigkeit usw. der ersteren gesehen haben, also eher in ihren äußeren Vorteilen als in ihrer inneren Beschaffenheit. In allen diesen Punkten haben die Utilitaristen ihren Standpunkt überzeugend begründet. Aber sie hätten auch diesen anderen und sozusagen höheren Grund geltend machen können, ohne sich selbst untreu zu werden. Die Anerkennung der Tatsache, daß einige *Arten* der Freude wünschenswerter und wertvoller sind als andere, ist mit dem Nützlichkeitsprinzip durchaus vereinbar. Es wäre unsinnig anzunehmen, daß der Wert einer Freude ausschließlich von der Quantität abhängen sollte, wo doch in der Wertbestimmung aller anderen Dinge neben der Quantität auch die Qualität Berücksichtigung findet.

Fragt man mich nun, was ich meine, wenn ich von der unterschiedlichen Qualität von Freuden spreche, und was eine Freude – bloß als Freude, unabhängig von ihrem größeren Betrag – wertvoller als eine andere macht, so gibt es nur eine mögliche Antwort: von zwei Freuden ist diejenige wünschenswerter, die von allen oder nahezu allen, die beide erfahren haben – ungeachtet des Gefühls, eine von beiden aus moralischen Gründen vorziehen zu müssen –, entschieden bevorzugt wird. Wird die eine von zwei Freuden von denen, die beide kennen und beurteilen können, so weit über die andere gestellt, daß sie sie auch dann noch vorziehen, wenn sie wissen, daß sie größere Unzufriedenheit verursacht, und sie gegen noch so viele andere Freuden, die sie erfahren könnten, nicht eintauschen möchten, sind wir berechtigt, jener Freude eine höhere Qualität zuzuschreiben, die die Quantität so weit übertrifft, daß diese im Vergleich nur gering ins Gewicht fällt.

Es ist nun aber eine unbestreitbare Tatsache, daß diejenigen, die mit beiden gleichermaßen bekannt und für beide gleichermaßen empfänglich sind, der Lebensweise entschieden den Vorzug geben, an der auch ihre höheren Fähigkeiten beteiligt sind. Nur wenige Menschen würden darein einwilligen, sich in eines der niederen Tiere verwandeln zu lassen, wenn man ihnen verspräche, daß sie die Befriedigungen des Tiers im vollen Umfange auskosten dürften. Kein intelligenter Mensch möchte ein Narr, kein gebildeter Mensch ein Dummkopf, keiner, der feinfühlig und gewissenhaft ist, selbstsüchtig und niederträchtig sein – auch wenn sie überzeugt wären, daß der Narr, der Dummkopf oder der Schurke mit seinem Schicksal zufriedener ist als sie mit dem ihren. Das, was sie vor ihm voraushaben, würden sie auch für die vollständigste Erfüllung all der Wünsche nicht aufgeben, die sie mit ihm gemeinsam haben. Sollte ihnen dies doch einmal in den Sinn kommen, dann nur in Fällen äußersten Unglücks, in denen sie bereit sind, fast jedes andere Schicksal in Kauf zu nehmen, wie wenig sie sich auch von ihm versprechen, nur um dem ihren zu entgehen. Ein höher begabtes Wesen verlangt mehr zu seinem Glück, ist wohl auch größeren Leidens fähig und ihm sicherlich in höherem Maße ausgesetzt als ein niedrigeres Wesen; aber trotz dieser Gefährdungen wird es niemals in jene Daseinsweise absinken wollen, die es als niedriger empfindet. Wir mögen dieses Widerstreben erklären, wie wir wollen: wir mögen es dem Stolz zuschreiben – einem Begriff, mit dem man einige der am meisten und einige der am wenigsten schätzenswerten Gefühle, deren die Menschen fähig sind, bezeichnet; wir mögen es der Freiheitsliebe und dem Streben nach Unabhängigkeit zuschreiben, woran die Stoiker appelliert und worin sie eines der wirksamsten Mittel gefunden haben, die Menschen zu diesem Widerstreben zu erziehen; der Liebe zur Macht und zur begeisterten Erregtheit, die beide darin enthalten sind. Aber am zutreffendsten wird es als ein Gefühl der Würde beschrieben, das allen Menschen in der einen oder anderen Weise und im ungefähren Verhältnis zu ihren höheren Anlagen zu eigen ist und das für die, bei denen es besonders stark ausgeprägt ist, einen so entscheidenden Teil ihres Glücks ausmacht, daß sie nichts, was mit ihm unvereinbar ist, länger als nur einen Augenblick lang zu begehren imstande sind. Wer meint, daß diese Bevorzugung des Höheren ein Opfer an Glück bedeutet – daß das höhere Wesen unter den gleichen Umständen nicht glücklicher sein könne als das niedrigere –, vermengt die zwei durchaus verschiedenen Begriffe des Glücks [happiness] und der Zufriedenheit [content]. Es ist unbestreitbar, daß ein Wesen mit geringerer Fähigkeit zum Genuß die besten Aussichten hat, voll zufriedengestellt zu werden; während ein Wesen von höheren Fähigkeiten stets das Gefühl haben wird, daß alles Glück, das es von der Welt, so wie sie beschaffen ist, erwarten kann, unvollkommen ist. Aber wenn diese Unvollkommenheiten überhaupt nur erträglich sind, kann es lernen, mit ihnen zu leben, statt die anderen zu beneiden, denen diese Unvollkommenheiten nur deshalb nicht bewußt sind, weil sie sich von den Vollkommenheiten keine Vorstellung machen können, mit denen diese verglichen werden. Es ist besser, ein unzufriedener Mensch zu sein als ein zufriedengestelltes Schwein; besser ein unzufriedener Sokrates als ein zufriedener Narr. Und wenn der Narr oder das Schwein anderer Ansicht sind, dann deshalb, weil sie nur die eine Seite der Angelegenheit kennen. Die andere Partei hingegen kennt beide Seiten.

[...]

Nach dem Prinzip des größten Glücks ist, wie oben erklärt, der letzte Zweck, bezüglich dessen und um dessentwillen alles andere wünschenswert ist (sei dies unser eigenes Wohl oder das Wohl anderer), ein Leben, das so weit wie möglich frei von Unlust und in quantitativer wie in qualitativer Hinsicht so reich wie möglich an Lust ist; wobei der Maßstab, an dem Qualität gemessen und mit der Quantität verglichen wird, die Bevorzugung derer ist, die ihrem Erfahrungshorizont nach – einschließlich Selbsterfahrung und Selbstbeobachtung – die besten Vergleichsmöglichkeiten besitzen. Indem dies nach utilitaristischer Auffassung der Endzweck des menschlichen Handelns ist, ist es notwendigerweise auch die Norm der Moral. Diese kann also definiert werden als die Gesamtheit der Handlungsregeln und Handlungsvorschriften, durch deren Befolgung ein Leben der angegebenen Art für die gesamte Menschheit im größtmöglichen Umfange erreichbar ist; und nicht nur für sie, sondern, soweit es die Umstände erlauben, für die gesamte fühlende Natur.

[...]

Der einzige Beweis dafür, daß ein Gegenstand sichtbar [visible] ist, ist, daß man ihn tatsächlich sieht. Der einzige Beweis dafür, daß ein Ton hörbar [audible] ist, ist, daß man ihn hört. Und dasselbe gilt für die anderen Quellen unserer Erfahrung. Ebenso wird der einzige Beweis dafür, daß etwas wünschenswert [desirable] ist, der sein, daß die Menschen es tatsächlich wünschen. Wäre der Zweck, den sich die utilitaristische Theorie setzt, nicht schon in Theorie und Praxis als Zweck anerkannt, könnte einen nichts davon überzeugen, daß dies wirklich der Zweck ist. Dafür, daß das allgemeine Glück wünschenswert ist, läßt sich kein anderer Grund angeben, als daß jeder sein eigenes Glück erstrebt, insoweit er es für erreichbar hält. Da dieses jedoch eine Tatsache ist, haben wir damit nicht nur den ganzen Beweis, den der Fall zuläßt, sondern alles, was überhaupt als Beweisgrund dafür verlangt werden kann, daß Glück ein Gut ist: nämlich daß das Glück jedes einzelnen für diesen ein Gut ist und daß daher das allgemeine Glück ein Gut für die Gesamtheit der Menschen ist.

John Stuart Mill (1806–1873) wurde von seinem Vater James Mill, einem Psychologen, Nationalökonomen, Historiker und Verfechter des Utilitarismus seines Freundes Jeremy Bentham (1748–1832), nach einem effizienten Glückskalkül im Sinne bürgerlicher Perfektion in Beruf und Bildung erzogen. Die Rechnung des Vaters schien auch aufzugehen: dem jungen Mill wurde bereits mit drei Jahren Griechischunterricht zuteil, mit acht Jahren kamen Latein, Mathematik und Naturwissenschaften hinzu, mit zwölf Nationalökonomie; mit siebzehn Jahren begann seine Karriere in der East India Company. Das Planungsglück aus der objektiven Beobachterperspektive des Vaters stimmte allerdings nicht mit der subjektiven Teilnehmerperspektive des Sohnes als Betroffenem überein. Nach einer tiefen persönlichen Krise wagte es dieser schließlich, auch die Gefühlsseiten des Glücks wahrzunehmen und Glück insgesamt nicht auf ein objektives Kalkül, sondern auf das subjektive Urteil einer möglichst umfassenden Glückserfahrung zu gründen. Zur umfassenden Glückserfahrung gehört nach Mill auch das soziale Empfinden, das individuelles mit allgemeinem Glück zu verbinden trachtet und sogar „die gesamte fühlende Natur" mitberücksichtigt. Das „größte" Glück ist daher nicht nur quantitativ, sondern auch qualitativ, nicht nur egoistisch, sondern auch altruistisch gemeint, dadurch aber mit unvermeidbaren Abwägungsproblemen verbunden. Mills Utilitarismus läßt sich von seinem offenen Erfahrungs- und Erkenntniskonzept her als zweistufiges Verfahren widerspruchsfrei denken:

das allgemeine, theoretisch und politisch bestimmte Glück (erste Stufe) wird an die Glücksempfindungen und -urteile des einzelnen (zweite Stufe) rückgekoppelt, hierin mit Aristoteles allgemeinem Umriß der „Mitte" und der „Urteilskraft" des einzelnen vergleichbar (Text 9). Ob mehr schlechter, weniger guter oder gar kein Wein für jemanden, bekömmlich und beglückend ist, kann jeder einzelne nur aus der persönlichen Erfahrung und Beobachtung seiner eigenen Kondition und Wertvorstellungen empfinden und beurteilen und läßt sich nicht als allgemeines Zuteilungsprogramm – außer für unmündige Schutzbedürftige – rechtfertigen. Daß allerdings das politische Handeln allgemeine Rahmenbedingungen sicherzustellen hat, die dem einzelnen eine größtmögliche eigene Glückspraxis eröffnen, folgt aus Mills zweistufigem Utilitarismuskonzept. Praktisch hat sich Mill, zusammen mit seiner Lebensgefährtin, späteren Frau und Mitphilosophin Harriet Taylor, vor allem als Mitglied des Londoner Unterhauses (1865–1868) für die Gleichstellung der Frauen und der Arbeiter eingesetzt. Theoretisch hat er die Grundlagen seines liberal-sozialen Utilitarismus vor allem in folgenden Werken ausgearbeitet: „Prinzipien der politischen Ökonomie" (1848), „System der deduktiven und induktiven Logik" (1859), „Über die Freiheit" (1859) und „Der Utilitarismus" (1861).

Mills Schrift „Der Utilitarismus" nimmt in den philosophischen Einführungskursen der angelsächsischen Universitäten eine ähnlich zentrale Stelle als kanonischer, heftig umstrittener Grundtext ein wie bei uns Kants „Grundlegung zur Metaphysik der Sitten" (Text 25). Ein Vergleich beider Positionen kann dazu dienen, sowohl Kants deontologische Pflicht-Ethik des absoluten sittlichen Sollens als auch Mills teleologische Folgen-Ethik des optimalen Glücks von Mißverständnissen zu befreien und beide miteinander zu verbinden. Entscheidend für Mills Utilitarismus ist seine Glücksdefinition und ihre Begründung. Ähnlich wie Epikur (Text 10) definiert Mill Glück (happiness; griech. *eudaimonía*) nicht nur als „Lust" (pleasure; griech. *hedoné*), sondern auch als „Freisein von Unlust" (pain; griech. *lýpe*); außerdem unterscheidet er die „niedrigere", sinnliche von der „höheren", geistigen Lust. Die Bewertung der beiden Lustarten begründet Mill mit der umfassenderen Erfahrung desjenigen, der beides kennt und im extremen Alternativfall das niedrigere Glück eines „zufriedengestellten Schweins“ (content) dem höheren Glück (happiness) eines „unzufriedenen Sokrates“ opfern würde. Diese Wahl sei Ausdruck des „Gefühls der Würde, [...] das allen Menschen zukommt“. Inhaltlich ist daher Mills Begriff der Glückseligkeit mit Kants Begriff der Glückswürdigkeit und seine Folgen- mit einer Pflicht-Ethik vereinbar, ohne daß aber die „Würde“ des Menschen, wie bei Kant, auf seinen Status als Vernunftwesen zurückgeführt würde. Vielmehr begründet Mill seine als allgemeingültig behauptete Glücksdefinition aus der Teilnehmerperspektive der „Partei“, die beide Arten der Lust kennt und im Zweifelsfall die höhere vorzieht. Die behauptete Allgemeingültigkeit ist daher keine zwingend objektive, aber auch keine beliebig subjektive, sondern eine plausible, intersubjektiv anerkannte „Tatsache“. Wenn sich Mill bei der Begründung der Glücks-„Norm“ auf „eine Tatsache“ beruft, liegt nur scheinbar ein naturalistischer Fehlschluß vor, der ein Sollen aus einem Sein ableitet. Zwar vertritt Mill inhaltlich eine naturalistische Ethik, die empirische, „natürliche“ Tatsachen einbezieht, metatheoretisch begründet er sie aber nicht naturalistisch, durch Ableitung von Naturtatsachen, sondern unter Verweis auf eine „Lebensauffassung“, die eine Wertaussage enthält. Damit kann er zwar keinen strengen Beweis, aber diskutierbare „Erwägungen“ als Begründung anführen: „Und das kommt einem Beweis gleich“ (Erstes Kapitel).

In der Tat wird faktisch kaum jemand, der auch ein qualitatives Glücksempfinden hat, Benthams quantitatives Glückskalkül akzeptieren. Nach Bentham ist die Summe der Lustempfindungen (pleasure) nach sechs Faktoren auszurechnen: Intensität, Dauer, Gewißheit, (zeitliche) Nähe, Fruchtbarkeit (für weitere Lustfolgen) und Reinheit (von Unlust). Nach Mill dagegen sind derartige Berechnungen – auch aus eigenen bitteren Erfahrungen heraus – abzulehnen oder stark zu relativieren und durch ein möglichst umfassendes Erfahrungsurteil zu ersetzen. Stärker als Kant betont Mill zwar die Folgen moralischer Entscheidung für die Praxis, setzt aber mit ihm eine oberste Norm dieser Folgen in der „Würde“ aller Menschen an. Moral wird wegen der Folgen praktiziert, aber durch ein allgemeines Sollen begründet. Zweifellos muß man Kant die größere begriffliche Genauigkeit und argumentative Strenge zuerkennen. Mill dagegen bindet die Pflichtethik wieder stärker zurück an eine Ethik des „guten Lebens“

(Aristoteles, Text 9). Hinsichtlich der letzten Begründung der obersten Norm der „Würde" dagegen müssen sich beide mit einem Patt zufriedengeben. Während sich Kant zum Schluß der „Grundlegung" mit der metaphysischen „Unbegreiflichkeit" des „Faktums" absoluten Sollens aus Freiheit begnügen muß (Text 25), kann Mill bestenfalls akzeptable „Erwägungen" anbieten. Faktisch jedenfalls hat sich bei Problemen der angewandten Ethik, etwa bei der Bestimmung von „Lebensqualität" oder bei Kosten-Nutzen-Abwägungen in der Medizin, der Utilitarismus, der zum Teil durch Sidgwick, Urmson, Smart, Brandt oder Lyons kritisch weiterentwickelt wurde, als hilfreich erwiesen. Auch für ökologische Fragen ist Mills pathozentrische Ethik eine gute theoretische Basis, da sie die „gesamte fühlende Natur" als moralisch relevant berücksichtigt, getreu Benthams berühmtem Satz: „The question is not, Can they *reason,* nor, Can they *talk,* but, Can they *suffer*?" (An introduction to the principles of morals and legislation, 1789).

28. Sören Kierkegaard: Der Begriff Angst

Man findet den Begriff Angst kaum jemals in der Psychologie behandelt, ich muß deshalb darauf aufmerksam machen, daß er gänzlich verschieden ist von Furcht und ähnlichen Begriffen, die sich auf etwas Bestimmtes beziehen, während Angst die Wirklichkeit der Freiheit als Möglichkeit für die Möglichkeit ist. Daher wird man beim Tier, eben weil es in seiner Natürlichkeit nicht als Geist bestimmt ist, keine Angst finden.

[...]

Von einem indischen Einsiedler, der sich zwei Jahre lang von Tau ernährte, wird berichtet, daß er einmal in die Stadt kam, Wein probierte und dem Trunk verfiel. Diese wie jede ähnliche Geschichte läßt sich auf vielerlei Weise verstehen, man kann sie komisch, man kann sie tragisch machen; doch ein Individuum, das sich durch die Möglichkeit bildet, das hat von *einer* Geschichte dieser Art genug. Ein solcher Mensch hat sich augenblicklich mit jenem Unglücklichen absolut identifiziert, er kennt keine Ausflüchte der Endlichkeit, mit deren Hilfe er entkäme. Nun hat die Angst der Möglichkeit in ihm ihre Beute, bis sie ihn abgeben muß, erlöst im Glauben; anderswo findet er nicht Ruhe, denn jeder andere Ruhepunkt ist nur Gerede, auch wenn es den Menschen klug erscheint. Sieh, deshalb ist die Möglichkeit so absolut bildend. In der Wirklichkeit ist nie ein Mensch so unglücklich geworden, daß er nicht einen Rest zurückbehalten hätte, und wie die Verständigkeit ganz richtig sagt, wenn man schlau ist, weiß man sich zu helfen. Doch wer den Kursus der Möglichkeit im Unglück durchlaufen hat, der hat alles, alles verloren, wie niemand es in der Wirklichkeit verlor. Wenn er jetzt die Möglichkeit, die ihn lehren will, nicht hinterginge, die Angst, die ihn erlösen will, nicht überredete, dann bekäme er auch alles wieder, wie niemand es in der Wirklichkeit bekam, und hätte er alles zehnfach bekommen; denn der Schüler der Möglichkeit bekäme die Unendlichkeit, der andere hätte seine Seele in der Endlichkeit ausgehaucht. In der Wirklichkeit ist niemand so tief gesunken, daß er nicht noch tiefer sinken könnte und daß nicht so mancher tiefer gesunken wäre. Doch wer in der Möglichkeit versank, dem schwindelte, dessen Blick verwirrte sich, so daß er den Maßstab nicht faßte, den Krethi und Plethi ihm als rettenden Strohhalm reichten, sein Ohr verschloß sich, so daß er nicht hörte, wie der Marktpreis für Menschen in seinem Zeitalter war, und nicht hörte, daß er genauso gut war wie die meisten. Er sank absolut, dann aber tauchte er aus der Tiefe des Abgrunds wieder auf, leichter als alles Beschwerende und Erschreckende im Leben. Nur bestreite ich nicht, daß derjenige, der sich durch die Möglichkeit bildet – im Gegensatz zu jenen, die sich durch die Endlichkeit bilden und Gefahr laufen, in schlechte Gesellschaft zu geraten und auf verschiedene Weise auszuschweifen –, einem Fall ausgesetzt ist, und das ist der Selbstmord. Wenn er mit seiner Bildung beginnt und dabei die Angst mißversteht, so daß sie ihn nicht zum Glauben hin-, sondern vom Glauben wegführt, dann ist er verloren. Wer sich dementgegen bildet, der bleibt bei der Angst, der läßt sich nicht von ihren unzähligen Verfälschungen betrügen, der entsinnt sich des Vergangenen genau; und am Ende werden die Anfälle der Angst, obgleich noch entsetzlicher, doch nicht so entsetzlich, daß er vor ihnen flieht. Die Angst wird ihm ein dienender Geist, der ihn gegen den eigenen Willen führt, wohin er will. Und wenn sie sich dann meldet, wenn sie hinterlistig tut, als hätte sie jetzt ein ganz neues Mittel des Schreckens erfunden, als wäre sie jetzt noch viel entsetzlicher als zuvor, dann zieht er sich nicht zurück, noch weniger sucht er sie durch Lärm und Verwirrung fernzuhalten, sondern er heißt sie willkommen, er begrüßt sie feierlich, wie Sokrates feierlich den Giftbecher schwenkte, er schließt sich mit ihr ein, er sagt wie ein Patient zum Operateur, wenn die Operation beginnen soll: Jetzt bin ich bereit. Dann geht die Angst in seine Seele ein und prüft alles und ängstet das Endliche und Kleinliche aus ihm heraus, und dann führt sie ihn, wohin er will.

Wenn sich diese oder jene außerordentliche Begebenheit im Leben zuträgt, wenn ein Held der Weltgeschichte Helden um sich versammelt und Heldentaten vollbringt, wenn eine Krisis eintritt und alles Bedeutung erlangt, dann möchten die Menschen dabeisein, denn dieses bildet. Wohl möglich. Doch es gibt eine viel leichtere Art, wie man sich viel gründlicher bilden kann. Man nehme den Schüler der Möglichkeit und versetze ihn mitten in die jütische Heide, wo sich gar nichts ereignet und wo es als das größte Ereignis gilt, wenn ein Auerhahn lärmend auffliegt – und er wird alles vollkommener, genauer, gründlicher erleben als jener, dem man auf dem Theater der Weltgeschichte applaudierte, wenn er nicht durch die Möglichkeit gebildet war.

Sören Kierkegaard (1813–1855) ist, wie die meisten grundlegenden Denker, in seinem Denken durch seine persönlichen und historischen Lebensumstände entscheidend geprägt. Er wurde aus seinen spezifischen Erfahrungen heraus ein Denker der individuellen Existenz. Kierkegaard wuchs in materiell gesicherten Verhältnissen eines streng pietistischen Elternhauses auf und mußte sich von frühester Kindheit an mit dem religiösen Schuldkomplex seines schwermütigen Vaters auseinandersetzen. Das Studium der Theologie an der Universität Kopenhagen, das er auf Wunsch seines Vaters aufgenommen hatte, ödete ihn wegen seiner abstrakt rationalistischen Art an, ebenso der objektive Idealismus Hegels (Text 26). Nach seinem Staatsexamen 1840 studierte er 1841/42 in Berlin. Nach seiner Rückkehr erschienen von ihm in den Jahren 1843–1846 größtenteils pseudonym verfaßte Schriften. Während sein erstes größeres Werk „Entweder-Oder“ (1843) geradezu enthusiastisch aufgenommen wurde, fanden seine weiteren Werke kaum Anklang, etwa „Furcht und Zittern“ (1843), „Die Wiederholung" (1843), „Philosophische Brocken" (1844), „Der Begriff Angst" (1844), „Stadien auf dem Lebensweg" (1845) oder „Abschließende unwissenschaftliche Nachschrift zu den philosophischen Brocken" (1846). Nachdem er bereits nach kurzer Zeit seine Verlobung mit Regine Olsen (1840) aufgelöst hatte, versuchte Kierkegaard (dän. „Kirchengarten", „Friedhof") seine allein auf sich bezogene Existenz im Denken zu vollziehen, vor allem in polemischer Auseinandersetzung mit den Repräsentanten der dänischen Staatskirche (etwa „Taten der Liebe", 1847; „Die Krankheit zum Tode", 1849; „War Bischof Mynster ein Wahrheitszeuge?", 1854). Kierkegaard lebte zuletzt in recht ärmlichen Verhältnissen und starb an den Folgen eines Schlaganfalls.

Der kurze Textauszug aus der Schrift „Der Begriff Angst" (1844) läßt sich auf verschiedenen Ebenen lesen. Eine erste Ebene ist eine unmittelbar persönliche, existentielle Lesart. Wie kaum ein anderer Philosoph spricht in dem Text ein Einzelner zu einem Einzelnen, der zugleich als *jeder* Einzelne in seiner Vereinzelung gemeint ist. Die von Kierkegaard beschriebenen Erfahrungen oder Phänomene der grenzenlosen, abgründigen Existenzmöglichkeiten sind für einen Leser der Moderne unmittelbar, wenn auch wegen der verwinkelten, dialektischen Schreibweise erst nach mehrfacher Lektüre, als Verlust jeder Sicherheit der Identität, des Sinnverstehens, persönlicher und gesellschaftlicher Beziehungen sowie beruflicher und materieller Überlebenschancen nachvollziehbar und in Schlagworten wie Relativität, Beliebigkeit, Unübersichtlichkeit, Übersättigung, „Melancholie der Erfüllung" (Freud) oder „Sein und Haben" (Fromm) wiederzuerkennen. Mit dem von Kierkegaard beschriebenen „indischen Einsiedler" kann sich „jedes Individuum augenblicklich [...] absolut identifizieren". Der indische Einsiedler wird plötzlich zum Trinker, der brave Familienvater zum Amokläufer, der angesehene Bankier zum Betrüger, der Pfarrer zum Mörder, der Besitzende zum Sozialfall oder der Gläubige zum Ungläubigen. Die „Angst der Möglichkeit" lauert auch dem auf, der davor „klug" oder „schlau" die Augen zu verschließen versucht. Die „Tiefe des Abgrunds" im Erschrecken vor dem bloßen „Marktpreis für Menschen in seinem Zeitalter" trägt bei Kierkegaard außerdem deutlich nicht nur persönliche, sondern auch gesellschaftlich-politische Züge, die Marx allerdings wesentlich deutlicher herausarbeitet (Text 29). Überhaupt ist die grundsätzliche Angst des Einzelnen eine spezifisch moderne Angst. Dagegen ist der Mensch der prämodernen Antike in einem „Kosmos" der Vernunft und der Polis im Grunde sicher aufgehoben (Texte 5 u. 8), selbst wenn er in seinem äußeren Überleben zum Teil gefährdeter war als in der Moderne. Auch die von Kierkegaard in dem Text erhoffte Erlösung durch den religiösen Glauben ist erst für den modernen Menschen seit der Erscheinung Christi in der Geschichte nachvollziehbar. Allerdings bietet sich die Erlösungshoffnung nicht als bloße Möglichkeit dar, die man nur zu ergreifen hätte. Vielmehr muß jeder einzelne den „Kursus der Möglichkeit im Unglück durchlaufen" haben, bis er keinen konventionellen „Ruhepunkt" oder „Maßstab" der Wirklichkeit mehr gelten läßt. Erst am Ende eines derartigen Prozesses „geht die Angst in seine Seele ein und prüft alles und ängstet das Endliche und Kleinliche aus ihm heraus". Kierkegaard leugnet auch nicht die Möglichkeit des „Selbstmords" als Alternative zur Glaubenserlösung; eine andere Alternative wäre die von Kierkegaard nicht genannte stoisch-heroische Gelassenheit (Text 12). Der Schlußsatz des Textabschnitts ist daher durchaus ambivalent zu verstehen: „dann führt sie (die Angst, EM) ihn, wohin er will". Was für den Einzelnen wesentlich ist, sein Wesen (Essenz), hängt entscheidend von seiner praktisch zu vollziehenden Existenz ab, dem Ur-Sprung (Ek-sistenz) seiner Freiheit, die ihn zugleich ängstigt.

Damit sind bereits, so die zweite Lesart, die wichtigsten Gesichtspunkte und Fachtermini der Existenzphilosophie genannt, die Kierkegaard begründet oder vorbereitet hat. „Angst", „Sorge", „Vorlaufen zum Tode" oder „Geworfenheit" sind Grundbestimmungen des Daseins in Heideggers „Sein und Zeit" (Text 31), ebenso in den Werken von Camus, Sartre oder Jaspers. Während aber die meisten Existenzphilosophen die Möglichkeit einer christlichen Glaubenserlösung nicht als wirklich anerkennen und für Camus etwa im „Mythos von Sysiphos" (1942) die Daseinsbewältigung im stetigen Hinaufrollen des Felsens als absurder Sinn gilt, haben einige Existenzphilosophen ebenfalls an eine unverfügbare Sinnerfüllung geglaubt, etwa Jaspers als „Umgreifendes" oder Gabriel Marcel als christliche Hoffnung.

In der Aufspaltung einer allgemein sinnvollen, einer christlichen oder ausgesprochen atheistischen Daseinsbewältigung wird auch die dritte, theologische Lesart des Textes deutlich, die ihrerseits nicht ohne Bezug auf Kierkegaards Auseinandersetzung mit dem absoluten Idealismus Hegels auskommt. Die grundsätzliche Angst des – modernen – Menschen hat Kierkegaard im „Begriff Angst“ auf die Erbsünde des Menschen zurückgeführt, die mit Adam in die Welt kam. Durch das angemaßte, von ihm als Möglichkeit gewählte Wissen um Gut und Böse ist der Mensch grundsätzlich aus der Sicherheit eines ewigen Weltkosmos herausgefallen. Darüber hinaus bedeutet die Freiheit des Wissens für jeden einzelnen eine eigene Schuld, zugleich aber auch die einzige Chance der Erlösung. So übernimmt Kierkegaard von Hegel (Text 26) zwar die dialektische Methode des Denkens und Schreibens, bei der sich die Begriffe, etwa Möglichkeit und Wirklichkeit oder Angst und Erlösung, in ihr Gegenteil wenden und den Einzelnen in den Prozeß der radikalen Selbstprüfung einbeziehen, wie er am Textende ausdrücklich formuliert. Im Unterschied aber zum geschlossenen spekulativen Denken Hegels ist das Absolute bei Kierkegaard, die absolute Versöhnung, nur im offenen, riskanten Akt der Selbstwahl zu verwirklichen. Der Übergang von der „ästhetischen“ Lebensform unendlicher Möglichkeiten im sinnlichen Genuß führt über die „ethische Lebensform“ der endlichen Wirklichkeit eines allgemeinen Sollens nur im unverfügbaren Akt der Freiheit zur „religiösen“ Existenz absoluter, erlösender Selbstwahl („Entweder-Oder“). Der christliche Hintergrund und zugleich die prinzipielle Offenheit des Denkers Kierkegaard wird auch im Untertitel seiner Schrift „Der Begriff Angst“ („Eine einfache psychologisch-hinweisende Überlegung in bezug auf das dogmatische Problem der Erbsünde“) angedeutet, ebenso in der bei ihm fast durchweg zu findenden pseudonymen Verfasserangabe (Vigilius Haufniensis). Kierkegaard will nicht mit der Autorität eines Wissenschaftlers ein geschlossenes Denkgebäude vorlegen, sondern in sokratischer Art jeden einzelnen zur praktischen Selbsterkenntnis auffordern. Allerdings unterscheidet er sich dadurch von Sokrates, daß er dessen Aporie des Guten durch eine absolute, christlich motivierte Selbstwahl im „Sprung“ zu überwinden versucht.

29. Karl Marx: Die Welt verändern

1 Der Hauptmangel alles bisherigen Materialismus (den Feuerbachschen mit eingerechnet) ist, daß der Gegenstand, die Wirklichkeit, Sinnlichkeit nur unter der Form des *Objekts oder der Anschauung* gefaßt wird; nicht aber als *sinnlich menschliche Tätigkeit, Praxis;* nicht subjektiv. Daher die *tätige* Seite abstrakt im Gegensatz zu dem Materialismus von dem Idealismus – der natürlich die wirkliche, sinnliche Tätigkeit als solche nicht kennt – entwickelt. Feuerbach will sinnliche – von den Gedankenobjekten wirklich unterschiedne Objekte: aber er faßt die menschliche Tätigkeit selbst nicht als *gegenständliche* Tätigkeit. Er betrachtet daher im ‚Wesen des Christenthums' nur das theoretische Verhalten als das echt menschliche, während die Praxis nur in ihrer schmutzig jüdischen Erscheinungsform gefaßt und fixiert wird. Er begreift daher nicht die Bedeutung der ‚revolutionären', der ‚praktisch-kritischen' Tätigkeit.

2 Die Frage, ob dem menschlichen Denken gegenständliche Wahrheit zukomme – ist keine Frage der Theorie, sondern eine *praktische* Frage. In der Praxis muß der Mensch die Wahrheit, i.e. Wirklichkeit und Macht, Diesseitigkeit seines Denkens beweisen. Der Streit über die Wirklichkeit oder Nichtwirklichkeit des Denkens – das von der Praxis isoliert ist – ist eine rein *scholastische* Frage.

3 Die materialistische Lehre von der Veränderung der Umstände und der Erziehung vergißt, daß die Umstände von den Menschen verändert und der Erzieher selbst erzogen werden muß. Sie muß daher die Gesellschaft in zwei Teile – von denen der eine über ihr erhaben ist – sondieren.

Das Zusammenfallen des Ändern[s] der Umstände und der menschlichen Tätigkeit oder Selbstveränderung kann nur als *revolutionäre Praxis* gefaßt und rationell verstanden werden.

4 Feuerbach geht von dem Faktum der religiösen Selbstentfremdung, der Verdoppelung der Welt in eine religiöse und eine weltliche aus. Seine Arbeit besteht darin, die religiöse Welt in ihre weltliche Grundlage aufzulösen. Aber daß die weltliche Grundlage sich von selbst abhebt und sich ein selbständiges Reich in den Wolken fixiert, ist nur aus der Selbstzerrissenheit und Sichselbst-

widersprechen dieser weltlichen Grundlage zu erklären. Diese selbst muß also in sich selbst sowohl in ihrem Widerspruch verstanden als praktisch revolutioniert werden. Also nachdem z.B. die irdische Familie als das Geheimnis der heiligen Familie entdeckt ist, muß nun erstere selbst theoretisch und praktisch vernichtet werden.

5 Feuerbach, mit dem *abstrakten Denken* nicht zufrieden, will die *Anschauung;* aber er faßt die Sinnlichkeit nicht als *praktische* menschlich-sinnliche Tätigkeit.

6 Feuerbach löst das religiöse Wesen in das *menschliche* Wesen auf. Aber das menschliche Wesen ist kein dem einzelnen Individuum inwohnendes Abstraktum. In seiner Wirklichkeit ist es das Ensemble der gesellschaftlichen Verhältnisse.

Feuerbach, der auf die Kritik dieses wirklichen Wesens nicht eingeht, ist daher gezwungen:

1. von dem geschichtlichen Verlauf zu abstrahieren und das religiöse Gemüt für sich zu fixieren, und ein abstrakt – *isoliert* – menschliches Individuum vorauszusetzen.
2. Das Wesen kann daher nur als „Gattung“, als innere, stumme, die vielen Individuen *natürlich* verbindende Allgemeinheit gefaßt werden.

7 Feuerbach sieht daher nicht, daß das „religiöse Gemüt“ selbst ein gesellschaftliches Produkt ist und daß das abstrakte Individuum, das er analysiert, einer bestimmten Gesellschaftsform angehört.

8 Alles gesellschaftliche Leben ist wesentlich *praktisch.* Alle Mysterien, welche die Theorie zum Mystizism[us] veranlassen, finden ihre rationelle Lösung in der menschlichen Praxis und in dem Begreifen dieser Praxis.

9 Das Höchste, wozu der anschauende Materialismus kommt, d.h. der Materialismus, der die Sinnlichkeit nicht als praktische Tätigkeit begreift, ist die Anschauung der einzelnen Individuen und der bürgerlichen Gesellschaft.

10 Der Standpunkt des alten Materialismus ist die bürgerliche Gesellschaft, der Standpunkt des neuen die menschliche Gesellschaft oder die gesellschaftliche Menschheit.

11 Die Philosophen haben die Welt nur verschieden *interpretiert,* es kömmt darauf an, sie zu *verändern.*

Karl Marx (1818–1883) entstammt einer jüdischen Familie aus Trier und wurde in der Tradition des Humanismus und der Aufklärung erzogen. Sein Vater, ein Rechtsanwalt, konvertierte mit der gesamten Familie zum Protestantismus, um seinen Beruf weiter ausüben zu können. Neben dem Jurastudium widmete sich Marx vor allem der Philosophie und promovierte an der Universität Jena 1841 mit der Arbeit „Differenz der demokritischen und epikureischen Naturphilosophie". Wegen seiner religionskritischen Überzeugungen, die er zunächst im Anschluß an den Linkshegelianer Bruno Bauer entwickelt hatte, konnte Marx keine akademische Laufbahn einschlagen und arbeitete als Journalist an der sozialkritischen „Rheinischen Zeitung". Nach deren Verbot durch die preußische Regierung siedelte Marx mit seiner Ehefrau Jenny von Westphalen nach Paris über und lernte dort vor allem Friedrich Engels (1820–1895) kennen. Unter dem Einfluß von Engels wandte er sich der politischen Ökonomie zu. Ein Ergebnis dieser Beschäftigung sind die „Ökonomisch-philosophischen Manuskripte" (1844; erst 1932 publiziert), in deren Mittelpunkt der Begriff der Entfremdung des Menschen als arbeitenden Wesens steht. Die anthropologische Ökonomie- und Gesellschaftskritik des frühen Marx wird erst im „Kapital", das in der Londoner Zeit entstanden ist, durch Theorien vom Basis-Überbau-Verhältnis, vom Mehrwert und vom Klassenkampf weiterentwickelt (1867 erster Band; die beiden anderen Bände wurden posthum 1885/94 von Engels herausgegeben). Neben seinen theoretischen Studien arbeitete Marx auch praktisch bei der Organisation der „Ersten Internationalen" (Arbeiterbewegung) mit. Er war bis zuletzt von der finanziellen Unterstützung durch Engels abhängig und starb schließlich im Londoner Exil.

Die sogenannten „Elf Thesen über Feuerbach" (1845) stammen noch aus Marx' früher Phase. Engels hat sie 1888 als Anhang zu seiner Schrift „Ludwig Feuerbach und der Ausgang der klassischen deutschen Philosophie" herausgegeben und bezeichnet sie als „Notizen für spätere Ausarbeitung, rasch hingeschrieben, absolut nicht für den Druck bestimmt, aber unschätzbar als das erste Dokument, worin der geniale Keim der neuen Weltanschauung niedergelegt ist" (Vorbemerkung). Insgesamt sind die Thesen als Synthese von Hegels Idealismus und Feuerbachs Materialismus zu lesen. Von Hegel (Text 26) übernimmt Marx den subjektivtätigen, von Feuerbach den objektiv-materiellen Faktor des Denkens und hebt beides in der gesellschaftlich-politischen Praxis auf. In seiner Kritik an Feuerbach setzt Marx in der *ersten* These die gemeinsame Kritik an Hegel voraus. Nach Hegels Tod hatte sich seine Schule in zwei Richtungen entwickelt. Während die konservativen Rechtshegelianer dem absoluten Idealismus Hegels verpflichtet blieben und ihn in ihrer Religions- und Rechtsphilosophie weiterführten, übernahmen die progressiven Linkshegelianer von ihm lediglich die dialektische, vom spekulativen Kern entfernte Methode und deuteten die idealistische Wirklichkeit in ihrer Religionskritik materialistisch um. Nach ersten Ansätzen im „Leben Jesu" (1835/36) von David Friedrich Strauß (1808–1874) unternahm Ludwig Feuerbach (1804–1872) den radikalen Versuch, die christliche Religion und die Religion insgesamt als menschliche Projektion zu erklären. Damit steht er in der Tradition der Religionskritik seit Xenophanes (570 bis ca. 475/70 v. Chr.). Marx kritisiert jedoch als „Hauptmangel" von Feuerbachs Werk „Das Wesen des Christentums" (1841) sowie „alles bisherigen Materialismus" das Fehlen der „subjektiven" oder „tätigen Seiten", die er ausdrücklich vom „Idealismus" Hegels übernimmt. Wirklichkeit ist nach Marx materielle und immer schon von Subjekten bearbeitete, nicht bloß begriffene und ideelle Wirklichkeit. Dabei geht Marx aufgrund seiner angreifbaren Prämisse vom Menschen als einem sinnlich-materiellen, primär arbeitenden Lebewesen von einer verengten Sichtweise der Religion und lebenswerten Gesellschaft aus. Bei seiner Kritik ferner an Feuerbachs Begriff der Praxis „nur in ihrer schmutzig jüdischen Erscheinungsform" bezieht sich Marx auf seinen eigenen Beitrag „Zur Judenfrage" (1843), einer Auseinandersetzung mit Bruno Bauers gleichnamigem Buch. Dort deutet Marx die von Bauer geforderte Judenemanzipation um und verlangt eine „Emanzipation der Menschheit vom Judentum", da sie als christliche Welt vom „Geld", „Schacher" und „Egoismus" der Juden beherrscht sei. Dabei wird er jedoch nicht der Tatsache gerecht, daß die Juden von bürgerlichen Berufen ausgeschlossen waren, wie auch sein eigener Vater, und deshalb zu Tätigkeiten wie den Geldhandel gezwungen waren (siehe Georg Simmel, Exkurs über den Fremden, 1908).

Die *zweite* These mit der pragmatischen Theorie der Wahrheit als Bewährung setzt indirekt als oberste Norm der Praxisbewertung die Marx'sche Version von Kants kategorischem Imperativ (Text 25) voraus: „Die Kritik der Religion endet mit der Lehre, daß der Mensch das höchste Wesen für den Menschen sei, also mit dem kategorischen Imperativ, alle Verhältnisse umzuwerfen, in denen der Mensch ein erniedrigtes, ein geknechtetes, ein verlassenes, ein verächtliches Wesen ist" (Zur Kritik der Hegelschen Rechtsphilosophie, Einleitung, 1843). Zwar ist die Anwendung des kategorischen Imperativs auf die konkrete, gesellschaftliche Praxis konsequent, in ihrer speziellen Form aber als Revolutionstheorie zu bezweifeln. Die *dritte* These ferner handelt von der notwendigen „Selbstveränderung" der revolutionären Subjekte und führt die Tradition der Selbsterkenntnis von Sokrates bis Kierkegaard fort, allerdings mit einer unhaltbaren monopolistischen Deutung der Selbstveränderung „nur als revolutionäre Praxis". Die *vierte* These greift die Kritik an Feuerbachs Religionskritik erneut auf, allerdings wieder in einer unhaltbaren monopolistischen Interpretation („nur aus der Selbstzerrissenheit ..."). Die Thesen *fünf bis zehn* ziehen hauptsächlich Konsequenzen aus den vorangehenden Thesen und sind ähnlich kritisierbar, auch wegen der einseitigen Interpretation des Menschen als „gesellschaftliches" Wesen, die bei allen gesellschaftlichen Prägungen seine Individualität verkennt.

Die berühmte *„elfte* Feuerbach-These" schließlich widerlegt sich in ihrer Absolutheit selbst. Als allgemeines Veränderungspostulat ist sie selbst eine Weltinterpretation, deren Prämissen ihrerseits interpretiert und geprüft werden müssen. Als partielle Kritik an Feuerbach dagegen wäre sie selber eine bestimmte Form von Philosophie, die ebenfalls keinen Absolutheitsanspruch erheben kann. Wenn die elfte Feuerbach-These von der Aufhebung der Philosophie noch heute über dem Treppenaufgang der vormals marxistischen Berliner Humboldt-Universität steht, kann man darin eine Reverenz gegenüber dem frühen, noch undogmatischen Marx und seiner angewandten, sozial engagierten Philosophie sehen. Zugleich ist sie eine warnende Erinnerung daran, was Philosophie seit ihren sokratischen Anfängen eben nicht ist: Praxis ohne Prüfung ihrer zugrundeliegenden Interpretation und Interpretation ohne Prüfung der empirischen Folgen. Als Grundtext der Philosophie können die Feuerbach-Thesen dennoch gelten. Sie sind eine knappe Zusammenfassung von Marx' Philosophie oder „Weltanschauung“ (Engels), diese wiederum läßt sich insgesamt in ihrer weltweiten, praktischen Wirksamkeit allenfalls mit dem Thomismus vergleichen (Text 15).

30. Friedrich Nietzsche: Wie kluge Tiere das Erkennen erfanden

In irgendeinem abgelegenen Winkel des in zahllosen Sonnensystemen flimmernd ausgegossenen Weltalls gab es einmal ein Gestirn, auf dem kluge Tiere das Erkennen erfanden. Es war die hochmütigste und verlogenste Minute der „Weltgeschichte“: aber doch nur eine Minute. Nach wenigen Atemzügen der Natur erstarrte das Gestirn, und die klugen Tiere mußten sterben. – So könnte jemand eine Fabel erfinden und würde doch nicht genügend illustriert haben, wie kläglich, wie schattenhaft und flüchtig, wie zwecklos und beliebig sich der menschliche Intellekt innerhalb der Natur ausnimmt. Es gab Ewigkeiten, in denen er nicht war; wenn es wieder mit ihm vorbei ist, wird sich nichts begeben haben. Denn es gibt für jenen Intellekt keine weitere Mission, die über das Menschenleben hinausführte. Sondern menschlich ist er, und nur sein Besitzer und Erzeuger nimmt ihn so pathetisch, als ob die Angeln der Welt sich in ihm drehten. Könnten wir uns aber mit der Mücke verständigen, so würden wir vernehmen, daß auch sie mit diesem Pathos durch die Luft schwimmt und in sich das fliegende Zentrum dieser Welt fühlt. Es ist nichts so verwerflich und gering in der Natur, was nicht durch einen kleinen Anhauch jener Kraft des Erkennens sofort wie ein Schlauch aufgeschwellt würde; und wie jeder Lastträger seinen Bewunderer haben will, so meint gar der stolzeste Mensch, der Philosoph, von allen Seiten die Augen des Weltalls teleskopisch auf sein Handeln und Denken gerichtet zu sehen.

Es ist merkwürdig, daß dies der Intellekt zustande bringt, er, der doch gerade nur als Hilfsmittel den unglücklichsten, delikatesten, vergänglichsten Wesen beigegeben ist, um sie eine Minute im Dasein festzuhalten, aus dem sie sonst, ohne jene Beigabe, so schnell wie Lessings Sohn zu flüchten allen Grund hätten. Jener mit dem Erkennen und Empfinden verbundene Hochmut, verblendende Nebel über die Augen und Sinne der Menschen legend, täuscht sich also über den Wert des Daseins, dadurch, daß er über das Erkennen selbst die schmeichelhafteste Wertschätzung in sich trägt. Seine allgemeinste Wirkung ist Täuschung – aber auch die einzelsten Wirkungen tragen etwas von gleichem Charakter an sich.

Der Intellekt als Mittel zur Erhaltung des Individuums entfaltet seine Hauptkräfte in der Verstellung; denn diese ist das Mittel, durch das die schwächeren, weniger robusten Individuen sich erhalten, als welchen einen Kampf um die Existenz mit Hörnern oder scharfem Raubtier-Gebiß zu führen versagt ist. Im Menschen kommt diese Verstellungskunst auf ihren Gipfel: hier ist die Täuschung, das Schmeicheln, Lügen und Trügen, das Hinter-dem-Rücken-Reden, das Repräsentieren, das im erborgten Glanze leben, das Maskiertsein, die verhüllende Konvention, das Bühnenspiel vor anderen und vor sich selbst, kurz das fortwährende Herumflattern um die *eine* Flamme Eitelkeit so sehr die Regel und das Gesetz, daß fast nichts unbegreiflicher ist, als wie unter den Menschen ein ehrlicher und reiner Trieb zur Wahrheit aufkommen konnte. Sie sind tief eingetaucht in Illusionen und Traumbilder, ihr Auge gleitet nur auf der Oberfläche der Dinge herum und sieht „Formen", ihre Empfindung führt nirgends in die Wahrheit, sondern begnügt sich, Reize zu empfangen und gleichsam ein tastendes Spiel auf dem Rücken der Dinge zu spielen. Dazu läßt sich der Mensch nachts ein Leben hindurch im Traume belügen, ohne daß sein moralisches Gefühl dies je zu verhindern suchte: während es Menschen geben soll, die durch starken Willen das Schnarchen beseitigt haben. Was weiß der Mensch eigentlich von sich selbst! Ja, vermöchte er auch nur sich einmal vollständig, hingelegt wie in einen erleuchteten Glaskasten, zu perzipieren? Verschweigt die Natur ihm nicht das allermeiste, selbst über seinen Körper, um ihn, abseits von den Windungen der Gedärme, dem raschen Fluß der Blutströme, den verwickelten Fasererzitterungen, in ein stolzes gauklerisches Bewußtsein zu bannen und einzuschließen! Sie warf den Schlüssel weg: und wehe der verhängnisvollen Neubegier, die durch eine Spalte einmal aus dem Bewußtseinszimmer heraus und hinab zu sehen vermöchte und die jetzt ahnte, daß auf dem Erbarmungslosen, dem Gierigen, dem Unersättlichen, dem Mörderischen der Mensch ruht in der Gleichgültigkeit seines Nichtwissens und gleichsam auf dem Rücken eines Tigers in Träumen hängend. Woher, in aller Welt, bei dieser Konstellation der Trieb zur Wahrheit!

Soweit das Individuum sich gegenüber andern Individuen erhalten will, benutzt es in einem natürlichen Zustand der Dinge den Intellekt zumeist nur zur Verstellung: weil aber der Mensch zugleich aus Not und Langeweile gesellschaftlich und herdenweise existieren will, braucht er einen Friedensschluß und trachtet danach, daß wenigstens das allergrößte *bellum omnium contra omnes* aus seiner Welt verschwinde. Dieser Friedensschluß bringt etwas mit sich, was wie der erste Schritt zur Erlangung jenes rätselhaften Wahrheitstriebes aussieht. Jetzt wird nämlich das fixiert, was von nun an „Wahrheit" sein soll, das heißt, es wird eine gleichmäßig gültige und verbindliche Bezeichnung der Dinge erfunden, und die Gesetzgebung der Sprache gibt auch die ersten Gesetze der Wahrheit: denn es entsteht hier zum ersten Male der Kontrast von Wahrheit und Lüge. Der Lügner gebraucht die gültigen Bezeichnungen, die Worte, um das Unwirkliche als wirklich erscheinen zu machen; er sagt zum Beispiel: „Ich bin reich", während für seinen Zustand gerade „arm" die richtige Bezeichnung wäre. Er mißbraucht die festen Konventionen durch beliebige Vertauschungen oder gar Umkehrungen der Namen. Wenn er dies in eigennütziger und übrigens Schaden bringender Weise tut, so wird ihm die Gesellschaft nicht mehr trauen und ihn dadurch von sich ausschließen. Die Menschen fliehen dabei das Betrogenwerden nicht so sehr als das Beschädigtwerden durch Betrug: sie hassen, auch auf dieser Stufe, im Grunde nicht die Täuschung, sondern die schlimmen, feindseligen Folgen gewisser Gattungen von Täuschungen. In einem ähnlichen beschränkten Sinne will der Mensch auch nur die Wahrheit: er begehrt die angenehmen, Leben erhaltenden Folgen der Wahrheit, gegen die reine folgenlose Erkenntnis ist er gleichgültig, gegen die vielleicht schädlichen und zerstörenden Wahrheiten sogar feindlich gestimmt. Und überdies: wie steht es mit jenen Konventionen der Sprache? Sind sie vielleicht Erzeugnisse der Erkenntnis, des Wahrheitssinnes, decken sich die Bezeichnungen und die Dinge? Ist die Sprache der adäquate Ausdruck aller Realitäten?

Nur durch die Vergeßlichkeit kann der Mensch je dazu kommen zu wähnen, er besitze eine „Wahrheit" in dem eben bezeichneten Grade. Wenn er sich nicht mit der Wahrheit in der Form der Tautologie, das heißt mit leeren Hülsen begnügen will, so wird er ewig Illusionen für Wahrheiten einhandeln. Was ist ein Wort? Die Abbildung eines Nervenreizes in Lauten. Von dem Nervenreiz aber weiterzuschließen auf eine Ursache außer uns, ist bereits das Resultat einer falschen und unberechtigten Anwendung des Satzes vom Grunde. Wie dürfen wir, wenn die Wahrheit bei der Genesis der Sprache, der Gesichtspunkt der Gewißheit bei den Bezeichnungen allein entscheidend gewesen wäre, wie dürften wir doch sagen: der Stein ist hart: als ob uns „hart" noch sonst bekannt wäre, und nicht nur als eine ganz subjektive Reizung! Wir teilen die Dinge nach Geschlechtern ein, wir bezeichnen den Baum als männlich, die Pflanze als weiblich: welche willkürlichen Übertragungen! Wie weit hinausgeflogen über den Kanon der Gewißheit! Wir reden von einer „Schlange": die Bezeichnung trifft nichts als das Sichwinden, könnte also auch dem Wurme zukommen. Welche willkürlichen Abgrenzungen, welche einseitigen Bevorzugungen bald der, bald jener Eigenschaft eines Dinges! Die verschiedenen Sprachen, nebeneinandergestellt, zeigen, daß es bei den Worten nie auf die Wahrheit, nie auf einen adäquaten Ausdruck ankommt: denn sonst gäbe es nicht so viele Sprachen. Das „Ding an sich" (das würde eben die reine folgenlose Wahrheit sein) ist auch dem Sprachbildner ganz unfaßlich und ganz und gar nicht erstrebenswert. Er bezeichnet nur die Relationen der Dinge zu den Menschen und nimmt zu deren Ausdruck die kühnsten Metaphern zu Hilfe. Ein Nervenreiz, zuerst übertragen in ein Bild! Erste Metapher. Das Bild wird nachgeformt in einem Laut! Zweite Metapher. Und jedesmal vollständiges Überspringen der Sphäre, mitten hinein in eine ganz andre und neue. Man kann sich einen Menschen denken, der ganz taub ist und nie eine Empfindung des Tones und der Musik gehabt hat: wie dieser etwa die chladnischen Klangfiguren im Sande anstaunt, ihre Ursachen im Erzittern der Saite findet und nun darauf schwören wird, jetzt müsse er wissen, was die Menschen den „Ton" nennen, so geht es uns allen mit der Sprache. Wir glauben etwas von den Dingen selbst zu wissen, wenn wir von Bäumen, Farben, Schnee und Blumen reden, und besitzen doch nichts als Metaphern der Dinge, die den ursprünglichen Wesenheiten ganz und gar nicht entsprechen. Wie der Ton als Sandfigur, so nimmt sich das rätselhafte X des Dings an sich einmal als Nervenreiz, dann als Bild, endlich als

Laut aus. Logisch geht es also jedenfalls nicht bei der Entstehung der Sprache zu, und das ganze Material, worin und womit später der Mensch der Wahrheit, der Forscher, der Philosoph arbeitet und baut, stammt, wenn nicht aus Wolkenkuckucksheim, so doch jedenfalls nicht aus dem Wesen der Dinge.

Denken wir besonders noch an die Bildung der Begriffe. Jedes Wort wird sofort dadurch Begriff, daß es eben nicht für das einmalige ganz und gar individualisierte Urerlebnis, dem es sein Entstehen verdankt, etwa als Erinnerung dienen soll, sondern zugleich für zahllose, mehr oder weniger ähnliche, das heißt streng genommen niemals gleiche, also auf lauter ungleiche Fälle passen muß. Jeder Begriff entsteht durch Gleichsetzen des Nichtgleichen. So gewiß nie ein Blatt einem andern ganz gleich ist, so gewiß ist der Begriff Blatt durch beliebiges Fallenlassen dieser individuellen Verschiedenheiten, durch ein Vergessen des Unterscheidenden gebildet und erweckt nun die Vorstellung, als ob es in der Natur außer den Blättern etwas gäbe, das „Blatt" wäre, etwa eine Urform, nach der alle Blätter gewebt, gezeichnet, abgezirkelt, gefärbt, gekräuselt, bemalt wären, aber von ungeschickten Händen, so daß kein Exemplar korrekt und zuverlässig als treues Abbild der Urform ausgefallen wäre. Wir nennen einen Menschen „ehrlich"; warum hat er heute so ehrlich gehandelt? fragen wir. Unsere Antwort pflegt zu lauten: seiner Ehrlichkeit wegen. Die Ehrlichkeit! Das heißt wieder: das Blatt ist die Ursache der Blätter. Wir wissen ja gar nichts von einer wesenhaften Qualität, die „die Ehrlichkeit" hieße, wohl aber von zahlreichen individualisierten, somit ungleichen Handlungen, die wir durch Weglassen des Ungleichen gleichsetzen und jetzt als ehrliche Handlungen bezeichnen; zuletzt formulieren wir aus ihnen eine *qualitas occulta* mit dem Namen: „die Ehrlichkeit". Das Übersehen des Individuellen und Wirklichen gibt uns den Betriff, wie es uns auch die Form gibt, wohingegen die Natur keine Formen und Begriffe, also auch keine Gattungen kennt, sondern nur ein für uns unzugängliches und undefinierbares X. Denn auch unser Gegensatz von Individuum und Gattung ist anthropomorphisch und entstammt nicht dem Wesen der Dinge, wenn wir auch nicht zu sagen wagen, daß er ihm nicht entspricht: das wäre nämlich eine dogmatische Behauptung und als solche ebenso unerweislich wie ihr Gegenteil.

Was ist also Wahrheit? Ein bewegliches Heer von Metaphern, Metonymien, Anthropomorphismen, kurz eine Summe von menschlichen Relationen, die, poetisch und rhetorisch gesteigert, übertragen, geschmückt wurden und die nach langem Gebrauch einem Volke fest, kanonisch und verbindlich dünken: die Wahrheiten sind Illusionen, von denen man vergessen hat, daß sie welche sind, Metaphern, die abgenutzt und sinnlich kraftlos geworden sind, Münzen, die ihr Bild verloren haben und nun als Metall, nicht mehr als Münzen, in Betracht kommen.

Wir wissen immer noch nicht, woher der Trieb zur Wahrheit stammt: denn bis jetzt haben wir nur von der Verpflichtung gehört, die die Gesellschaft, um zu existieren, stellt: wahrhaft zu sein, das heißt die usuellen Metaphern zu brauchen, also moralisch ausgedrückt: von der Verpflichtung, nach einer festen Konvention zu lügen, herdenweise in einem für alle verbindlichen Stile zu lügen. Nun vergißt freilich der Mensch, daß es so mit ihm steht; er lügt also in der bezeichneten Weise unbewußt und nach hundertjährigen Gewöhnungen – und kommt eben *durch diese Unbewußtheit,* eben durch dies Vergessen zum Gefühl der Wahrheit. An dem Gefühl, verpflichtet zu sein, ein Ding als „rot", ein anderes als „kalt", ein drittes als „stumm" zu bezeichnen, erwacht eine moralische, auf Wahrheit sich beziehende Regung: aus dem Gegensatz des Lügners, dem niemand traut, den alle ausschließen, demonstriert sich der Mensch das Ehrwürdige, Zutrauliche und Nützliche der Wahrheit. Er stellt jetzt sein Handeln als *„vernünftiges"* Wesen unter die Herrschaft der Abstraktionen; er leidet es nicht mehr, durch die plötzlichen Eindrücke, durch die Anschauungen fortgerissen zu werden, er verallgemeinert alle diese Eindrücke erst zu entfärbteren, kühleren Begriffen, um an sie das Fahrzeug seines Lebens und Handelns anzuknüpfen. Alles, was den Menschen gegen das Tier abhebt, hängt von dieser Fähigkeit ab, die anschaulichen Metaphern zu einem Schema zu verflüchtigen, also ein Bild in einen Begriff aufzulösen. Im Bereich jener Schemata nämlich ist etwas möglich, was niemals unter den anschaulichen ersten Eindrücken gelingen möchte: eine pyramidale Ordnung nach Kasten und Graden aufzubauen, eine neue Welt von Gesetzen, Privilegien, Unterordnungen, Grenzbestimmungen zu schaffen, die nun der andern anschaulichen Welt der ersten Eindrücke gegenübertritt als das Festere, Allgemeinere, Bekanntere, Menschlichere und daher als das Regulierende und Imperativische. Während jede Anschauungsmetapher individuell und ohne ihresgleichen ist und deshalb allem Rubrizieren immer zu entfliehen weiß, zeigt der große Bau der Begriffe die starre Regelmäßigkeit eines römischen Kolumbariums und atmet in der Logik jene Strenge und Kühle aus, die der Mathematik zu eigen ist. [...]

Der Mensch selbst aber hat einen unbesiegbaren Hang, sich täuschen zu lassen, und ist wie bezaubert vor Glück, wenn der Rhapsode ihm epische Märchen wie wahr erzählt oder der Schauspieler im Schauspiel den König noch königlicher agiert, als ihn die Wirklichkeit zeigt. Der Intellekt, jener Meister der Verstellung, ist so lange frei und seinem sonstigen Sklavendienste enthoben, als er täuschen kann, ohne zu *schaden*, und feiert dann seine Saturnalien. Nie ist er üppiger, reicher, stolzer, gewandter und verwegener: mit schöpferischem Behagen wirft er die Metaphern durcheinander und verrückt die Grenzsteine der Abstraktionen, so daß er zum Beispiel den Strom als den beweglichen Weg bezeichnet, der den Menschen trägt, dorthin, wohin er sonst geht. Jetzt hat er das Zeichen der Dienstbarkeit von sich geworfen: sonst mit trübsinniger Geschäftigkeit bemüht, einem armen Individuum, dem es nach Dasein gelüstet, den Weg und die Werkzeuge zu zeigen, und wie ein Diener für seinen Herrn auf Raub und Beute ausziehend, ist er jetzt zum Herrn geworden und darf den Ausdruck der Bedürftigkeit aus seinen Mienen wegwischen. Was er jetzt auch tut, alles trägt im Vergleich mit seinem früheren Tun die Verstellung, wie das frühere die Verzerrung an sich. Er kopiert das Menschenleben, nimmt es aber für eine gute Sache und scheint mit ihm sich recht zufrieden zu geben. Jenes ungeheure Gebälk und Bretterwerk der Begriffe, an das sich klammernd der bedürftige Mensch sich durch das Leben rettet, ist dem freigewordenen Intellekt nur ein Gerüst und ein Spielzeug für seine verwegensten Kunststücke: und wenn er es zerschlägt, durcheinanderwirft, ironisch wieder zusammensetzt, das Fremdeste paarend und das Nächste trennend, so offenbart er, daß er jene Notbehelfe der Bedürftigkeit nicht braucht und daß er jetzt nicht von Begriffen, sondern von Intuitionen geleitet wird. Von diesen Intuitionen aus führt kein regelmäßiger Weg in das Land der gespenstischen Schemata, der Abstraktionen: für sie ist das Wort nicht gemacht, der Mensch verstummt, wenn er sie sieht, oder redet in lauter verbotenen Metaphern und unerhörten Begriffsfügungen, um wenigstens durch das Zertrümmern und Verhöhnen der alten Begriffsschranken dem Eindrucke der mächtigen gegenwärtigen Intuition schöpferisch zu entsprechen.

Es gibt Zeitalter, in denen der vernünftige Mensch und der intuitive Mensch nebeneinanderstehn, der eine in Angst vor der Intuition, der andere mit Hohn über die Abstraktion; der letztere ebenso unvernünftig, als der erstere unkünstlerisch ist. Beide begehren über das Leben zu herrschen; dieser, indem er durch Vorsorge, Klugheit, Regelmäßigkeit den hauptsächlichsten Nöten zu begegnen weiß, jener, indem er als ein „überfroher Held" jene Nöte nicht sieht und nur das zum Schein und zur Schönheit verstellte Leben als real nimmt. Wo einmal der intuitive Mensch, etwa wie im älteren Griechenland, seine Waffen gewaltiger und siegreicher führt als sein Widerspiel, kann sich günstigenfalls eine Kultur gestalten und die Herrschaft der Kunst über das Leben sich gründen: jene Verstellung, jenes Verleugnen der Bedürftigkeit, jener Glanz der metaphorischen Anschauungen und überhaupt jene Unmittelbarkeit der Täuschung begleitet alle Äußerungen eines solchen Lebens. Weder das Haus noch der Schritt noch die Kleidung, noch der tönerne Krug verraten, daß die Notdurft sie erfand: es scheint so, als ob in ihnen allen ein erhabenes Glück und eine olympische Wolkenlosigkeit und gleichsam ein Spielen mit dem Ernste ausgesprochen werden sollte. Während der von Begriffen und Abstraktionen geleitete Mensch durch diese das Unglück nur abwehrt, ohne selbst aus den Abstraktionen sich Glück zu erzwingen, während er nach möglichster Freiheit von Schmerzen trachtet, erntet der intuitive Mensch, inmitten einer Kultur stehend, bereits von seinen Intuitionen, außer der Abwehr des Übels, eine fortwährend einströmende Erhellung, Aufheiterung, Erlösung. Freilich leidet er heftiger, *wenn* er leidet: ja er leidet auch öfter, weil er aus der Erfahrung nicht zu lernen versteht und immer wieder in dieselbe Grube fällt, in die er einmal gefallen. Im Leide ist er dann ebenso unvernünftig wie im Glück, er schreit laut und hat keinen Trost. Wie anders steht unter dem gleichen Mißgeschick der stoische, an der Erfahrung belehrte, durch Begriffe sich beherrschende Mensch da! Er, der sonst nur Aufrichtigkeit, Wahrheit, Freiheit von Täuschungen und Schutz vor berückenden Überfällen sucht, legt jetzt, im Unglück, das Meisterstück der Verstellung ab wie jener im Glück; er trägt kein zuckendes und bewegliches Menschengesicht, sondern gleichsam eine Maske mit würdigem Gleichmaße der Züge, er schreit nicht und verändert nicht einmal seine Stimme: wenn eine rechte Wetterwolke sich über ihn ausgießt, so hüllt er sich in seinen Mantel und geht langsamen Schrittes unter ihr davon.

Friedrich Nietzsche (1844–1900) wurde als Sohn eines Pfarrers geboren, studierte Theologie und Altphilologie und setzte sich mit seiner religiösen und durch die Antike geprägten Biographie derart radikal auseinander, daß er darüber psychisch zerbrach. Zwar läßt sich seine Krankheit auch rein medizinisch als Folge einer Syphilis erklären, sie trägt aber ebenso deutlich Züge einer Denk- und Lebenskrankheit – *„Leben"* ist *das* Thema Nietzsches. Seine Philosophie ist jedoch nicht nur individuell biographisch, sondern auch zeithistorisch geprägt, durch die Selbstgewißheit wissenschaftlich-technischer Vernunft und konventioneller, christlicher Moral. Beruflich machte Nietzsche zwar zunächst im konventionellen Sinn früh Karriere als Professor für klassische Philologie an der Universität Basel (1869), konnte aber wegen seiner antimetaphysischen Antikendeutung (Die Geburt der Tragödie, 1872) kaum Anerkennung im Kollegenkreis finden. Schließlich mußte er sein Lehramt aus gesundheitlichen Gründen 1879 aufgeben. Das Jahrzehnt bis zu seinem Zusammenbruch in Turin war mit intensiver schriftstellerischer Tätigkeit ausgefüllt. 1889–1897 war Nietzsche in der Nerven- bzw. Psychiatrischen Klinik in Basel und Jena untergebracht, 1897 bis zu seinem Tod lebte er mit seiner Schwester in Weimar. Beigesetzt wurde er in seinem Geburtsort Röcken, neben seinem Vater.

Nietzsches Werke lassen sich in drei Phasen einer zunehmend radikaler werdenden Vernunft- und Moralkritik einteilen. Die posthum erschienene Schrift „Über Wahrheit und Lüge im außermoralischen Sinne" stammt aus der frühen Epoche Nietzsches (1873), ebenso „Die Geburt der Tragödie" (1872) und „Unzeitgemäße Betrachtungen" (1873–1876); die bekanntesten Werke seiner mittleren Epoche sind: „Menschliches, Allzumenschliches" (1876–1878, 1880), „Morgenröte" (1881), „Die fröhliche Wissenschaft" (1881–1882), „Also sprach Zarathustra" (1883–1884); in seiner Spätzeit schrieb er vor allem: „Jenseits von Gut und Böse" (1884–1885), „Zur Genealogie der Moral" (1887), „Der Antichrist" (1888) und „Ecce homo" (1888).

Bereits in seiner frühen Schrift „Über Wahrheit und Lüge" sind die Grundgedanken Nietzsches enthalten. Vernunft und Moral sind nichts anderes als Erfindungen des „klugen Tieres" Mensch zur Sicherung seines Überlebens, während die Intuition und Kunst der Verschönerung des Lebens dienen. Mit deutlichem Blick auf die platonisch-aristotelische Metaphysik (Texte 5–8) führt Nietzsche das vermeintlich zweckfreie Erkennen der „Theorie" auf utilitaristische Zwecke zurück. Ferner lehnt er in Anlehnung an Kant (Text 24) das „Ding an sich" als Gegenstand der Erkenntnis ab. Zwar kann ein Blinder von den „chladnischen Klangfiguren" her, die er auf schwingenden, mit feinem Sand bestreuten Platten sehen kann, auf die Existenz und das Wesen eines Tones zurückschließen, ohne selbst jemals irgendeinen Ton gehört zu haben. Wir selbst aber können „das rätselhafte X des Dings an sich" nur durch Metaphern umschreiben. Selbst die neuzeitliche Wissenschaft ist noch von einer geheimen Metaphysik durchzogen, wenn sie ihre exakten Begriffe und Meßergebnisse auf eine objektive Sinneswelt zurückführt. Das „kluge Tier" Mensch ist weder durch seine Erkenntnisleistung noch durch seine Moral der Täuschung und Selbsttäuschung die Krone der Schöpfung oder der Mittelpunkt des Weltalls. Der Anthropo-Zentrismus steht vielmehr mit einem Mücken-Zentrismus, wie man Nietzsches Beispiel verallgemeinern kann, auf ein und derselben Stufe stolzer Überheblichkeit. Sprache oder besser: Begriffe (Text 6) sind bloße Metaphern und haben keinerlei Erkenntniswert. Wahrheit und Lüge sind ohne objektive Wirklichkeitsbasis und fungieren lediglich als subtile, internalisierte Machtmittel, die den „Krieg aller gegen alle" verhindern helfen sollen (Hobbes, Text 19). Mit seiner Vernunft- und Moralkritik will Nietzsche dennoch nicht Vernunft und Moral generell als bloßen Schein entlarven, sondern lediglich den Anspruch objektivistischer, zweckfreier Erkenntnis. Er hält am pragmatischen Wert der Erkenntnis zur Überlebenssicherung fest und weist dem intuitiven, künstlerischen Schaffen einen bloß relativen Wert für das schöne Leben zu. Zum Schluß zeigt er sogar unverhohlene Sympathie für die gelassene, realitätsangemessene Lebensweise der Stoiker (Texte 11 u. 12).

Nietzsche nimmt Einsichten der Psychoanalyse Freuds vorweg, der offensichtlich viel von ihm übernommen hat. Daß wir nicht „Herr im eigenen Haus sind" (Freud), sondern mit unserem vernünftigen Ich eine prekäre Balance zwischen dem Es und dem Über-Ich zu gewinnen versuchen müssen, hat bereits Nietzsche gesehen, wenn er vom (cartesianischen) „Bewußtseinszimmer" schreibt, das „auf dem Rücken eines Tigers" seine wahre Situation übersieht. Auch kann Nietzsches Schrift als Grundtext der postmodernen Vernunft- und Subjektkritik sowie der radikalen konstruktivistischen Welterschaffung gelesen werden. Allerdings hält Nietzsche bei seiner durchaus berechtigten Kritik an einem objektivistischen Wahrheitsbegriff und an der bloßen Scheinmoral partieller Werte unter dem Deckmantel universalistischer Geltung an der Notwendigkeit von Vernunft und Moral in kritischer Selbstbescheidung fest. Damit kommt er dem Nichtwissen des Sokrates nahe (Text 3), den er wegen seines offen eingestandenen Nichtwissens stets bewunderte, aber wegen seiner rationalistischen Strenge und Suche nach moralischen Maßstäben zugleich kritisierte. Gleichwohl kann auch Nietzsche selbst in seinem Schreiben auf das Mittel rationaler Klarheit nicht verzichten und ist noch in seiner schärfsten Vernunft- und Subjektkritik dem Ideal aufklärerischen Denkens verpflichtet. Ob dagegen der Versuch des „Übermenschen" in Nietzsches „Zarathustra" gelingen kann, sich „jenseits von Gut und Böse" zu stellen und eigene Gesetze zu schaffen, muß bezweifelt werden. Ein solcher Versuch führt entweder zur „blonden Bestie" der Nationalsozialisten, die in Nietzsche ein geistiges Vorbild sahen, oder zur verzweifelten Selbstaufgabe ohne Verständigungsmöglichkeiten mit anderen über die gemeinsamen und unterschiedlichen Sichtweisen der gemeinsamen Wirklichkeit der Welt. Dann aber kann man nur noch „verrückt" werden.

31. Martin Heidegger: Zuhandenes und vorhandenes Wissen

Die Griechen hatten einen angemessenen Terminus für die „Dinge“: πράγματα, d. i. das, womit man es im besorgenden Umgang (πρᾶξις) zu tun hat. Sie ließen aber ontologisch gerade den spezifisch „pragmatischen“ Charakter der πράγματα im Dunkeln und bestimmten sie „zunächst“ als „bloße Dinge“. Wir nennen das im Besorgen begegnende Seiende das *Zeug*. Im Umgang sind vorfindlich Schreibzeug, Nähzeug, Werk-, Fahr-, Meßzeug. Die Seinsart von Zeug ist herauszustellen. Das geschieht am Leitfaden der vorherigen Umgrenzung dessen, was ein Zeug zu Zeug macht, der Zeughaftigkeit.

Ein Zeug „ist“ strenggenommen nie. Zum Sein von Zeug gehört je immer ein Zeugganzes, darin es dieses Zeug sein kann, das es ist. Zeug ist wesenhaft „etwas, um zu ...“. Die verschiedenen Weisen des „Um-zu“ wie Dienlichkeit, Beiträglichkeit, Verwendbarkeit, Handlichkeit konstituieren eine Zeugganzheit. In der Struktur „Um-zu“ liegt eine *Verweisung* von etwas auf etwas. Das mit diesem Titel angezeigte Phänomen kann erst in den folgenden Analysen in seiner ontologischen Genesis sichtbar gemacht werden. Vorläufig gilt es, eine Verweisungsmannigfaltigkeit phänomenal in den Blick zu bekommen. Zeug ist seiner Zeughaftigkeit entsprechend immer *aus* der Zugehörigkeit zu anderem Zeug: Schreibzeug, Feder, Tinte, Papier, Unterlage, Tisch, Lampe, Möbel, Fenster, Türen, Zimmer. Diese „Dinge“ zeigen sich nie zunächst für sich, um dann als Summe von Realen ein Zimmer auszufüllen. Das Nächstbegegnende, obzwar nicht thematisch Erfaßte, ist das Zimmer, und dieses wiederum nicht als das „Zwischen den vier Wänden“ in einem geometrischen räumlichen Sinne – sondern als Wohnzeug. Aus ihm heraus zeigt sich die „Einrichtung“, in dieser das jeweilige „einzelne“ Zeug. *Vor* diesem ist je schon eine Zeugganzheit entdeckt.

Der je auf das Zeug zugeschnittene Umgang, darin es sich einzig genuin in seinem Sein zeigen kann, z.B. das Hämmern, mit dem Hammer, *erfaßt* weder dieses Seiende thematisch als vorkommendes Ding, noch weiß etwa gar das Gebrauchen um die Zeugstruktur als solche. Das Hämmern hat nicht lediglich noch ein Wissen um den Zeugcharakter des Hammers, sondern es hat sich dieses Zeug so zugeeignet, wie es angemessener nicht möglich ist. In solchem gebrauchenden Umgang unterstellt sich das Besorgen dem für das jeweilige Zeug konstitutiven Um-zu; je weniger das Hammerding nur begafft wird, je zugreifender es gebraucht wird, um so ursprünglicher wird das Verhältnis zu ihm, um so unverhüllter begegnet es als das, was es ist, als Zeug. Das Hämmern selbst entdeckt die spezifische „Handlichkeit“ des Hammers. Die Seinsart von Zeug, in der es sich von ihm selbst her offenbart, nennen wir die *Zuhandenheit.* Nur weil Zeug *dieses* „An-sichsein“ hat und nicht lediglich noch vorkommt, ist es handlich im weitesten Sinne und verfügbar. Das schärfste Nurnoch-*hinsehen* auf das so und so beschaffene „Aussehen“ von Dingen vermag Zuhandenes nicht zu entdecken. Der nur „theoretisch“ hinsehende Blick auf Dinge entbehrt des Verstehens von Zuhandenheit. Der gebrauchend-hantierende Umgang ist aber nicht blind, er hat seine eigene Sichtart, die das Hantieren führt und ihm seine spezifische Sicherheit verleiht. Der Umgang mit Zeug unterstellt sich der Verweisungsmannigfaltigkeit des „Umzu“. Die Sicht eines solchen Sichfügens ist die *Umsicht.*

Das „praktische“ Verhalten ist nicht „atheoretisch“ im Sinne der Sichtlosigkeit, und sein Unterschied gegen das theoretische Verhalten liegt nicht nur darin, daß hier betrachtet und dort *gehandelt* wird, und daß das Handeln, um nicht blind zu bleiben, theoretisches Erkennen anwendet, sondern das Betrachten ist so ursprünglich ein Besorgen, wie das Handeln *seine* Sicht hat. Das theoretische Verhalten ist unumsichtiges Nurhinsehen. Das Hinsehen ist, weil unumsichtig, nicht regellos, seinen Kanon bildet es sich in der *Methode.* Das Zuhandene ist weder überhaupt theoretisch erfaßt, noch ist es selbst für die Umsicht zunächst umsichtig thematisch. Das Eigentümliche des zunächst Zuhandenen ist es, in seiner Zuhandenheit sich gleichsam zurückzuziehen, um gerade eigentlich zuhanden zu sein. Das, wobei der alltägliche Umgang sich zunächst aufhält, sind auch nicht die Werkzeuge selbst, sondern das Werk, das jeweilig Herzustellende, ist das primär Besorgte und daher auch Zuhandene. Das Werk trägt die Verweisungsganzheit, innerhalb derer das Zeug begegnet.

Das herzustellende Werk als das *Wozu* von Hammer, Hobel, Nadel hat seinerseits die Seinsart des Zeugs. Der herzustellende

Schuh ist zum Tragen (Schuhzeug), die verfertigte Uhr zur Zeitablesung. Das im besorgenden Umgang vornehmlich begegnende Werk – das in Arbeit befindliche – läßt in seiner ihm wesenhaft zugehörigen Verwendbarkeit je schon mitbegegnen das Wozu *seiner* Verwendbarkeit. Das bestellte Werk ist seinerseits nur auf dem Grunde seines Gebrauchs und des in diesem entdeckten Verweisungszusammenhanges von Seiendem.

Das herzustellende Werk ist aber nicht allein verwendbar für ..., das Herstellen selbst ist je ein Verwenden *von* etwas für etwas. Im Werk liegt zugleich die Verweisung auf „Materialien". Es ist angewiesen auf Leder, Faden, Nägel, u. dgl. Leder wiederum ist hergestellt aus Häuten. Diese sind Tieren abgenommen, die von anderen gezüchtet werden. Tiere kommen innerhalb der Welt auch ohne Züchtung vor, und auch bei dieser stellt sich dieses Seiende in gewisser Weise selbst her. In der Umwelt wird demnach auch Seiendes zugänglich, das an ihm selbst herstellungsunbedürftig, immer schon zuhanden ist. Hammer, Zange, Nagel verweisen an ihnen selbst auf – sie bestehen aus – Stahl, Eisen, Erz, Gestein, Holz. Im gebrauchten Zeug ist durch den Gebrauch die „Natur" mitentdeckt, die „Natur" im Lichte der Naturprodukte.

Natur darf aber hier nicht als das nur noch Vorhandene verstanden werden – auch nicht als *Naturmacht.* Der Wald ist Forst, der Berg Steinbruch, der Fluß Wasserkraft, der Wind ist Wind „in den Segeln". Mit der entdeckten „Umwelt" begegnet die so entdeckte „Natur". Von deren Seinsart als zuhandener kann abgesehen, sie selbst lediglich in ihrer puren Vorhandenheit entdeckt und bestimmt werden. Diesem Naturentdecken bleibt aber auch die Natur als das, was „webt und strebt", uns überfällt, als Landschaft gefangen nimmt, verborgen. Die Pflanzen des Botanikers sind nicht Blumen am Rain, das geographisch fixierte „Entspringen" eines Flusses ist nicht die „Quelle im Grund".

Das hergestellte Werk verweist nicht nur auf das Wozu seiner Verwendbarkeit und das Woraus seines Bestehens, in einfachen handwerklichen Zuständen liegt in ihm zugleich die Verweisung auf den Träger und Benutzer. Das Werk wird ihm auf den Leib zugeschnitten, er „ist" im Entstehen des Werkes mit dabei. In der Herstellung von Dutzendware fehlt diese konstitutive Verweisung keineswegs; sie ist nur unbestimmt, zeigt auf Beliebige, den Durchschnitt. Mit dem Werk begegnet demnach nicht allein Seiendes, das zuhanden ist, sondern auch Seiendes von der Seinsart des Menschen, dem das Hergestellte in seinem Besorgen zuhanden wird; in eins damit begegnet die Welt, in der die Träger und Verbraucher leben, die zugleich die unsere ist. Das je besorgte Werk ist nicht nur in der häuslichen Welt der Werkstatt etwa zuhanden, sondern in der *öffentlichen Welt.* Mit dieser ist die *Umweltnatur* entdeckt und jedem zugänglich. In den Wegen, Straßen, Brücken, Gebäuden ist durch das Besorgen die Natur in bestimmter Richtung entdeckt. Ein gedeckter Bahnsteig trägt dem Unwetter Rechnung, die öffentlichen Beleuchtungsanlagen der Dunkelheit, d.h. dem spezifischen Wechsel der An- und Abwesenheit der Tageshelle, dem „Stand der Sonne". In den Uhren ist je einer bestimmten Konstellation im Weltsystem Rechnung getragen. Wenn wir auf die Uhr sehen, machen wir unausdrücklich Gebrauch vom „Stand der Sonne", darnach die amtliche astronomische Regelung der Zeitmessung ausgeführt wird. Im Gebrauch des zunächst und unauffällig zuhandenen Uhrzeugs ist die Umweltnatur mitzuhanden.

Über Martin Heidegger (1889–1976) könnte man dasselbe sagen, was er in einer Vorlesung über Aristoteles äußerte: er wurde geboren, arbeitete und starb. Zugleich ist Heidegger, wie Aristoteles auch, mit der Erörterung der sogenannten Seinsfrage einer der bedeutendsten Philosophen und hat wesentlich den Existenzialismus Sartres, die Ethik Lévinas' (Text 35), die Hermeneutik Gadamers und den Dekonstruktivismus Derridas beeinflußt. Heidegger wurde im badischen Meßkirch als Sohn eines Mesners in streng katholischer Umgebung geboren. Zunächst studierte er Theologie, wandte sich dann aber bald der Philosophie zu. 1922 erhielt er einen Ruf nach Marburg, wo er vor allem an seinem Hauptwerk „Sein und Zeit" (1927) arbeitete, das in seiner existenzphilosophischen und phänomenologischen Frische Aufsehen erregte, in seinem Kern aber weitgehend unverstanden blieb. Nach seiner 1928 erfolgten Berufung nach Freiburg als Nachfolger seines Lehrers Husserl widmete sich Heidegger bis zu seinem Lebensende der Ausarbeitung der Seinsfrage, indem er die abendländische Metaphysik als Geschichte der Seinsvergessenheit interpretierte und auf das ursprüngliche Denken der Vorsokratiker sowie auf

Dichter wie Hölderlin verwies. 1933 wurde Heidegger zum Rektor gewählt und hielt seine berühmt-berüchtigte „Rektoratsrede", in der er sich philosophisch an die Spitze der nationalsozialistischen Bewegung als Bewegung des „Seins" setzte. Obwohl er 1934 als Rektor zurücktrat und sich nicht weiter zum Nationalsozialismus äußerte, erhielt Heidegger 1945 Lehrverbot durch die französische Besatzungsmacht, wurde aber 1951 ordentlich emeritiert. Heidegger starb in seinem Geburtsort und wurde dort beigesetzt. Ab 1975 erscheint die Gesamtausgabe seiner Werke, u.a. „Was ist Metaphysik?" (1929), „Platons Lehre von der Wahrheit" (1942), „Holzwege" (1950), „Was heißt Denken?" (1952), „Gelassenheit" (1959), „Nietzsche" (1961), „Die Frage nach dem Ding" (1962), „Heraklit" (1970).

Von „Sein und Zeit" ist nur der erste Teil erschienen, und auch dieser ist unvollständig. Zwar wurden später einzelne Stücke nachträglich veröffentlicht, die Frage nach dem „Sein" blieb aber bis zum Schluß problematisch. Zunächst ging es Heidegger darum, den Sinn der Seinsfrage, ausgehend vom Seinsverständnis des menschlichen Daseins, überhaupt erst herauszuarbeiten. Unter allen Seienden ist der Mensch in seinem Dasein das einzige Seiende, das ein Seinsverständnis hat, indem es sich zu sich selbst verhält und sich in seiner Existenz frei wählt. Die Existenzialien als Grundbestimmungen des Daseins, wie Man, Eigentlichkeit, Neugier, Sorge, Angst, Sein zum Tode, erinnern an die Existenzphilosophie Kierkegaards (Text 28), als dessen Erneuerer Heidegger mißverständlicherweise gilt. In der Tat aber hat Heidegger nicht nur der Existenzphilosophie wichtige Impulse gegeben, sondern auch durch seine Phänomenologie als Aufweis dessen, was sich von sich her zeigt (griech. *tò phainómenon*), das traditionelle Erkenntnisproblem neu zu bestimmen versucht. In seinem In-der-Welt-Sein geht der Mensch immer schon von einem Vorverständnis des Seins aus. Die Übereinstimmung von Denken und Sein muß nicht erst nachträglich geleistet werden. Daß eine derartige Übereinstimmung überhaupt als „Realitätsproblem" gesehen wurde, ist für Heidegger der eigentliche „Skandal der Philosophie" (Sein und Zeit, § 43). Ihm zufolge muß demgegenüber im hermeneutischen Zirkelverfahren – wie in der sokratischen Anamnesis (Text 4) – das verborgene Seinsvorverständnis nur herausgearbeitet werden. Im handelnden oder „besorgenden" Umgang mit den Dingen in der Welt wird als Seinszugang eine Wissensform sichtbar, die sich nicht in Form von Sätzen oder in theoretischer, hinschauender Weise auf Dinge oder Wesenheiten bezieht, um nachträglich die Übereinstimmung von Sätzen und Realität zu prüfen. Vielmehr haben wir vor allem ein praktisches Wissen, das sich im Handeln selbst bewährt und erst nachträglich, bei auftauchenden Problemen zu einem theoretischen Wissen wird. Zwar wirkt Heideggers Sprache zunächst befremdlich, aber seine Phänomenanalyse des zuhandenen und vorhandenen Wissens läßt sich bei einiger Konzentration leicht mitvollziehen. Auch die terminologische Unterscheidung der beiden Wissensformen läßt sich aus der Alltagssprache gut verstehen; das zuhandene Wissen geht einem im praktischen Umgang „zur Hand", während das vorhandene Wissen (später im Text) auf das schaut, was als Objekt in seinem „Aussehen" (griechisch: *eĩdos,* „Idee") „vor der Hand" liegt. Was ein Hammer ist, läßt sich nur nachträglich und unvollständig in einem Satz- oder Definitionswissen ausdrücken (nach Gilbert Ryle: als „knowing that"), es erschließt sich primär im Hämmern als Umgangswissen (als „knowing how"). Nicht nur in der existentiellen Bestimmung des Menschen, sondern auch in seinem Wissen und Handeln wird die zeitliche Verfassung des Seins sichtbar. Auch das scheinbar zeitlose Wesen oder „Aussehen" der Dinge erschließt sich nur als ein Moment im zeitlichen Handeln des Menschen als „Zeug". Primär sind die Dinge „pragma", erst sekundär „idea"; Ansätze eines „zuhandenen" Wissens sind – entgegen Heideggers Deutung – bereits bei Platon zu finden (Text 7).

Heideggers pragmatisches Wissen erinnert an Nietzsches Rückführung des Erkennens auf Überlebensinteressen (Text 30), ebenso an Wittgensteins Verbindung von „Sprachspiel" und „Lebensform" (Text 32). In jüngster Zeit hat Heideggers Unterscheidung auch für die Computertechnologie praktische Konsequenzen. So ist das Programm der „Künstlichen Intelligenz" (KI), sämtliche Handlungsmuster und Vorgänge in der Welt exakt zu definieren und durch Regeln zu bestimmen, in der praktischen Anwendung daran gescheitert, daß jedes exakte Definieren von einem vorgängigen praktischen, nicht ausschöpfbaren Weltverstehen der Benutzer abhängt (Hubert L. Dreyfus; Winograd/Flores). Die „interaktive", offene oder gebrauchsorientierte Computergestaltung hat unterdessen auch schon längst die scheinbar perfekten, starren Regelsysteme abgelöst.

Gegen Heideggers Wissens- und Seinsanalyse kann man einwenden, daß darin die Frage nach dem Hersteller oder Gestalter des Seienden in der Welt nicht vorkommt. Wir finden Seiendes im praktischen Umgang nicht einfach vor, wie in Heideggers Beispiel aus dem Handwerksbereich, sondern machen es weitgehend selber, zumal in einer zunehmend wissenschaftlich-technisch geprägten Welt. Die ökologische Krise hat schon lange die Grenzen der Machbarkeit aufgezeigt, und es ist zu fragen, was wir verantwortlicherweise machen dürfen, ohne uns selbst und die Natur, zu der wir auch selbst gehören, zu gefährden (Jonas, Text 36). Das zuhandene Wissen muß in Form eines vorhandenen Wissens in seinen Zwecken, soweit es geht, expliziert und überprüft werden können. Die Irrwege einer zugegeben *subjektversessenen* Politik- und Technikherrschaft sind nicht gegen Heideggers *subjektvergessene* Irrwege einer überzogenen anti- und postmodernen Subjekt- und Rationalitätskritik einzutauschen. Heideggers Sympathie für die nationalsozialistische Bewegung ist auch die Folge einer unkritischen Seinshörigkeit als „Hirte des Seins".

32. Ludwig Wittgenstein: Sprachspiele und Lebensform

23. Wieviele Arten der Sätze gibt es aber? Etwa Behauptung, Frage und Befehl? – Es gibt *unzählige* solcher Arten: unzählige verschiedene Arten der Verwendung alles dessen, was wir „Zeichen", „Worte", „Sätze", nennen. Und diese Mannigfaltigkeit ist nichts Festes, ein für allemal Gegebenes; sondern neue Typen der Sprache, neue Sprachspiele, wie wir sagen können, entstehen und andre veralten und werden vergessen. (Ein *ungefähres Bild* davon können uns die Wandlungen der Mathematik geben.)

Das Wort „*Sprachspiele*" soll hier hervorheben, daß das Sprechen der Sprache ein Teil ist einer Tätigkeit, oder einer Lebensform.

Führe dir die Mannigfaltigkeit der Sprachspiele an diesen Beispielen, und anderen, vor Augen:

Befehlen, und nach Befehlen handeln –
Beschreiben eines Gegenstandes nach dem Ansehen, oder nach Messungen –

Herstellen eines Gegenstandes nach einer Beschreibung (Zeichnung) –
Berichten eines Hergangs –
Über den Hergang Vermutungen anstellen –
Eine Hypothese aufstellen und prüfen –
Darstellen der Ergebnisse eines Experiments durch Tabellen und Diagramme –
Eine Geschichte erfinden; und lesen –
Theater spielen –
Reigen singen –
Rätsel raten –
Einen Witz machen; erzählen –
Ein angewandtes Rechenexempel lösen –
Aus einer Sprache in die andere übersetzen –
Bitten, Danken, Fluchen, Grüßen, Beten.

– Es ist interessant, die Mannigfaltigkeit der Werkzeuge der Sprache und ihrer Verwendungsweisen, die Mannigfaltigkeit der Wort- und Satzarten, mit dem zu vergleichen, was Logiker über den Bau der Sprache gesagt haben. (Und auch der Verfasser der *Logisch-Philosophischen Abhandlung.)*

65. Hier stoßen wir auf die große Frage, die hinter allen diesen Betrachtungen steht. – Denn man könnte mir einwenden: „Du machst dir's leicht! Du redest von allen möglichen Sprachspielen, hast aber nirgends gesagt, was denn das Wesentliche des Sprachspiels, und also der Sprache, ist. Was allen diesen Vorgängen gemeinsam ist und sie zur Sprache, oder zu Teilen der Sprache macht. Du schenkst dir also gerade den Teil der Untersuchung, der dir selbst seinerzeit das meiste Kopfzerbrechen gemacht hat, nämlich den, die *allgemeine Form des Satzes* und der Sprache betreffend."

Und das ist wahr. – Statt etwas anzugeben, was allem, was wir Sprache nennen, gemeinsam ist, sage ich, es ist diesen Erscheinungen garnicht Eines gemeinsam, weswegen wir für alle das gleiche Wort verwenden, – sondern sie sind miteinander in vielen verschiedenen Weisen *verwandt.* Und dieser Verwandtschaft, oder dieser Verwandtschaften wegen nennen wir sie alle „Sprachen". Ich will versuchen, dies zu erklären.

66. Betrachte z. B. einmal die Vorgänge, die wir „Spiele" nennen. Ich meine Brettspiele, Kartenspiele, Ballspiel, Kampfspiele,

usw. Was ist allen diesen gemeinsam? – Sag nicht: „Es *muß* ihnen etwas gemeinsam sein, sonst hießen sie nicht ‚Spiele'" – sondern *schau,* ob ihnen allen etwas gemeinsam ist. – Denn wenn du sie anschaust, wirst du zwar nicht etwas sehen, was *allen* gemeinsam wäre, aber du wirst Ähnlichkeiten, Verwandtschaften, sehen, und zwar eine ganze Reihe. Wie gesagt: denk nicht, sondern schau! – Schau z.B. die Brettspiele an, mit ihren mannigfachen Verwandtschaften. Nun geh zu den Kartenspielen über: hier findest du viele Entsprechungen mit jener ersten Klasse, aber viele gemeinsame Züge verschwinden, andere treten auf. Wenn wir nun zu den Ballspielen übergehen, so bleibt manches Gemeinsame erhalten, aber vieles geht verloren. – Sind sie alle *‚unterhaltend'?* Vergleiche Schach mit dem Mühlfahren. Oder gibt es überall ein Gewinnen und Verlieren, oder eine Konkurrenz der Spielenden? Denk an die Patiencen. In den Ballspielen gibt es Gewinnen und Verlieren; aber wenn ein Kind den Ball an die Wand wirft und wieder auffängt, so ist dieser Zug verschwunden. Schau, welche Rolle Geschick und Glück spielen. Und wie verschieden ist Geschick im Schachspiel und Geschick im Tennisspiel. Denk nun an die Reigenspiele: Hier ist das Element der Unterhaltung, aber wie viele der anderen Charakterzüge sind verschwunden! Und so können wir durch die vielen, vielen anderen Gruppen von Spielen gehen, Ähnlichkeiten auftauchen und verschwinden sehen.

Und das Ergebnis dieser Betrachtung lautet nun: Wir sehen ein kompliziertes Netz von Ähnlichkeiten, die einander übergreifen und kreuzen. Ähnlichkeiten im Großen und Kleinen.

67. Ich kann diese Ähnlichkeiten nicht besser charakterisieren als durch das Wort „Familienähnlichkeiten"; denn so übergreifen und kreuzen sich die verschiedenen Ähnlichkeiten, die zwischen den Gliedern einer Familie bestehen: Wuchs, Gesichtszüge, Augenfarbe, Gang, Temperament, etc. etc. – Und ich werde sagen: die ‚Spiele' bilden eine Familie.

Und ebenso bilden z.B. die Zahlenarten eine Familie. Warum nennen wir etwas „Zahl"? Nun, etwa, weil es eine – direkte – Verwandtschaft mit manchem hat, was man bisher Zahl genannt hat; und dadurch, kann man sagen, erhält es eine indirekte Verwandtschaft zu anderem, was wir auch *so* nennen. Und wir dehnen unseren Begriff der Zahl aus, wie wir beim Spinnen eines Fadens Faser an Faser drehen. Und die Stärke des Fadens liegt nicht darin, daß irgend eine Faser durch seine ganze Länge läuft, sondern darin, daß viele Fasern einander übergreifen.

Wenn aber Einer sagen wollte: „Also ist allen diesen Gebilden etwas gemeinsam, – nämlich die Disjunktion aller dieser Gemeinsamkeiten" – so würde ich antworten: hier spielst du nur mit einem Wort. Ebenso könnte man sagen: es läuft ein Etwas durch den ganzen Faden, – nämlich das lückenlose Übergreifen dieser Fasern.

100. „Es ist doch kein Spiel, wenn es eine Vagheit *in den Regeln* gibt." Aber *ist* es dann kein Spiel? – „Ja, vielleicht wirst du es Spiel nennen, aber es ist doch jedenfalls kein vollkommenes Spiel." D.h.: es ist doch dann verunreinigt, und ich interessiere mich nun für dasjenige, was hier verunreinigt wurde. – Aber ich will sagen: Wir mißverstehen die Rolle, die das Ideal in unsrer Ausdrucksweise spielt. D.h.: auch wir würden es ein Spiel nennen, nur sind wir vom Ideal geblendet und sehen daher nicht deutlich die wirkliche Anwendung des Wortes „Spiel".

101. Eine Vagheit in der Logik – wollen wir sagen – kann es nicht geben. Wir leben nun in der Idee: das Ideal ‚*müsse*' sich in der Realität finden. Während man noch nicht sieht, *wie* es sich darin findet, und nicht das Wesen dieses „muß" versteht. Wir glauben: es muß in ihr stecken; denn wir glauben, es schon in ihr zu sehen.

106. Hier ist es schwer, gleichsam den Kopf oben zu behalten, – zu sehen, daß wir bei den Dingen des alltäglichen Denkens bleiben müssen, um nicht auf den Abweg zu geraten, wo es scheint, als müßten wir die letzten Feinheiten beschreiben, die wir doch wieder mit unsern Mitteln gar nicht beschreiben könnten. Es ist uns, als sollten wir ein zerstörtes Spinnennetz mit unsern Fingern in Ordnung bringen.

107. Je genauer wir die tatsächliche Sprache betrachten, desto stärker wird der Widerstreit zwischen ihr und unsrer Forderung. (Die Kristallreinheit der Logik hatte sich mir ja nicht *ergeben;* sondern sie war eine Forderung.) Der Widerstreit wird unerträglich; die Forderung droht nun, zu etwas Leerem zu werden. – Wir sind aufs Glatteis geraten, wo die Reibung fehlt, also die Bedingungen in gewissem Sinne ideal sind, aber wir eben deshalb auch nicht gehen können. Wir wollen gehen; dann brauchen wir die *Reibung.* Zurück auf den rauhen Boden!

108. Wir erkennen, daß, was wir „Satz", „Sprache", nennen, nicht die formelle Einheit ist, die ich mir vorstellte, sondern die Familie mehr oder weniger miteinander verwandter Gebilde. – Was aber wird nun aus der Logik? Ihre Strenge scheint hier aus dem Leim zu gehen. – Verschwindet sie damit aber nicht ganz? – Denn wie kann die Logik ihre Strenge verlieren? Natürlich nicht dadurch, daß man ihr etwas von ihrer Strenge abhandelt. – Das *Vorurteil* der Kristallreinheit kann nur so beseitigt werden, daß wir unsere ganze Betrachtung drehen. (Man könnte sagen: Die Betrachtung muß gedreht werden, aber um unser eigentliches Bedürfnis als Angelpunkt.)

[...]

206. Einer Regel folgen, das ist analog dem: einen Befehl befolgen. Man wird dazu abgerichtet und man reagiert auf ihn in bestimmter Weise. Aber wie, wenn nun der Eine *so*, der Andere *anders* auf Befehl und Abrichtung reagiert? Wer hat dann Recht?

Denke, du kämst als Forscher in ein unbekanntes Land mit einer dir gänzlich fremden Sprache. Unter welchen Umständen würdest du sagen, daß die Leute dort Befehle geben, Befehle verstehen, befolgen, sich gegen Befehle auflehnen, usw.?

Die gemeinsame menschliche Handlungsweise ist das Bezugssystem, mittels dessen wir uns eine fremde Sprache deuten.

207. Denken wir uns, die Leute in jenem Land verrichteten gewöhnliche menschliche Tätigkeiten und bedienen sich dabei, wie es scheint, einer artikulierten Sprache. Sieht man ihrem Treiben zu, so ist es verständlich, erscheint uns ‚logisch'. Versuchen wir aber, ihre Sprache zu erlernen, so finden wir, daß es unmöglich ist. Es besteht nämlich bei ihnen kein regelmäßiger Zusammenhang des Gesprochenen, der Laute, mit den Handlungen; dennoch aber sind diese Laute nicht überflüssig; denn knebeln wir z. B. einen dieser Leute, so hat dies die gleichen Folgen, wie bei uns: ohne jene Laute geraten ihre Handlungen in Verwirrung – wie ich mich ausdrücken will.

Ludwig Wittgenstein (1889–1951) wurde als Sohn eines Großindustriellen in Wien geboren, studierte Ingenieurwissenschaft in Berlin, später in Manchester, und befreundete sich bereits als Student mit Bertrand Russell in Cambridge. Russells „Principia Mathematica“ (zusammen mit Whitehead verfaßt) beeinflußten ihn stark in seiner ersten Phase, einer an der exakten Logik orientierten Sprachphilosophie. Allerdings schlug Wittgenstein zunächst nicht die Universitätslaufbahn ein, sondern widmete sich praktischen Tätigkeiten, etwa dem Bau einer Blockhütte bei Skjolden in Norwegen, der Unterstützung von Künstlern durch sein ererbtes, später an seine Geschwister verschenktes Millionenerbe, als Kriegsteilnehmer (siehe die „Tagebücher“), als Volksschullehrer (1919–1926) und als Architekt beim Hausbau seiner Schwester. Nach engen Kontakten zum „Wiener Kreis“ um Schlick, Waismann und Carnap kehrte er nach Cambridge zurück und wurde mit seinem bereits 1921 erschienenen „Tractatus logicophilosophicus“ (= T) promoviert. 1939 wurde Wittgenstein zum Nachfolger von George Edward Moore ernannt. Seine Lehrtätigkeit unterbrach er häufig, um im Krankenhaus praktisch zu wirken, und 1947 gab er sie schließlich ganz auf. Wittgenstein starb in Cambridge an einem Krebsleiden. Zu seinen Lebzeiten hat er außer dem „Tractatus“ lediglich das „Wörterbuch für Volksschüler“ (1926) veröffentlicht, aber eine ganze Reihe von Manuskripten hinterlassen.

Von Wittgensteins posthum erschienenen Schriften sind die „Philosophischen Untersuchungen“ (= PU; 1953), an denen er seit 1936 gearbeitet hatte, als Grundtext der „Philosophie der normalen Sprache“ (Ordinary language philosophy) am einflußreichsten geworden. In ihnen wird das Exaktheitsideal der logisch-analytischen Sprachphilosophie in einem umfassenden, offenen Sprach- oder Symbolbegriff lediglich als ein Moment unter vielen verstanden, ähnlich wie bereits in Ernst Cassirers „Philosophie der symbolischen Form“ (1923–1929). Insgesamt aber weicht Wittgenstein nicht vom sprachkritischen Paradigma aus dem „Tractatus“ ab: „Alle Philosophie ist ‚Sprachkritik‘“ (T 4.0031). Auch am Zweck der Philosophie als „logische Klärung der Gedanken“ und als „Tätigkeit“ statt als „Lehre“ hält er fest (T 4.112). Wittgenstein läßt sich als Kritiker einer Wesens-Philosophie mit Nietzsche (Text 30) und Heidegger (Text 31) in die Reihe der großen Platon-Kritiker einreihen. Die Bedeutung sprachlicher Begriffe sowie aller symbolischen Formen liegt für ihn nicht in ihrem Bezug auf ein festes Wesen, sondern im Regelsystem innerhalb einer Alltagspraxis. Jeder Begriff erhält seine Bedeutung in einem offenen

„Sprachspiel" als Ausdruck einer „Lebensform". Die Lebensform legt differenzierende Verwendungsweisen nahe, und diese erläutern wiederum das Selbstverständnis einer Lebensform. In einem nicht von Wittgenstein selbst gebrauchten Beispiel ist etwa der Begriff „Schnee" für einen Norddeutschen etwas anderes als für einen Skifahrer oder einen Bewohner Alaskas. In bestimmten Handlungs- und Lebenssituationen haben sich bestimmte Begriffsverwendungen eingespielt. Aufgabe des Philosophen ist nicht eine idealsprachliche Normierung der Umgangssprache von einem angemaßten Metastandpunkt her, sondern Aufforderung zur Selbstaufklärung durch genaues Hinschauen: „denk nicht, sondern schau!" (PU 66).

Mit seiner Maxime „denk nicht, sondern schau!" verfolgt Wittgenstein keineswegs einen unkritischen Sprachspielpositivismus, sondern eröffnet durch differenziertes Hinsehen den Spielraum für eine Kritik an vermeintlich fixen „Ideen" sowie an einer entsprechend reduzierten Lebenspraxis. Auch ist seine Absage an feste Wortbedeutungen nur scheinbar rein relativistisch, da sie die Wortbedeutungen in ihrer Differenziertheit und Veränderbarkeit an die jeweiligen Relationen oder Bezüge konkret Handelnder in konkreten Situationen koppelt – die Spieler des Sprachspiels können selbst ihre Regeln gemeinsam abstimmen. Wittgensteins Sprach-Phänomenologie trägt somit Züge einer kritisch-sokratischen Selbstkorrektur (Texte 3 u. 4).

Seine Kritik an einer platonistischen Identitätslogik ist zugleich Kritik an einer Herrschaftslogik und Eröffnung eines selbstkritischen, kreativen Denkens und Handelns. Allerdings bindet Wittgenstein die Kreativität des Sprachspiels an die Erfahrungen und Bedürfnisse der sprechenden und handelnden Subjekte zurück, an „unser eigentliches Bedürfnis als Angelpunkt" (PU 108) oder die „gemeinsame menschliche Handlungsweise" (PU 206). Der Relativismus der verschiedenen Lebensformen oder Kulturen wird damit normativ auf eine universalistische anthropologische Basis bezogen. Worin aber diese „eigentliche" und „gemeinsame" Basis besteht, sagt Wittgenstein nicht. Sie kann jedenfalls nicht durch ein geschlossenes Regelsystem bestimmt werden. Eine Möglichkeit wäre eine offene Liste gemeinsamer Bedürfnisse, die ihrerseits kritisiert und konkretisiert werden muß (Martha Nussbaum).

33. Theodor W. Adorno: Schenken und Spielen in der Warenwelt

21 *Umtausch nicht gestattet.* – Die Menschen verlernen das Schenken. Der Verletzung des Tauschprinzips haftet etwas Widersinniges und Unglaubwürdiges an; da und dort mustern selbst Kinder mißtrauisch den Geber, als wäre das Geschenk nur ein Trick, um ihnen Bürsten oder Seife zu verkaufen. Dafür übt man charity, verwaltete Wohltätigkeit, die sichtbare Wundstellen der Gesellschaft planmäßig zuklebt. In ihrem organisierten Betrieb hat die menschliche Regung schon keinen Raum mehr, ja die Spende ist mit Demütigung durch Einteilen, gerechtes Abwägen, kurz durch die Behandlung des Beschenkten als Objekt notwendig verbunden. Noch das private Schenken ist auf eine soziale Funktion heruntergekommen, die man mit widerwilliger Vernunft, unter sorgfältiger Innehaltung des ausgesetzten Budgets, skeptischer Abschätzung des anderen und mit möglichst geringer Anstrengung ausführt. Wirkliches Schenken hatte sein Glück in der Imagination des Glücks des Beschenkten. Es heißt wählen, Zeit aufwenden, aus seinem Weg gehen, den anderen als Subjekt denken: das Gegenteil von Vergeßlichkeit. Eben dazu ist kaum einer mehr fähig. Günstigenfalls schenken sie, was sie sich selber wünschten, nur ein paar Nuancen schlechter. Der Verfall des Schenkens spiegelt sich in der peinlichen Erfindung der Geschenkartikel, die bereits darauf angelegt sind, daß man nicht weiß, was man schenken soll, weil man es eigentlich gar nicht will. Diese Waren sind beziehungslos wie ihre Käufer. Sie waren Ladenhüter schon am ersten Tag. Ähnlich der Vorbehalt des Umtausches, der dem Beschenkten bedeutet: hier hast du deinen Kram, fang damit an, was du willst, wenn dir's nicht paßt, ist es mir einerlei, nimm dir etwas anderes dafür. Dabei stellt gegenüber der Verlegenheit der üblichen Geschenke ihre reine Fungibilität auch noch das Menschlichere dar, weil sie dem Beschenkten wenigstens erlaubt, sich selber etwas zu schenken, worin freilich zugleich der absolute Widerspruch zum Schenken gelegen ist.

Gegenüber der größeren Fülle von Gütern, die selbst dem Armen erreichbar sind, könnte der Verfall des Schenkens gleichgültig, die Betrachtung darüber sentimental scheinen. Selbst wenn es jedoch im Überfluß überflüssig wäre – und das ist Lüge, privat so gut wie gesellschaftlich, denn es gibt keinen heute, für den Phantasie nicht genau das finden könnte, was ihn durch und durch beglückt –, es blieben des Schenkens jene bedürftig, die nicht mehr schenken. Ihnen verkümmern jene unersetzlichen Fähigkeiten, die nicht in der Isolierzelle der einen Innerlichkeit, sondern nur in Fühlung mit der Wärme der Dinge gedeihen können. Kälte ergreift alles, was sie tun, das freundliche Wort, das ungesprochen, die Rücksicht, die ungeübt bleibt. Solche Kälte schlägt endlich zurück auf jene, von denen sie ausgeht. Alle nicht entstellte Beziehung, ja vielleicht das Versöhnende am organischen Leben selber, ist ein Schenken. Wer dazu durch die Logik der Konsequenz unfähig wird, macht sich zum Ding und erfriert.

146 *Kaufmannsladen.* – Hebbel wirft in einer überraschenden Tagebuchnotiz die Frage auf, was „dem Leben den Zauber in späteren Jahren" nähme. „Weil wir in all den bunten verzerrten Puppen die Walze sehen, die sie in Bewegung setzt, und weil eben darum die reizende Mannigfaltigkeit der Welt sich in eine hölzerne Einförmigkeit auflöst. Wenn einmal ein Kind die Seiltänzer singen, die Musikanten blasen, die Mädchen Wasser tragen, die Kutscher fahren sieht, so denkt es, das geschähe alles aus Lust und Freude an der Sache; es kann sich gar nicht vorstellen, daß diese Leute auch essen und trinken, zu Bett gehen und wieder aufstehen. Wir aber wissen, worum es geht." Nämlich um den Erwerb, der alle jene Tätigkeiten als bloße Mittel beschlagnahmt, vertauschbar reduziert auf die abstrakte Arbeitszeit. Die Qualität der Dinge wird aus dem Wesen zur zufälligen Erscheinung ihres Wertes. Die „Äquivalentform" verunstaltet alle Wahrnehmungen: das, worin nicht mehr das Licht der eigenen Bestimmung als „Lust an der Sache" leuchtet, verblaßt dem Auge. Die Organe fassen kein Sinnliches isoliert auf, sondern merken der Farbe, dem Ton, der Bewegung an, ob sie für sich da ist oder für ein anderes; sie ermüden an der falschen Vielfalt und tauchen alles in Grau, enttäuscht durch den trugvollen Anspruch der Qualitäten, überhaupt noch da zu sein, während sie nach den Zwecken der Aneignung sich richten, ja ihnen weithin ihre Existenz einzig verdanken. Die Entzauberung der Anschauungswelt ist die Reaktion des Sensoriums auf ihre objektive Bestimmung als „Warenwelt". Erst die von Aneignung gereinigten Dinge wären bunt und nützlich

zugleich: unter universalem Zwang läßt beides nicht sich versöhnen. Die Kinder aber sind nicht sowohl, wie Hebbel meint, befangen in Illusionen über die „reizende Mannigfaltigkeit", als daß ihre spontane Wahrnehmung den Widerspruch zwischen dem Phänomen und der Fungibilität, an den die resignierte der Erwachsenen schon nicht mehr heranreicht, noch begreift und ihm zu entrinnen sucht. Spiel ist ihre Gegenwehr. Dem unbestechlichen Kind fällt die „Eigentümlichkeit der Äquivalentform" auf: „Gebrauchswert wird zur Erscheinungsform seines Gegenteils, des Werts." (Marx, Kapital I, Wien 1932, S. 61) In seinem zwecklosen Tun schlägt es mit einer Finte sich auf die Seite des Gebrauchswerts gegen den Tauschwert. Gerade indem es die Sachen, mit denen es hantiert, ihrer vermittelten Nützlichkeit entäußert, sucht es im Umgang mit ihnen zu erretten, womit sie den Menschen gut und nicht dem Tauschverhältnis zu willen sind, das Menschen und Sachen gleichermaßen deformiert. Der kleine Rollwagen fährt nirgendwohin, und die winzigen Fässer darauf sind leer; aber sie halten ihrer Bestimmung die Treue, indem sie sie nicht ausüben, nicht teilhaben an dem Prozeß der Abstraktionen, der jene Bestimmung an ihnen nivelliert, sondern als Allegorien dessen stillhalten, wozu sie spezifisch da sind. Versprengt zwar, doch unverstrickt warten sie, ob einmal die Gesellschaft das gesellschaftliche Stigma auf ihnen tilgt; ob der Lebensprozeß zwischen Mensch und Sache, die Praxis aufhören wird, praktisch zu sein. Die Unwirklichkeit der Spiele gibt kund, daß das Wirkliche es noch nicht ist. Sie sind bewußtlose Übungen zum richtigen Leben.

Theodor W. (= Wiesengrund) Adorno (1903–1969) wurde in Frankfurt a. M. als Sohn eines Weingroßhändlers und einer Sängerin geboren. Nach dem Studium der Philosophie und Musik habilitierte er sich bei dem Theologen Paul Tillich mit einer Arbeit über Kierkegaard, konnte aber seine akademische Laufbahn nicht fortführen, da ihm wegen seiner jüdischen Abstammung 1933 die Lehrbefugnis entzogen wurde. Nach einem Aufenthalt in Oxford emigrierte er nach New York. Dort war er Mitglied des Institute of Social Research und arbeitete eng mit Max Horkheimer zusammen. 1938 nahm er den Namen seiner Mutter

(Adorno) an. Adorno kehrte 1949 mit Horkheimer nach Deutschland zurück und wurde in Frankfurt Professor für Philosophie und Soziologie sowie 1958 als Horkheimers Nachfolger Direktor des Instituts für Sozialforschung. Die von ihm und Horkheimer maßgeblich geprägte „Frankfurter Schule", zu der später auch Jürgen Habermas gehörte, hat mit ihrer kritischen, neomarxistischen Gesellschaftstheorie die Studentenrevolte der 68er beeinflußt. Adorno selbst aber distanzierte sich von deren gewaltsamer Form. Nach zermürbenden Querelen mit den Studenten starb er während eines Ferienaufenthalts in der Schweiz an einem Herzinfarkt.

Adornos Denken kreist in gesellschaftskritischer Absicht um die Behauptung von Individualität in einer instrumentalisierten und vermarkteten Welt. Dabei läßt er sich in seinen anthropologischen und gesellschaftstheoretischen Vorstellungen ebenso von Kierkegaards Existenzphilosophie (Text 28) wie von Marx' Entfremdungstheorie und Kapitalismuskritik leiten (Text 29). In seiner Erkenntnistheorie, die er als Kritik an einem das Einzelne schematisierenden Denken formuliert, bezieht sich Adorno auf die ästhetische Erfahrung, über die er als Musiker auch selbst verfügte. Berühmt geworden ist Adorno durch seine mit Horkheimer noch im Exil verfaßte „Dialektik der Aufklärung" (1947), die den Umschlag von Aufklärung in Mythologie kritisiert, indem sie zeigt, daß der Logos als alles beherrschendes, eng szientistisches Denken selber zu Mythos wird. In der „Negativen Dialektik" (1966) vertieft Adorno seine erkenntniskritischen Überlegungen und setzt, im Geiste Kierkegaards, Hegels „positiver" Dialektik als Systemdenken eine „negative" Dialektik entgegen, die durch die konkrete Kritik gesellschaftlicher Entfremdung hindurch an die Hoffnung auf eine bessere Gesellschaft erinnern möchte, ohne ein festes Wissen des „Guten" beanspruchen zu wollen.

Die Grundzüge von Adornos Denken sind auch in den beiden Phänomenanalysen über das Schenken und Spielen aus den „Minima Moralia" deutlich sichtbar. Die Aphorismensammlung wurde zwar erst 1951 veröffentlicht, entstand aber bereits 1945 als Geschenk zum fünfzigsten Geburtstag Horkheimers. In seiner „Zueignung" versteht Adorno seine Überlegungen als Beitrag zu dem in Vergessenheit geratenen, gegenwärtig aber längst rehabilitierten Zentralthema der Philosophie als „Lehre vom richtigen

Leben". Allerdings will Adorno keine positive Lehre vom Ganzen des Kosmos oder der Gesellschaft vorlegen, sondern lediglich, wie es im Untertitel heißt, „Reflexionen aus dem beschädigten Leben" anstellen: „Wer die Wahrheit übers unmittelbare Leben erfahren will, muß dessen entfremdeter Gestalt nachforschen, den objektiven Mächten, die die individuelle Existenz bis ins Verborgenste bestimmen" (Zueignung). Das Einzelne wird vom Ganzen bestimmt, und das Ganze wird nur im Einzelnen sichtbar. Bei seinem Blick auf das gesellschaftliche Ganze wird Adorno von einer bestimmten Deutung geleitet: „Mittel und Zwecke werden vertauscht". Der Gebrauchswert der Dinge als Selbstzweck ist auf ihren schematischen Tauschwert in der Warenzirkulation als Mittel reduziert, der auch den Wert des einzelnen Menschen und ihre wechselseitige Beziehung bestimmt. Daher kann Adorno behaupten: „Es gibt kein richtiges Leben im falschen" (Aphorismus 18) und: „Das Ganze ist das Unwahre" (29). Allerdings kommt auch Adornos negative Dialektik von den Widersprüchen zwischen den Einzelnen und dem Ganzen nicht ohne positive Norm aus, wenn diese auch in einer lediglich umrißhaften Form formuliert wird: „Noch ist die Ahndung des aberwitzigen quid pro quo (dies für das, E.M.) aus dem Leben nicht gänzlich ausgemerzt. Das reduzierte und degradierte Wesen sträubt sich zäh gegen seine Verzauberung in Fassade" (Zueignung).

Trotz aller gesellschaftlichen Deformiertheit schreibt Adorno dem Individuum einen Zuwachs an „Fülle, Differenziertheit, Kraft" zu (Zueignung), die etwa aus der Leiderfahrung im Nationalsozialismus herrührten und den einzelnen in einer leibhaften Weise moralisch sensibilisierten: „Hitler hat den Menschen im Stand ihrer Unfreiheit einen neuen kategorischen Imperativ aufgezwungen: ihr Denken und Handeln so einzurichten, daß Auschwitz nicht sich wiederhole, nichts Ähnliches geschehe" (Negative Dialektik, 1970, S. 356). Adornos Hoffnung auf die neue moralische Kraft der Individuen mutet allerdings ein wenig zu optimistisch an. In einer Dialektik der Leiderfahrung kann der Abscheu durchaus in Lethargie und Verrohung als Rache für erfahrenes Leid umschlagen, was auch Adorno selbst sah und in der „Erziehung zur Mündigkeit" durch psychoanalytische Schulung der Lehrer abwehren wollte. Schwerer dagegen wiegt der Zweifel, ob Adornos Philosophie als Versuch der „Freiheit, Phänomene zu deuten" (Negative Dialektik, S. 29), nicht ihrerseits Züge der Unfreiheit trägt, indem sein Deutungsvorschlag einzelner Phänomene, etwa des Schenkens und Spielens, den Gestus des Deutungsimperialismus der „wahren" Bedürfnisse des anderen hat. Vielleicht hat der einzelne ja wirklich seine Freude an den von Adorno kritisierten Geschenk- und Spielzeugartikeln – Adorno lehnte übrigens auch in einem großbürgerlichen Snobismus beispielsweise den Jazz ab. Konsequenterweise müßte Adorno in der „Fülle, Differenziertheit, Kraft" des Einzelnen die letzte Deutungsinstanz anerkennen, auch gegen seine eigenen Deutungen. Die Wittgensteinische Maxime „denk nicht, sondern schau!" (Text 32) wäre auch auf das von Adorno als „richtig" normierte eigene Sprachspiel von „Schenken" und „Spielen" anzuwenden. Beides sind Begriffe mit offenen Rändern. Adornos Beiträge zu einem „richtigen Leben" wären daher besser als Anregungen für ein „gutes Leben" zu verstehen, das letztlich jeder einzelne selber für sich beurteilen und führen muß, ohne vorgegebene Normen und ihre vorgegebenen Deutungen im einzelnen.

34. Hannah Arendt: Persönliche Verantwortung und Urteilsbildung

Meine frühere intellektuelle Bildung geschah in einer Atmosphäre, in der niemand moralischen Fragen viel Aufmerksamkeit widmete; wir wurden unter der Voraussetzung erzogen: Das Moralische versteht sich von selbst. Ich erinnere mich noch ganz gut an meine eigene jugendliche Auffassung von dieser moralischen Rechtschaffenheit, die man für gewöhnlich Charakter nennt; diese Tugenden eigens hervorzukehren wäre mir philisterhaft vorgekommen, weil sie sich eben, wie wir dachten, von selbst verstanden und deshalb keine große Bedeutung besaßen – es handelte sich um keine entscheidende Eigenschaft, die etwa bei der Beurteilung einer bestimmten Person eine Rolle spielte. Sicherlich wurden wir dann und wann mit moralischer Schwäche, mit Mangel an Standfestigkeit oder Loyalität konfrontiert, mit jenem eigenartigen, fast automatischen Nachgeben unter Druck, vor allem dann, wenn dieser von der öffentlichen Meinung ausgeht – ein Phänomen übrigens, das ganz typisch ist für die Bildungsschichten bestimmter Gesellschaften –, doch wir besaßen keine Vorstellung davon, wie ernst solche Dinge waren und schon gar nicht davon, wohin sie führen könnten. Vom Wesen dieser Erscheinungen wußten wir sehr wenig, und noch weniger, so fürchte ich, kümmerten wir uns darum. Nun, es stellte sich heraus, daß wir reichlich Gelegenheit zum Lernen erhalten sollten. Für meine Generation und Menschen meiner Herkunft begann die Lektion 1933, und sie war zu Ende, als nicht nur deutsche Juden, sondern die ganze Welt über die Greuel Bescheid wußte, die am Anfang keiner für möglich gehalten hätte. Was wir seitdem gelernt haben, und das ist keinesfalls unwichtig, das kann man als Erweiterung und Ergänzung jenes Wissens betrachten, das wir uns während jener zwölf Jahre angeeignet haben.

Viele von uns haben die letzten zwanzig Jahre dazu gebraucht, um mit dem, was geschehen war, zu Rande zu kommen, nicht mit den Ereignissen von 1933, sondern mit dem, was von 1941 bis zum bitteren Ende passiert ist. Und damit meine ich nicht persönliche Trauer und persönlichen Kummer, sondern den Schrekken selbst, mit welchem, wie wir heute sehen, keine der betroffenen Parteien sich bislang aussöhnen konnte. Die Deutschen haben für diesen ganzen Komplex den höchst fragwürdigen Begriff ihrer „unbewältigten Vergangenheit" geprägt; doch nach so vielen Jahren hat sich heute herausgestellt, daß diese deutsche Vergangenheit auch in einem großen Teil der zivilisierten Welt einfach nicht zu begreifen ist. Damals, so kam es nicht nur mir, sondern auch vielen anderen vor, schien das bloße Grauen in seiner nackten Monströsität über alle Kategorien hinauszugehen und alle Maßstäbe der Rechtsprechung hinwegzufegen; es handelte sich um etwas, was Menschen weder adäquat bestrafen, noch vergeben konnten.

[...]

In einer Diktatur, erst recht in einer totalitären Diktatur, ist selbst die vergleichsweise geringe Anzahl von Entscheidungsträgern, die man bei normalen Regierungsformen immer noch benennen kann, auf die Zahl Eins zusammengeschrumpft, wohingegen alle Institutionen und Körperschaften, welche Exekutiventscheidungen entweder kontrollieren oder ratifizieren sollen, abgeschafft worden sind. Im Dritten Reich jedenfalls gab es nur einen Mann, der Entscheidungen fällen konnte und dies auch tat und von daher politisch voll verantwortlich war – und das war Hitler, der deshalb einmal ganz korrekt und ohne jeden Anflug von Größenwahn sich selbst als den einzigen unersetzlichen Menschen in Deutschland beschrieb. Jeder andere, von ganz oben bis ganz unten, der irgendetwas mit öffentlichen Angelegenheiten zu tun hatte, war tatsächlich ein Rädchen, ob ihm das bewußt war oder nicht. Bedeutete dies, daß niemand anderes zur Verantwortung gezogen werden konnte?

Als ich den Eichmann-Prozeß in Jerusalem beobachtete, spürte ich, daß der große Vorteil eines Gerichtsverfahrens darin besteht, daß in diesem Rahmen das ganze Gerede vom Rädchen im Getriebe unsinnig ist und man gezwungen wird, alle diese Fragen von einem anderen Blickwinkel aus zu betrachten. Es war natürlich vorauszusehen, daß die Verteidigung in dem Sinne argumentieren würde, Eichmann sei bloß ein kleines Rädchen gewesen – daß der Angeklagte so dachte, war wahrscheinlich, und in gewissem Maße tat er das dann auch –, während der Versuch der Anklage, aus ihm das größte Rad aller Zeiten – schlimmer und wichtiger als Hitler – zu machen, kurios war, das hatte man nicht erwartet. Die Richter taten, was richtig und angemessen war: sie verwarfen diese Auffassung ohne Wenn und Aber – und ich nebenbei gesagt auch. Denn in einem Gerichtssaal, so versuchten die Richter es klarzustellen, wird keinem System, nicht der Geschichte, keiner historischen Tendenz, keinem „Ismus", wie zum Beispiel dem Antisemitismus, sondern einer Person der Prozeß gemacht. Und wenn der Angeklagte zufälligerweise ein Funktionär ist, dann wird er genau deshalb angeklagt, weil ein Funktionär immer noch ein menschliches Wesen ist, und allein in dieser Eigenschaft steht er vor Gericht. Es ist offenkundig, daß die großen Verbrechen in den meisten kriminellen Organisationen eigentlich von kleinen Rädchen begangen werden, und man könnte sogar sagen, daß eines der Merkmale des organisierten Verbrechens im Dritten Reich darin bestand, daß es von allen seinen Dienern und nicht nur von den unteren Rängen einen handfesten Beweis ihrer kriminellen Mittäterschaft verlangte. Folglich lautete die Frage des Gerichts an den Angeklagten: „Haben Sie als das und das, als ein Individuum mit Namen, Geburtsdatum und Geburtsort, als identifizierbar und nicht austauschbar, das Verbrechen, dessen Sie angeklagt sind, begangen, und wenn ja, warum?" Wenn der Angeklagte antwortet: „Das war nicht ich, der das getan hat, ich hatte weder den Willen, noch die Kraft, irgendetwas aus eigener Initiative heraus zu tun, ich war bloß ein Rädchen im Getriebe und austauschbar, jeder andere an meiner Stelle hätte das gemacht; daß ich hier vor Gericht stehe, ist ein Zufall", dann wird diese Auskunft als unerheblich abgetan. Wenn man dem Angeklagten erlaubte, sich als Vertreter eines Systems schuldig oder nicht schuldig zu bekennen, würde aus ihm in der Tat ein „Sündenbock". (Eichmann selbst wünschte, ein Sündenbock zu werden – er schlug vor, sich selbst öffentlich aufzuhängen und alle „Sünden" auf sich zu nehmen. Das Gericht verweigerte ihm diese letzte Gelegenheit, erhebende Gefühle zur Schau zu stellen.)

In jedem bürokratischen System gehört das Verschieben von Verantwortung zur täglichen Routine, und wenn man Bürokratie aus der Sicht der politischen Wissenschaft als eine Herrschaftsform definieren möchte, dann handelt es sich dabei um die Herrschaft der Büros, im Gegensatz zur Herrschaft eines einzigen oder einiger oder vieler; Bürokratie ist die Herrschaft des Niemand und aus eben diesem Grund vielleicht die unmenschlichste und grausamste Herrschaftsform. Doch im Gerichtssaal helfen solche Definitionen nicht weiter. Denn auf die Antwort hin: „Nicht ich, sondern das System, in dem ich ein Rädchen war, hat es gemacht", wird sofort die nächste Frage gestellt: „Und warum bittesehr, wurden Sie ein Rädchen oder blieben Sie es unter derartigen Umständen?" Wenn der Angeklagte die Verantwortung auf andere abschieben möchte, dann zieht er andere Personen mit hinein, dann muß er Namen nennen, und diese Personen tauchen dann als mögliche Mitangeklagte auf, sie erscheinen nicht als die Verkörperung irgendeiner bürokratischen oder einer anderen Notwendigkeit. Der Eichmann-Prozeß wäre wie alle diese Prozesse völlig uninteressant gewesen, wenn er nicht das Rädchen oder den Sachbearbeiter des Referats IV B 4 im Reichssicherheits-Hauptamt in einen Menschen verwandelt hätte. Nur weil dieser Schritt mit Prozeßbeginn bereits vollzogen war, konnte die Frage der persönlichen Verantwortung und deshalb auch die der juristischen Schuld überhaupt entstehen. Und selbst diese Rückverwandlung eines Rädchens in einen Menschen bedeutet nicht, daß etwas wie das bloße Funktionieren vor Gericht verhandelt wurde, daß also nicht die Tatsache, daß Systeme Menschen in Zahnräder verwandeln – und totalitäre Systeme tun dies noch mehr als andere – zur Verhandlung anstand. Diese Interpretation wäre nur ein weiterer Versuch gewesen, sich den strikten Begrenzungen eines Gerichtsverfahrens zu entziehen.

Auch wenn die Verfahrensvorschriften bei Gericht oder die Frage der persönlichen Verantwortung unter der Diktatur es nicht zulassen können, daß die Verantwortung von den Menschen auf das System verlagert wird, kann man doch das System nicht völlig außer acht lassen. Es zählt, sowohl in juristischer wie auch in moralischer Hinsicht zu den Umständen, unter denen eine Tat begangen wird – nämlich ungefähr so, wie man die Verhältnisse von sozial benachteiligten Personen als mildernde Umstände für in ihrem Milieu begangene Verbrechen in Rechnung stellt, doch nicht entschuldigt.

Diejenigen, die nicht teilnahmen und von der Mehrheit als unverantwortlich bezeichnet wurden, waren die einzigen, die es wagten, selber zu urteilen. Zu dieser Urteilsbildung waren sie nicht etwa deshalb in der Lage, weil sie über ein besseres Wertsystem verfügten, oder weil die alten Maßstäbe für Recht und Unrecht immer noch fest in ihrem Denken verwurzelt waren. Im Gegenteil, all unsere Erfahrung lehrt uns, daß es gerade die Angehörigen der ehrenwerten Gesellschaft waren, die vom intellektuellen und moralischen Aufruhr der zwanziger Jahre überhaupt nicht berührt worden waren. Sie waren die ersten, die nachgaben, sie tauschten einfach ein Wertesystem gegen ein anderes aus. Ich würde also sagen, daß diejenigen, die nicht mitmachten, sich deshalb so verhielten, weil ihr Gewissen nicht in dieser sozusagen automatischen Weise funktionierte, und zwar nicht so, als ob wir über eine Reihe von erlernten oder angeborenen Regeln verfügten, die wir immer dann, wenn es sich ergibt, anwenden, so daß jede neue Erfahrung oder jede neue Situation bereits im vorhinein beurteilt ist, und wir nur dann das auszuführen brauchen, was uns zuvor schon eigen war oder was wir erlernt haben. Ich glaube, daß diejenigen, die nicht teilnahmen, ein anderes Kriterium hatten: Sie stellten sich die Frage, inwiefern sie mit sich selbst in Frieden leben könnten, wenn sie bestimmte Taten begangen hätten; und sie zogen es vor, nichts zu tun. Nicht weil dadurch die Welt sich zum Besseren verändern würde, sondern weil sie nur unter dieser Bedingung als sie selbst weiterleben konnten. Folglich wählten sie auch den Tod, wenn sie zum Mitmachen gezwungen wurden. Um es ganz kraß auszudrücken: Nicht weil sie das Gebot „Du sollst nicht töten" streng befolgt hätten, lehnten sie es ab, zu morden, sondern eher deshalb, weil sie nicht willens waren, mit einem Mörder zusammenzuleben – mit sich selbst.

Die Voraussetzung für diese Art der Urteilsbildung ist keine hoch entwickelte Intelligenz oder ein äußerst differenziertes Moralverständnis, sondern schlicht die Gewohnheit, ausdrücklich mit sich selber zusammenzuleben, das heißt, sich in jenem stillen Zwiegespräch zwischen mir und meinem Selbst zu befinden, welches wir seit Sokrates und Plato gewöhnlich als Denken bezeichnen. Obwohl sie allem Philosophieren zugrunde liegt, ist diese Art des Denkens nicht fachorientiert und handelt nicht von theoretischen Fragen. Die Trennungslinie zwischen denen, die urteilen, und denen, die sich kein Urteil bilden, verläuft quer zu allen sozialen Unterschieden, quer zu allen Unterschieden in Kultur und Bildung. In dieser Hinsicht kann uns der totale moralische Zusammenbruch der ehrenwerten Gesellschaft während des Hitlerregimes lehren, daß es sich bei denen, auf die unter Umständen Verlaß ist, nicht um jene handelt, denen Werte lieb und teuer sind und die an moralischen Normen und Maßstäben festhalten; man weiß jetzt, daß sich all dies über Nacht ändern kann, und was davon übrigbleibt, ist die Gewohnheit, an irgendetwas festzuhalten. Viel verläßlicher werden die Zweifler und Skeptiker sein, nicht etwa weil Skeptizismus gut und Zweifel heilsam ist, sondern weil diese Menschen es gewohnt sind, Dinge zu überprüfen und sich ihre eigene Meinung zu bilden. Am allerbesten werden jene sein, die wenigstens eins genau wissen: daß wir, solange wir leben, dazu verdammt sind, mit uns selber zusammenzuleben, was immer auch geschehen mag.

Hannah Arendt (1906–1975) wurde in Hannover geboren und verbrachte ihre Jugend in Königsberg, der Stadt Immanuel Kants, in einem offenen, sozial eingestellten Elternhaus assimilierter Juden. Bereits als Schülerin hörte sie auf Veranlassung ihrer Mutter in Berlin bei Romano Guardini Vorlesungen über christliche Philosophie. Ihr Studium des Griechischen, der Theologie und Philosophie in Marburg, Freiburg und Heidelberg schloß sie mit einer

Dissertation über den „Liebesbegriff bei Augustin" ab (1928). Ihre Lehrer waren Heidegger, zugleich die große Liebe ihrer Jugend, und Jaspers. Während sie Heidegger wegen seines Verhaltens im Nationalsozialismus (Text 31) entschieden kritisierte, wenn auch weiterhin als Philosophen bewunderte, blieb Karl Jaspers (1883–1963) für sie wegen seines existentiellen Ernstes und seiner mutigen Ablehnung des Nationalsozialismus ein bleibendes Vorbild. Auf Grund ihres persönlichen Freiheitsstrebens lehnte Arendt eine Universitätskarriere ab. In Berlin arbeitete sie vor allem an einer Studie über „Rahel Varnhagen. Lebensgeschichte einer deutschen Jüdin aus der Romantik" (erschienen 1959); 1933 mußte sie nach kurzer Haft aus Deutschland emigrieren. In ihrem Pariser Exil 1933–1941 war sie in jüdischen Hilfsorganisationen tätig, in den USA wirkte sie zunächst als politische Journalistin und Cheflektorin und lehrte ab 1953 in Princeton, Harvard, Chicago, und New York als Professorin hauptsächlich Politische Philosophie. Hannah Arendts bekanntestes Werk ist „Vita activa oder Vom tätigen Leben" (amerik. 1958, dt. 1960); ihre populärsten Bücher sind „Elemente und Ursprünge totaler Herrschaft" (amerik. 1951, dt. 1955) und „Eichmann in Jerusalem" (amerik. 1963, dt. 1964); ihr Hauptwerk ist „Vom Leben des Geistes", dessen ersten beiden Bände „Das Denken" und „Das Wollen" 1977/78 (dt. 1979) posthum erschienen, während der geplante dritte Band „Das Urteilen" wegen ihres plötzlichen Todes ein Fragment blieb (abgedruckt als Anhang zum zweiten Band).

Das Urteilen in persönlicher Verantwortung des einzelnen war nicht nur ein hervorstechender Charakterzug von Hannah Arendt, sondern wurde für sie zunehmend aus politischer Erfahrung heraus auch ein theoretisches Problem. Wie ist das Versagen der herkömmlichen, christlich-humanistischen Moralmaßstäbe im Nationalsozialismus und in anderen Extrem- und Alltagssituationen zu erklären, wenn man einmal von den üblichen ökonomischen, soziologischen oder psychologischen Selbst-Entlastungen absieht? Was ist die entscheidende Voraussetzung für moralisches Urteilen? Nachdem Arendt in ihrem Buch „Vita activa" danach fragte, „was wir eigentlich tun, wenn wir tätig sind" (S. 12), wurde ihr zunehmend das „Leben des Geistes" beim Tätigsein bewußt: geistloses Handeln ohne Urteilsbildung ist unverantwortlich. Der hier abgedruckte Textauszug stammt aus dem Vortrag „Persönliche Verantwortung in der Diktatur", den Arendt in unmittelbarer Reaktion auf die heftige Diskussion über ihr Eichmann-Buch 1964/65 an mehreren amerikanischen Universitäten gehalten hat. Der Eichmann-Prozeß hatte nach den Nürnberger Prozessen erneut die Fragen aufgeworfen, ob man dem einzelnen in einer Diktatur persönliche Verantwortung zuschreiben kann und welche Moralmaßstäbe bei einer Verurteilung des monströs Bösen Geltung haben. Gegenüber der Entschuldigung des einzelnen durch seine Minimalisierung als ein Rädchen im Getriebe oder seine Maximalisierung als ein Monster wirkte Arendts „Bericht von der Banalität des Bösen" (Untertitel von „Eichmann in Jerusalem") höchst provozierend. Eichmann habe bei seiner Organisation der Judentransporte keine besondere Kriminalität entwickelt, sondern habe sich „nur, um in der Alltagssprache zu bleiben, niemals vorgestellt, was er eigentlich anstellte"; sein „mangelndes Vorstellungsvermögen" aber sei als „schiere Gedankenlosigkeit" zu verstehen, die mit Dummheit nicht identisch sei: „Er hat prinzipiell ganz gut gewußt, worum es ging, und in seinem Schlußwort vor Gericht von der staatlicherseits vorgeschriebenen Umwertung der Werte gesprochen" (Eichmann, S. 16). Nach Arendt bestand Eichmanns Gedankenlosigkeit im Ausbleiben des notwendigen Selbst-Bezugs. Er hat sich weder als selbst-verantwortlich im Ausführen der Befehle zur Deportation gesehen noch als selbstbeteiligt bei der Beurteilung der Befehle. Was ihm fehlte, war „schlicht die Gewohnheit, mit sich selber zusammenzuleben" und das „stille Zwiegespräch zwischen mir und meinem Selbst", das „Denken" oder das sokratische „Zwei in einem" (Das Denken, S. 179ff.) zu praktizieren. Selbst-Bezug und Selbst-Dialog gehören zusammen. Zum Nachdenken darüber, mit wem man im unausweichlichen Umgang mit sich selbst, wenn man sich wie in einem Spiegel wiedererkennt, zu tun haben möchte, ist nach Arendt jeder ohne Alters- und Bildungsschranken fähig.

Am wenigsten verläßlich ist nach Hannah Arendt auf Grund ihrer Erfahrungen im Nationalsozialismus das Erlernen eines Wertekanons. „Viel verläßlicher" dagegen ist ein „Skeptizismus" im wörtlichen Sinne von prüfendem Hinschauen (griechisch: *sképtesthai*) als Gewohnheit des Denkens. Nach einer Unterscheidung von Kant lehnt Arendt die „bestimmende" Urteilskraft ab, die von allgemeinen Werten her den Einzelfall subsumierend beurteilt. Statt dessen appelliert Arendt ohne Vorgabe schematischer Werte an die „reflektierende“ Urteilskraft des einzelnen, die sich in jeder Situation der sie bestimmenden Moralvorschriften vergewissert und vergewissern muß. „Am allerbesten“ aber ist das Bewußtsein vom unausweichlichen Selbst. Wir können ein göttliches Gericht leugnen oder dem menschlichen Gericht entkommen, nicht aber uns selbst, weil wir, „solange wir leben, dazu verdammt sind, mit uns selber zusammenzuleben, was auch immer geschehen mag“. In anderen Zusammenhängen bezieht sich Hannah Arendt auf das antike Konzept der Freundschaft mit sich selbst, die nur unter Guten möglich ist (Text 9). Damit appelliert sie an ein normatives Selbstkonzept, das sie jedem unterstellt. Auch Hannah Arendt kann keine zwingende Letztbegründung moralischen Handelns geben und ihre faktische Unterstellung rechtfertigen. Daß allerdings das „Zwei in einem“ stärker motiviert als ein allgemeiner Wertekanon und ein Ethos des Denkens, ist für jede Moralerziehung eine grundlegende Erfahrung.

35. Emmanuel Lévinas: Das Antlitz des Anderen

NEMO: In „Totalité et Infini“ sprechen Sie lange über das Antlitz. Es ist eines Ihrer häufigsten Themen. Worin besteht und wozu dient diese Phänomenologie des Antlitzes, das heißt diese Analyse dessen, was sich ereignet, wenn ich den Anderen von Angesicht zu Angesicht anblicke?

LÉVINAS: Ich weiß nicht, ob man von einer „Phänomenologie“ des Antlitzes sprechen kann, denn die Phänomenologie beschreibt das, was erscheint. Auch frage ich mich, ob man von einem Blick sprechen kann, der auf das Antlitz gerichtet wäre, denn der Blick ist Erkenntnis, Wahrnehmung. Ich denke vielmehr, daß der Zugang zum Antlitz von vornherein ethischer Art ist. Wenn Sie eine Nase, Augen, eine Stirn, ein Kinn sehen und sie beschreiben können, dann wenden Sie sich dem *Anderen* wie einem Objekt zu. Die beste Art, dem *Anderen* zu begegnen, liegt darin, nicht einmal seine Augenfarbe zu bemerken. Wenn man auf die Augenfarbe achtet, ist man nicht in einer sozialen Beziehung zum *Anderen.* Die Beziehung zum Antlitz kann gewiß durch die Wahrnehmung beherrscht werden, aber das, was das Spezifische des Antlitzes ausmacht, ist das, was sich nicht darauf reduzieren läßt.

Zunächst gibt es da die eigentliche Geradheit des Antlitzes, seine gerade, schutzlose Darbietung. Die Haut des Gesichtes ist die, die am meisten nackt, am meisten entblößt bleibt. Am meisten nackt, obgleich von dezenter Nacktheit. Auch am meisten entblößt: Im Antlitz gibt es eine wesentliche Armut; der Beweis dafür liegt im Versuch, diese Armut zu maskieren, indem man Posen, eine bestimmte Haltung annimmt. Das Antlitz ist exponiert, bedroht, als würde es uns zu einem Akt der Gewalt einladen. Zugleich ist das Antlitz das, was uns verbietet, zu töten.

NEMO: Kriegserzählungen besagen tatsächlich, daß es schwer ist, jemanden zu töten, der einem ins Gesicht blickt.

LÉVINAS: Das Antlitz ist Bedeutung, und zwar Bedeutung ohne Kontext: Ich will damit sagen, daß der *Andere* in der Geradheit seines Antlitzes nicht eine Person innerhalb eines Kontextes darstellt. Normalerweise ist man eine „Person": man ist Professor an der Sorbonne, Vize-Präsident im Staatsrat, Sohn eines Soundso, alles das, was im Paß vermerkt ist, die Art sich zu kleiden, sich zu präsentieren. Und jede Bedeutung, im üblichen Sinn des Begriffs, bezieht sich auf einen derartigen Kontext: Der Sinn einer Sache beruht in ihrer Beziehung zu etwas anderem. Hier hingegen ist das Antlitz für sich allein Sinn. Du, das bist du. In diesem Sinn kann man sagen, daß das Antlitz nicht „gesehen" wird. Es ist das, was nicht ein Inhalt werden kann, den unser Denken umfassen könnte; es ist das Unenthaltbare, es führt uns darüber hinaus. Gerade dadurch läßt die Bedeutung des Antlitzes es als Korrelativ eines Wissens aus dem Sein heraustreten. Im Gegensatz dazu ist die Vision die Suche nach einer Entsprechung; sie ist das, wodurch das Sein eigentlich absorbiert wird. Aber die Beziehung zum Antlitz ist von vornherein ethischer Art. Das Antlitz ist das, was man nicht töten kann oder dessen *Sinn* zumindest darin besteht, zu sagen: „Du darfst nicht töten." Es stimmt, der Mord ist ein banales Faktum: Man kann den *Anderen* töten; die ethische Forderung ist keine ontologische Notwendigkeit. Das Verbot zu töten macht den Mord nicht unmöglich, selbst wenn die Autorität des Verbotenen im schlechten Gewissen über das vollbrachte

Böse erhalten bleibt – die Bösartigkeit des Bösen. Sie erscheint auch in der Heiligen Schrift, der die Menschlichkeit des Menschen, solange sie in der Welt involviert ist, ausgesetzt bleibt. Aber eigentlich ist die Erscheinung dieser „ethischen Merkwürdigkeiten" *(étrangetés éthiques)* – die Menschlichkeit des Menschen – innerhalb des Seins ein Bruch des Seins. Er ist von Bedeutung, selbst wenn das Sein sich wieder erneuert und sich wieder in die Gewalt bekommt.

NEMO: Der Andere ist Antlitz; aber der Andere spricht auch gleichermaßen zu mir, und ich spreche zu ihm. Ist das menschliche Gespräch nicht auch eine Möglichkeit, mit dem zu brechen, was Sie „Totalität" nennen?

LÉVINAS: Sicherlich. Antlitz und Gespräch sind miteinander verbunden. Das Antlitz spricht. Es spricht, indem gerade durch es das Gespräch ermöglicht und begonnen wird. Ich habe vorhin den Begriff der Vision abgelehnt, um die authentische Beziehung zum *Anderen* zu beschreiben; es ist vielmehr das Gespräch oder, genauer gesagt, die Antwort oder die Verantwortung, die diese authentische Beziehung darstellen.

NEMO: Aber wenn die ethische Beziehung jenseits des Wissens liegt und sie authentisch durch das Gespräch übernommen ist, dann heißt das doch, daß das Gespräch selbst nicht zur Ordnung des Wissens gehört?

LÉVINAS: Tatsächlich habe ich innerhalb des Gespräches immer das *Sagen* und das *Gesagte* unterschieden. Daß das *Sagen* ein Gesagtes enthalten muß, ist eine Notwendigkeit der gleichen Ordnung wie die, welche einer Gesellschaft Gesetze, Institutionen und gesellschaftliche Beziehungen auferlegt. Aber das *Sagen* bezeichnet die Tatsache, daß ich dem Antlitz gegenüber nicht einfach dabei verbleibe, es zu betrachten, sondern ihm antworte. Das Sagen ist eine Art, den *Anderen* zu grüßen, aber ihn zu grüßen meint bereits, ihm zu antworten. Es ist schwierig, in Gegenwart von jemandem zu schweigen; diese Schwierigkeit beruht letzten Endes in dieser eigentlichen Bedeutung des Sagens, unabhängig davon, was das Gesagte ist. Man muß über etwas sprechen, über den Regen und über das schöne Wetter, über irgend etwas, aber man muß sprechen, ihm antworten *(répondre à lui)* und bereits seinen Erwartungen entsprechen *(répondre de lui)*.

NEMO: Im Antlitz des Anderen, sagen Sie, gibt es eine „Erhabenheit", eine „Höhe". Der Andere ist höher als ich. Was verstehen Sie darunter?

LÉVINAS: Das „Du sollst nicht töten" ist das erste Wort des Antlitzes. Das aber ist ein Gebot. In der Erscheinung des Antlitzes liegt ein Befehl, als würde ein Herr mit mir sprechen. Dennoch ist das Antlitz des *Anderen* zur gleichen Zeit entblößt; hier ist der Elende, für den ich alles tun kann und dem ich alles verdanke. Und ich, wer immer ich auch bin, aber ich als jemand „in der ersten Person", ich bin derjenige, der über die Mittel verfügt, um auf diesen Ruf zu antworten.

NEMO: Man möchte Ihnen darauf sagen: ja, in bestimmten Fällen ... Aber im Gegensatz dazu nimmt in anderen Fällen die Begegnung mit dem Anderen die Form der Gewalt, des Hasses und der Verachtung an.

LÉVINAS: Sicherlich. Aber ich denke, daß die Analyse des Antlitzes, so wie ich sie vorgenommen habe, mit der Herrschaft des *Anderen* und seinem Elend, mit meiner Unterwerfung und meinem Reichtum primär ist, was auch immer die Motivation wäre, die eine solche Umkehrung erklärt. Sie ist Voraussetzung jeglicher menschlicher Beziehungen. Gäbe es das nicht, so würden wir nicht einmal vor einer offenen Tür sagen: „Nach Ihnen, mein Herr!". Was ich versucht habe zu beschreiben, ist ein ursprüngliches „Nach Ihnen, mein Herr!".

Sie haben von der Leidenschaft des Hasses gesprochen. Ich hatte einen viel schwereren Einwand befürchtet: Wie kommt es, daß man imstande ist, zu bestrafen und zu unterdrücken? Wie kommt es, daß es Gerechtigkeit gibt? Ich sage darauf, daß das in der Tatsache der Vielzähligkeit der Menschen liegt, in der Gegenwart des Dritten neben dem *Anderen,* wobei beide die Gesetze bedingen und das Recht begründen. Solange ich mit dem Anderen allein bin, schulde ich ihm alles; aber es gibt den Dritten. Weiß ich, was mein Nächster im Verhältnis zum Dritten ist? Weiß ich, ob der Dritte mit ihm in Übereinstimmung ist oder ob er sein Opfer ist? Wer ist der Nächste für mich? Man muß daher abwägen, denken, beurteilen, indem man Unvergleichbares miteinander vergleicht. Die interpersonale Beziehung, die ich mit dem *Anderen* herstelle, muß ich auch mit den anderen Menschen herstellen; es besteht also die Notwendigkeit, dieses Privileg des *Anderen* einzuschränken; daher die Gerechtigkeit. Diese muß, wird sie durch Institutionen ausgeübt, die unvermeidlich sind, immer durch die anfängliche interpersonale Beziehung kontrolliert werden.

[...]

NEMO: Nachdem man den Anderen in seinem Antlitz entdeckt hat, wie entdeckt man ihn als denjenigen, dem gegenüber man verantwortlich ist?

LÉVINAS: Indem man das Antlitz positiv beschreibt, und nicht nur negativ. Sie erinnern sich an das, was wir gesagt haben: Der Zugang zum Antlitz liegt nicht in der Art reiner und einfacher Wahrnehmung, der Intentionalität, die in die Richtung der Gleichsetzung geht. Positiv können wir sagen, daß von dem Moment an, in dem der *Andere* mich anblickt, ich für ihn verantwortlich bin, ohne daß ich diese Verantwortung für ihn überhaupt *übernehmen* müßte; seine Verantwortung obliegt mir. Es ist eine Verantwortlichkeit, die über das hinausgeht, was ich tue. Üblicherweise ist man verantwortlich für das eigene Tun. In „Autrement qu'être" spreche ich davon, daß Verantwortlichkeit ursprünglich ein *Für-den-Anderen* ist. Das soll heißen, ich bin für seine Verantwortung selbst verantwortlich.

NEMO: Inwiefern bestimmt diese Verantwortung für den Anderen die Struktur der Subjektivität?

LÉVINAS: In der Tat ist die Verantwortlichkeit kein bloßes Attribut der Subjektivität, so als würde diese bereits vor der ethischen Beziehung in sich selbst existieren. Die Subjektivität ist nicht ein Für-sich; sie ist, um es zu wiederholen, ursprünglich ein Für-einen-Anderen. Die Nähe des *Anderen* wird in diesem Buch als die Tatsache präsentiert, daß der *Andere* mir nicht nur räumlich oder als Verwandter nahe ist, sondern sich mir wesentlich dadurch nähert, daß ich mich für ihn verantwortlich fühle – daß ich für ihn verantwortlich bin. Das ist eine Struktur, die in keiner Weise der intentionalen Beziehung ähnlich ist, die uns über die Erkenntnis mit einem Gegenstand verbindet – was immer für ein Objekt das auch sei, und wäre es ein menschliches Objekt. Die Nähe geht nicht auf diese Intentionalität zurück; insbesondere geht sie nicht auf die Tatsache zurück, daß der *Andere* mir bekannt wäre.

NEMO: Ich könnte jemanden vollkommen kennen, aber diese Kenntnis wäre für sich selbst niemals eine Nähe?

LÉVINAS: Nein. Die Bindung zum *Anderen* bahnt sich nur als Verantwortung an, wobei es im übrigen einerlei ist, ob diese akzeptiert oder abgelehnt wird, ob man sie zu übernehmen weiß oder auch nicht, ob man für den *Anderen* etwas Konkretes tun kann oder auch nicht. Zu sagen: Hier bin ich. Etwas zu tun für einen Anderen. Zu geben. Menschlicher Geist zu sein, das ist es. Die Inkarnation der menschlichen Subjektivität garantiert deren Geistigkeit (ich sehe nicht, was die Engel sich geben oder wie sie sich gegenseitig helfen könnten). Dia-Konie vor jedem Dia-Log: Ich analysiere die zwischen-menschliche Beziehung so, als wäre in der Nähe zum *Anderen* – jenseits des Bildes, das ich mir vom anderen Menschen mache – sein Antlitz, der Ausdruck des *Anderen* (und in diesem Sinn ist mehr oder weniger der ganze menschliche Körper Antlitz), das, was mir *befiehlt,* ihm zu dienen. Ich verwende diese extreme Formulierung. Das Antlitz ersucht mich und gebietet mir. Seine Bedeutung ist eine signifikante Anordnung. Genauer gesagt, wenn das Antlitz mir gegenüber eine Anordnung bedeutet, so nicht in der Weise, wie irgendein Zeichen sein Bezeichnetes bezeichnet; diese Anordnung ist die eigentliche Bedeutung des Antlitzes.

NEMO: Sie sagen gleichzeitig „es ersucht mich“ und „es gebietet mir“. Liegt darin nicht ein Widerspruch?

LÉVINAS: Es ersucht mich, so wie man jemanden ersucht, dem man befiehlt, so wie wenn man sagt: „Man ersucht Sie“.

NEMO: Aber ist der Andere mir gegenüber nicht auch verantwortlich?

LÉVINAS: Möglicherweise, aber das ist *seine* Sache. Eines der grundlegenden Themen von *„Totalité et Infini“*, von dem wir noch nicht gesprochen haben, ist, daß die intersubjektive Beziehung eine nicht-symmetrische Beziehung ist. In diesem Sinne bin ich verantwortlich für den *Anderen,* ohne Gegenseitigkeit zu erwarten, und wenn es mich das Leben kosten würde. Die Gegenseitigkeit, das ist *seine* Sache. Gerade in dem Maße, in dem die Beziehung zwischen dem *Anderen* und mir nicht gegenseitig ist, bin ich dem *Anderen* gegenüber unterworfen.

Emmanuel Lévinas (1906–1995) gehört mit Theodor W. Adorno (Text 33) und Hannah Arendt (Text 34) zu den großen Denkern der Gegenwart, die sich vor dem Hintergrund der traumatischen Erfahrungen mit der nationalsozialistischen Unmenschlichkeit um mehr Menschlichkeit in der Zukunft sorgen. In seiner radikalen Grundlegung der Humanität vom Antlitz des Anderen versammeln sich zugleich weitere zentrale Motive aktueller philosophischer Fragen, z.B. Eurozentrismus und interkulturelle Verständigung. Lévinas wurde in Kaunas, Litauen, als Sohn jüdischer Eltern geboren, studierte nach seiner Schulzeit Philosophie in Litauen und Rußland sowie ab 1923 in Paris. 1928–1929 hörte er in Freiburg i.Br. Husserl und Heidegger. Wieder zurückgekehrt nach Paris, lernte er die Existenzphilosophen Gabriel Marcel und Jean-Paul Sartre kennen. Im Krieg geriet er als französischer Soldat 1940–1945 in Gefangenschaft. Lévinas' gesamte in Litauen verbliebene Familie wurde von den Nazis ermordet. Seinen Beschluß, niemals wieder deutschen Boden zu betreten, hat er bis zuletzt nicht zurückgenommen. 1947 wurde Lévinas Direktor der Ecole Israélite Orientale in Paris und lehrte ab 1961 als Professor für Philosophie an mehreren Universitäten, ab 1973 an der Sorbonne. Nach seiner Emeritierung 1976 entfaltete er noch fast zwei Jahrzehnte lang eine intensive Publikationstätigkeit und starb hochbetagt in Paris. Seine Werke lassen sich in zwei Gruppen einteilen, in religionswissenschaftliche Arbeiten zum Judentum und zum Talmud sowie in philosophische Schriften. Lévinas' Philosophie wurde in Deutschland erst durch die (späte) Übersetzung seiner späteren Schriften bekannt, vor allem „Totalität und Unendlichkeit“ (1961, dt. 1987), „Jenseits des Seins“ (1974, dt. 1991), „Wenn Gott ins Denken einfällt“ (1982, dt. 1985) und – sein wohl bei uns bekanntestes Buch – „Humanismus des anderen Menschen“ (1973, dt. 1989).

Der umseitige Textauszug stammt aus einer Gesprächsreihe mit Philippe Nemo im Radio Anfang 1981 und gilt als die beste, besonders gut lesbare authentische Einführung in das Denken von Lévinas. Ausgangspunkt der Ethik, die die Ontologie oder Metaphysik als „Erste Philosophie“ ablöst, ist nach Lévinas eine vorreflexive Wahrnehmung des „Antlitzes“, das den Menschen „am meisten entblößt“ zeigt und uns damit gleichzeitig „zu einem Akt der Gewalt“ provoziert, wie es „uns verbietet zu töten“. Dennoch überwiegt in der Ambivalenz das Tötungsverbot, das über jedes Erkennen und Wissen hinausgeht und „für sich allein Sinn" hat. In einem anderen Gespräch (mit Florian Rötzer, Französische Philosophen im Gespräch, 2. Aufl. 1987) versteht Lévinas unter „töten" nicht nur „mit dem Messer töten", sondern auch „tagtägliches Töten". Der Andere hat „für sich allein Sinn", ist Selbstzweck, und nie bloßes Mittel, Kants kategorischem Imperativ vergleichbar (Text 25). Lévinas beruft sich bei seiner Begründung von Moralität weder auf einen langfristigen Nutzen (Mill) noch auf ein Faktum der Vernunft (Kant), ein Schmerzapriori (Adorno) oder ein unentrinnbares Selbst-Verhältnis (Arendt). Statt dessen beharrt er auf der Unentrinnbarkeit der Forderung selbst. Wir sind in unverwechselbarer Einzigartigkeit ohne Ausflucht dem unmittelbaren Anspruch des Anderen ausgesetzt, als „Geisel", und sind ihm gegenüber verantwortlich, „und wenn es mich das Leben kosten würde" (Textende). Zugleich liegt in dieser Verantwortlichkeit aber auch unser einzigartiges, unverwechselbares Personsein, nicht in unserer Gottebenbildlichkeit, Vernunft-, Moral- oder Empfindungsfähigkeit. Das radikal Neue und Provozierende an Lévinas' Ethik ist ihre Begründung in der Wahrnehmung des Anderen in seiner totalen Verletzbarkeit und völligen Andersartigkeit, die sich jeder Klassifizierung oder Wertung entzieht. Dabei beruft sich Lévinas nur nachträglich auf einzelne empirische Erfahrungen, etwa daß man jemandem beim Töten nur schwer ins Gesicht sehen oder in Gegenwart von jemandem kaum verbissen schweigen kann. Derartige Alltagsphänomene gründen in einer ursprünglichen Wahrnehmung, etwa die Höflichkeitsfloskel „Nach Ihnen, mein Herr!" in einem „ursprünglichen: ‚Nach Ihnen, mein Herr!'". Woraus aber entspringt das „ursprüngliche" Sollen, oder inwiefern ist bei der auch von Lévinas nicht geleugneten faktischen Ambivalenz „der Zugang zum Antlitz von vornherein ethischer Art"? In einem anderen Gespräch (mit Rötzer, s.o.) bezieht sich Lévinas als Begründung auf das Tötungsverbot des Alten Testaments. Darin sieht er aber nicht lediglich ein religiöses Gebot, das nur Gläubige anerkennen, vielmehr ist das biblische Tötungsverbot für ihn Ausdruck einer universellen ursprünglichen Wahrnehmung. Das ethische Grundgebot ist zwar in seiner Genesis partiell, biblisch-jüdisch, in seiner Geltung aber universell.

Ob allerdings Lévinas' Ethik nur von einer religiösen Prämisse abhängt oder noch vor jeder Religion für jeden einzelnen verpflichtend ist, läßt sich wie jede Evidenzbehauptung nicht diskursiv erörtern. Beeindruckend ist auf jeden Fall Lévinas' Ethik absoluter Geltung als Fundament noch vor jedem Diskurs. Allerdings hat Lévinas ganz entschieden auch die Notwendigkeit eines Diskurses als zweiten Schritt ethischer Einzelentscheidung betont. In der Begegnung mit dem Anderen ist immer auch „der Dritte" mitanwesend, da wir nie alleine oder zu zweit in der Welt sind: „Man muß daher abwägen, denken, beurteilen". Der Andere muß sich seine Rechte mit den anderen Anderen teilen, denen gegenüber ich ebenfalls verantwortlich bin. Damit kommt die individuelle und institutionelle „Gerechtigkeit" ins Spiel. Die abwägende Gerechtigkeit aber kann dem einzelnen Anderen gegenüber nie im strengen Sinne gerecht werden, sondern muß sein Privileg „einschränken".

In einer philosophiehistorischen Einordnung seines eigenen Denkens in einem anderen, auf deutsch geführten Gespräch (mit Rötzer, s.o.) lehnt Lévinas die egoistische Ethik von Hobbes (Text 19) ebenso ab wie die reziproke, symmetrische Anerkennungsethik Hegels (Text 26). Auch geht es ihm im Sinne Heideggers (Text 31) nicht um ein objektives, „vorhandenes" Satzwissen eines Subjekts, sondern um ein „zuhandenes" Umgangswissen, das jedem einzelnen ohne sein aktives Dazutun zufällt. Wie der unbeweisbare „Gott in das Denken einfällt" (nach einem Buchtitel von Lévinas, 1982, dt. 1985), tritt mir das Antlitz des Anderen unmittelbar, noch vor jeder begrifflichen Verfügung und vor jeder Subjekt-Objekt-Beziehung als Anspruch gegenüber. Dennoch unterstreicht Lévinas die Notwendigkeit einer darauf gründenden diskursiven Gerechtigkeit auch im weltweiten, globalen Ausmaß: „Das ist für mich das griechische Moment in unserer Zivilisation. Mit der Bibel allein können wir nicht durchkommen" (in: Rötzer, S. 93). Die griechisch-europäische Zivilisation hat nach Lévinas zugleich weltweite Geltung: „Für mich ist Europa zentral", denn: „Im europäischen Sinne kann die Welt versammelt werden! [...] Es ist viel mehr Zusammenkunft im europäischen Denken als im Partikularismus der Völker" (ebda., S. 98f.). Das griechisch-europäische Denken ist „sokratisch"-diskursiv, „bei dem es einen Einwand auf den Einwand gibt, und wo man nicht vergessen soll, was man gesagt hat. Was man gestern gesagt hat, muß auch heute wahr und wichtig sein. [...] Man beginnt in der Klarheit eines eindeutigen Zeichens und erst dann kann der Weg zum Geheimnis erscheinen" (ebda., S. 99). Lévinas ist mit seiner prädiskursiven Ethikbegründung weit von einer Logo- und Eurozentrismuskritik entfernt, sondern hat im Gegenteil die sokratische Diskursivität des „Rechenschaftgebens" (Texte 3 u. 4) als notwendigen zweiten Schritt einer interkulturellen Verständigung rehabilitiert. Ob allerdings bei einer Einzelfallabwägung der absolute Anspruch des Anderen nicht doch wieder als „Ja, aber" zur Disposition steht, hat er als Problem nicht weiter verfolgt, ebenso nicht, nach welchen Kriterien der ethische Diskurs verlaufen sollte. Eine sichere Urteilsbildung kann auch Lévinas' Ethik nicht ermöglichen, aber sie kann eine Umkehr der Beweislast bei der unumgänglichen Einschränkung des „Privilegs des Anderen" radikal begründen, ist also sokratischer „Stachel".

36. Hans Jonas: Das gute Leben im Ganzen der Natur

Seit Kopernikus ist für unser Wissen nicht mehr das Weltall, sondern allein der Erdball die Wohnstätte des Lebens. Nichts im übrigen, riesigen All garantiert, daß es eine solche Wohnstätte überhaupt geben muß. Also müssen wir uns und alles Leben um uns als kosmisch seltenen Glücksfall nehmen, der eine im Schoß der Materie verborgene und in aller Regel verborgen bleibende *Möglichkeit* ausnahmsweise zum Zuge kommen ließ. Andererseits, so lehrte uns Darwin, bewies das einmal durch die Gunst planetarischer Sonderbedingungen zum Zuge Gelangte seine ontologische Kraft in einem äonenlangen, planlos-wechselvollen, ungezielten, schaffend-vertilgenden Werden, das die verfügbare Biosphäre mit seinen unvorhersagbaren Formen bevölkerte. Im Vergleich zu diesem Erdenschauspiel mit seinen ungeheuerlich komplexen Gebilden ist das ganze übrige manifeste Universum primitiv und monoton. Aber es ist dieselbe Ursubstanz, die in Galaxien, Sonnen und Planeten durch den Weltraum ausgebreitet ist, die auch Leben, Lust und Leid, Wollen und Fürchten, Sehen und Fühlen, Lieben und Hassen aus sich hervorgebracht hat. Kein bloßer Materialismus physikalischer Fassung kann dies je begreifen. Doch jedem Dualismus steht das monistische Zeugnis der Evolution entgegen, das mir noch in keiner philosophischen Seinslehre hinreichend gewürdigt scheint. Es kann das nicht Sache der physischen Wissenschaften selber sein, die eben an den physischen Befund gebunden sind. Dieser, für sich allein genommen, verlangt nichts über den Minimalismus mechanischer Kausalität hinaus, keine besondere Vitalkraft oder dergleichen, um selbst die subtilste Komplexität organischer Struktur und Funktion und dazu noch ihre stammesgeschichtliche Entstehung zu erklären. Um so größer wird das Rätsel der Subjektivität, die mit fortgeschrittenen Stufen der physischen Geschichte zusammen erscheint und eine ganz andere Sprache spricht. Der Naturwissenschaftler muß taub für sie sein, ja eigentlich sie der Lüge zeihen, denn sie spricht von Zielen und Zwecken. Aber der Philosophie darf dieses Rätsel keine Ruhe lassen, sie muß beide Sprachen hören, die des Außen und die des Innen, und beide zu einer Aussage über das Sein vereinigen, die dem psychophysischen Ganzen der Wirklichkeit gerecht wird. Wir sind weit von einer solchen ersehnten Seinslehre entfernt und wissen nicht, ob sie je unser sein wird. Schon danach streben heißt, sich aus der kartesianischen Sicherheit exakten Wissens in die Unsicherheit metaphysischen Vermutens zu wagen. Ich glaube nicht, daß dies auf die Dauer zu umgehen ist.

Zweitens treffen wir in der Evolution des Lebendigen uns selbst, den Menschen, an. Spät, erst vor ganz kurzem, ist er erschienen. Sein Eintritt in den Prozeß war ein lebensgeschichtliches Ereignis mit ungeheuren Folgen, und noch ist nicht entschieden, ob er selbst ihnen gewachsen ist. Mit ihm griff die Macht des Denkens in die weitere Entwicklung ein und setzte die bisherigen biologischen Gleichgewichtsmechanismen ökologischer Systeme außer Kraft. Nicht mehr genetisch fixierte Verhaltensmuster kämpften um einen jeden, im Ergebnis ungefähr gleichbleibenden Anteil am Lebensraum, sondern die freie und auf den Augenblick antwortende Erfindungsgabe des homo faber diktierte einseitig und immer neu und immer schneller die Bedingungen weiterer Symbiotik. Von der Altsteinzeit bis zur wissenschaftlichen Technik ist ein menschengeschichtlich zwar langer, aber evolutionsgeschichtlich sehr kurzer Weg, und seit der Heraufkunft der modernen Naturwissenschaft im 17. Jahrhundert beschleunigt sich der Prozeß exponentiell. Was wir heute erleben, ist das Paradox des übergroßen Erfolges, der sich durch Zerstörung seiner eigenen Naturbasis in Katastrophe zu verkehren droht.

Was hat die Philosophie damit zu schaffen? Bisher hat sie Fragen nach dem guten Leben des Einzelnen, nach der guten Gesellschaft, nach dem guten Staat gefragt. Sie hat sich seit je mit dem menschlichen Handeln befaßt, soweit es ein Handeln von Mensch zu Mensch war, aber kaum je mit dem Menschen als einer handelnden Kraft in der Natur. Dazu aber ist jetzt die Zeit. Dafür muß der Mensch in seiner geist-leiblichen Einheit neu begriffen werden, durch die er einerseits selber ein Naturwesen ist, andererseits über die Natur hinausragt. Verhehlen wir uns dabei nicht, daß der praktische Gebrauch des Geistes, also sein Verfügen über den Leib, von Anbeginn und auf lange fast ausschließlich im Dienste eben des Leibes stand: Seine Bedürfnisse besser zu befriedigen, reicher zu bedienen, auf länger zu sichern – und dauernd um neue zu vermehren, indem er sie erfüllbar macht. Im Dienste des Leibes plagt der Geist die Natur. Dazu fügt er wachsend seine eigenen Bedürfnisse hinzu, an Würde denen des Leibes überlegen, aber stoffhungrig wie sie: Der ganze physische Aufwand höherer Kultur, der den Anschlag einer schon übermäßig zahlreichen Menschheit auf die schrumpfende Erdnatur noch weiter mit sich selbst multipliziert. In der Tat hat der Geist den Menschen zur gefräßigsten aller Kreaturen gemacht. Und das in einer Progression, in der heute die ganze Gattung dazu getrieben ist, nicht mehr vom regenerierbaren Einkommen, sondern vom einmaligen Kapital der Umwelt zu zehren.

Die Erkenntnis ist neu, wie es auch der Zustand selbst ist. Aber was da erkennt, ist derselbe Geist, der den Zustand verursacht hat. Also ist die Zukunft noch nicht entschieden. Das sagen wir trotz der verstörenden Fragwürdigkeit, in der das Walten des Geistes jetzt steht. Darüber noch soviel: Im Erwachen aus hundertjährigem technologischen Beutefest und Siegestaumel, mit seinen Glücksutopien für das ganze Geschlecht, entdeckten wir eine früher unvermutete Tragik in der Gabe des sechsten Schöpfungstages, der Verleihung des Geistes an ein Wesen der Notdurft und der Triebe. Im Geiste treffen sich Adel und Verhängnis. Er, der in seinem Selbstwert das Sein des Menschen ins Metaphysische erhöht, wird in seinem Nutzwert das Instrument brutalsten biologischen Erfolges. In sich erfüllt er die Bestimmung des Menschen, um sich verbreitet er Verderben. In ihm gipfelt das „Ja" des Seins zu sich selbst, das mit der ersten Regung fühlenden und sterblichen Lebens laut wurde, und er untergräbt die Basis, die ihn trägt. Auf der Höhe äußeren Triumphs stellt er die mit ihm geschmückte Gattung vor einen Abgrund. Doch daß er ihn zu sehen beginnt, bietet den Schimmer einer Chance, den Absturz zu verhüten. Denn der sich hierbei als Verhängnis erkennende Geist ist ja nicht nur instrumentale Intelligenz zu beliebiger Macht über Dinge, er hat vielmehr seine ureigenen Motivationen aus der Wahrnehmung von Werten. In ihm formen sich die Begriffe des Guten, der Pflicht und der Schuld. Er rühmt sich der Freiheit der Wahl und erklärt sich damit verantwortlich für sein Tun. Und da sein Tun jetzt das Ganze bedroht, vermag er auch seine Verantwortung für den Fortbestand des Ganzen zu erkennen.

Diese Erkenntnis zu pflegen und zu entwickeln wird zu einer der Aufgaben der Philosophie. Zuerst in der Rolle der Stechfliege, mit der Sokrates sein Wirken verglich: Die Problematik darf nicht einen Augenblick mehr zum Schweigen kommen, und die Gewissen müssen dauernd beunruhigt werden. Sodann ist an der Idee eines *Friedens* zwischen Geist und Natur zu arbeiten, dem zuliebe der Übermut des Menschen auf vieles verzichtet, worauf die Gewohnheit ihm ein Recht zu geben scheint. Dazu kommt der eigentlich philosophische Versuch, die Pflicht der Verantwortung in einer umfassenden Seinsdeutung so vernünftig wie möglich zu begründen, die Unbedingtheit ihres Imperativs so überzeugend zu machen, wie das Rätsel der Schöpfung es erlaubt.

Die Artikel eines möglichen Friedens selbst können nur von sachverständigster Seite, also nicht von der Philosophie, ausgearbeitet werden. Alle Wissenschaften von der Natur und vom Menschen, von der Wirtschaft, der Politik, der Gesellschaft, müssen sich zusammentun, um eine Bilanz des Planeten mit Vorschlägen zu einem ausgeglichenen Budget zwischen Mensch und Natur aufzustellen. Ob auch nur eine theoretische Einigung darüber erzielbar ist, weiß ich nicht, und noch viel weniger, ob selbst die sachlich bestfundierte eine Aussicht hat, in die Tat umgesetzt zu werden. Vielleicht wird es überhaupt nicht nach Entwürfen zugehen, sondern nach Improvisationen, wie der vielfältig wachsende

Notstand sie dem erfinderischen Genius der Menschheit von Mal zu Mal abgewinnt. Ich weiß es nicht – und wohl niemand weiß es. Nur das große *Soll* ist mir überwältigend deutlich, und daß allein der Geist, der große Zeuger der Gefahr, der mögliche Retter aus ihr sein kann. Kein rettender Gott nimmt ihm die Pflicht ab, die seine Stellung in der Ordnung der Dinge ihm auferlegt.

Aus dem sichtbar werdenden Abgrund steigen Fragen auf, wie sie kaum je vorher gefragt wurden. Hier, zum Schluß, eine Auswahl davon. Kann die Natur den Geist ertragen, den sie aus sich entstehen ließ? Muß sie ihn, zu sehr von ihm bedrängt wieder ausscheiden aus ihrem System? Oder kann sich der Geist schließlich der Natur erträglich machen, wenn ihr Nichtertragen ihm sichtbar wird? Ist Frieden möglich, wo Krieg das Urgesetz des Verhältnisses war? Oder war die Tragödie vielleicht der Sinn der Geistgeburt von Anfang an? Ist trotz tragischen Ausgangs das Stück durch seinen Verlauf der Aufführung wert? Und wie können wir es seiner selbst wert machen, was immer der Ausgang sei? Wieviel von solchem Wert dürfen wir uns eine etwaige Abwendung des Unterganges kosten lassen? Dürfen wir Unmenschen werden, damit Menschen auf der Erde bleiben? Und so fort.

Das alles sind Fragen der Art, die Wittgenstein zu stellen verbot, weil es keine beweisbare Antwort auf sie geben kann. Aber sie lassen die Lage erkennen, die sie uns aufzwingt, und zugleich uns selbst als die eigentlich Befragten. Und da entdecken wir, daß nicht metaphysische Grübelei an sich (die gewiß ihr eigenes Recht hat), sondern angstvolle Verantwortung für die gefährdete Sache die innerste Seele der Fragen ist. Von da kommen Antworten des Handelns, wo es keine des Wissens gibt. So kann der Schauder der letzten Frage – der einer Entmenschung zur Rettung der Menschheit – die Philosophie in ihrer Wächterrolle über das Unverzichtbare bestärken, wo sie selber zum Fürsprecher großer Verzichte werden muß.

Im Neudenken der Idee der Verantwortung und ihrer nie zuvor gedachten Ausdehnung auf das Verhalten der ganzen Gattung zur ganzen Natur tut die Philosophie einen ersten Schritt im Dienste einer solchen Verantwortung. Im Abschiednehmen ist mein Wunsch an die Philosophie, daß sie damit fortfahre, unbeirrt durch allen berechtigten Zweifel, ob sie damit etwas ausrichtet. Das kommende Jahrhundert hat darauf ein Recht.

Hans Jonas (1903–1993) hat sich so intensiv wie kaum ein anderer Philosoph mit konkreten Gegenwartsfragen der wissenschaftlich-technischen Welt und ihrer Fortschrittskrise beschäftigt. Während der Physiker und Philosoph Carl Friedrich von Weizsäcker aus eigener Erfahrung beim versuchten Bau einer deutschen Atombombe im Nationalsozialismus die „Verantwortung der Wissenschaft im Atomzeitalter" (1957) betont, Günther Anders die apokalyptische Gefahr eines atomaren Genozides beschwört und der Informatiker Joseph Weizenbaum „Die Macht der Computer und die Ohnmacht der Vernunft" (1979) thematisiert, beschäftigt sich Jonas mit den Folgen der dritten gegenwärtigen Schlüsseltechnologie, der Bio- und Gentechnologie, sowie mit der ökologischen Krise insgesamt. Jonas stellt die Frage nach dem Überleben und dem guten Leben im Ganzen der Natur und versucht sie mit seinem berühmt gewordenen „Prinzip Verantwortung" (1979) zu beantworten. Zunächst allerdings deutete kaum etwas im früheren Denken des Gnosisforschers auf den späteren Verantwortungsethiker hin. Jonas wurde in Mönchengladbach geboren, studierte Philosophie, Theologie und Kunstgeschichte, zunächst bei Husserl in Freiburg i.Br., und schloß sein Studium in Marburg bei Heidegger und Bultmann mit einer Arbeit über die Gnosis ab, deren erster Teil „Gnosis und spätantiker Geist" 1934, und deren zweiter, unvollendeter Teil 1954 erschien. 1933 emigrierte Jonas nach England, 1935 siedelte er nach Palästina über, lehrte 1938/39 an der Hebräischen Universität in Jerusalem, nahm am Zweiten Weltkrieg als britischer Offizier teil, ebenso 1948 am israelischen Befreiungskrieg als Artillerieoffizier. Ab 1949 lehrte er an den Universitäten Montreal und Ottawa, von 1955 bis zu seiner Emeritierung 1976 an der New School for Social Research in New York. Sein Buch „Organismus und Freiheit" (The Phenomenon of Life, 1966, dt. 1973) markiert den Übergang zur Anwendung seines früheren, primär metaphysisch-existenzphilosophischen Denkens auf konkrete Gegenwartsfragen in dem Buch „Prinzip Verantwortung" (1979), das ihm weltweite Anerkennung, aber auch starke Kritik einbrachte. 1987 erhielt Jonas den Friedenspreis des Deutschen Buchhandels, wie bereits der andere große Verantwortungsethiker vor ihm, C. F. v. Weizsäcker, in der atomaren Krisenzeit im Jahr 1963. Seine letzten Lebensjahre verbrachte Jonas mit einer breiten Vortrags- und Publikationstätigkeit. Er starb in seinem Haus in New Rochelle bei New York.

Der abgedruckte Text ist der Schlußteil des Vortrags „Philosophie. Rückschau und Vorschau am Ende des Jahrhunderts", den Jonas am 25. Mai 1992 in München gehalten hat und der als sein philosophisches Vermächtnis betrachtet werden kann. Einleitend umgrenzt Jonas hier die Reichweite der Philosophie, die im Unterschied zu den Naturwissenschaften weder im Gegenstand noch in ihrer Methode oder ihren Ergebnissen verbindlich sei: „Kein Physiker kann heute das ‚Phlogiston' aus der Versenkung holen. Aber Plato und Aristoteles, Stoiker und Epikuräer, Hume und Kant, Hegel und Nietzsche stehen für den Philosophen immer wieder zur Debatte und zur Wahl" (S. 8). Philosophie ist ein „nie endendes Gespräch" (S. 9), zu dem ein Denker wie Jonas aus seiner langjährigen Denk- und Lebenserfahrung heraus sowie auf Grund seiner umfassenden begrifflich-systematischen Bildung als sokratische „Stechfliege" (gegen Textende) fruchtbare Denk-Anstöße beitragen kann. Gegenstand von Jonas' Philosophieren ist das krisenhafte Verhältnis von Mensch und Natur oder Geist und Materie, seine Methode ist in einem weiten Sinne Phänomenologie und Hermeneutik als metaphysisch-existentielle Deutung von Zeiterfahrungen, seine Ergebnisse schließlich sind möglichst gut begründete, aber prinzipiell bestreitbare Diagnose- und Therapieversuche. In kritischer Rückschau auf die Philosophie des beginnenden zwanzigsten Jahrhunderts deutet Jonas Husserls Bewußtseins- und Heideggers Daseins- und Seinsphilosophie als Vergessen der Leib- und Naturzugehörigkeit des Menschen, das eine lange Vorgeschichte in der gnostischen Tradition des ersten nachchristlichen Jahrhunderts habe. Nach Jonas hat die „Gnosis", das „Wissen" (griechisch: *gnōsis*) vom wahren Zustand der Welt und der Welterlösung, Materie und Geist als böses und gutes Weltprinzip dualistisch getrennt und wirkt über Descartes' Subjekt-Objekt-Spaltung bis in die neuzeitliche Entgegensetzung von Natur- und Geisteswissenschaften fort. Dagegen hatte Jonas in seiner umstrittenen Bio-Philosophie von 1966/1973 die Anfänge des subjektiven innerlichen Lebensdrangs des Geistes bereits in die Uranfänge der Materie selbst hineinverlegt. Konsequenterweise begründet er seine interplanetarische Verantwortungsethik durch einen monistischen Naturbegriff, bei dem allem Sein eine

Würde als Selbstzweck zukommt. Durch seine besondere Ausprägung als Geistwesen hat der Mensch zwar eine Vorrangstellung, aber keine Vormachtstellung. Vielmehr fordert die Würde der ganzen Natur oder ihr Wert an sich bei aller überlebensnotwendigen Nutzung die Verantwortung des Menschen heraus. In seinem Vortrag kann Jonas die in „Prinzip Verantwortung" (PV) gründlicher ausgearbeitete Bestimmung des Menschen im Ganzen der Natur nur andeuten: „in ihm gipfelt das ‚Ja' des Seins zu sich selbst, das mit der ersten Regung fühlenden und sterblichen Lebens laut wurde". Ähnlich wie bei Lévinas (Text 35), den er nicht erwähnt, gründet nach Jonas die Verantwortung des Menschen im unmittelbaren Anblick des Anderen, und zwar nicht nur des Menschen, sondern der Natur insgesamt.

Der normative Anblick oder Anspruch des hilfsbedürftigen Neugeborenen als „zeitloses Urbild aller Verantwortung" (PV, S. 234) soll nach Jonas die Kluft von Sein und Sollen überbrücken. Die Aufforderung: „Sieh hin und du weißt" (PV, S. 236) provoziert allerdings, wie bei Lévinas, die Rückfrage, *was* ich sehen und wissen kann, und *warum* es eine normative Geltung hat. Die Deutung von etwas *als* etwas geht nicht in purer Evidenz auf. Trotz des Begründungsproblems hat allerdings Jonas' physiozentrischer Ansatz einer ökologischen Ethik und ihre Absage an eine despotische Anthropozentrik eine hohe Plausibilität für sich. Als faktische Naturwesen können wir uns in freier Selbst-Wahl als Menschen verstehen, die ein gutes Leben im Ganzen der Natur führen wollen und „Ehrfurcht vor dem Leben" (Albert Schweitzer) haben. Ein inhaltlicher Physiozentrismus aus anthropozentrischer Begründung ist zwar nicht zwingend und kann auch religiös motiviert sein, als existentielle Selbst-Wahl aber ist er gut begründbar. Jonas selbst ist „nur das große *Soll* [...] überwältigend deutlich", ohne daß er, auch hierin dem „Fundamentalisten" Lévinas ähnlich, die ethischen Konsequenzen im einzelnen angeben könnte. Als sokratische „Stechfliege" gibt Jonas dem philosophischen Gespräch dennoch fruchtbare Denk-Anstöße.

Anhang

Quellenverzeichnis

1. Die sieben Weisen: *Lebensmaximen.*
   Aus: Die Vorsokratiker. Die Fragmente und Quellenberichte, übers. und eingel. von Wilhelm Capelle, Alfred Kröner Verlag, Stuttgart 1968, S. 65–66.
2. Parmenides: *Das Lehrgedicht vom Sein und Denken.*
   Aus: Philosophisches Lesebuch, Bd. 1, hrsg., eingel. und mit Kommentaren versehen von Hans-Georg Gadamer, Fischer Bücherei KG, Frankfurt a. M. 1965, S. 20–23 (Übers. H.-G. Gadamer).
3. Platon: *Vom Wissen und Nichtwissen des Sokrates.*
   Aus: Apologie des Sokrates, 19 e–23 e. 29 d–30 e,
   in: Platon, Sämtliche Werke, Bd. 1, übers. von Friedrich Schleiermacher, Rowohlt, Reinbek bei Hamburg 1957, S. 11–15, 20–21.
4. Platon: *Die sokratische Hebammenkunst im Sklavengespräch.*
   Aus: Menon, 81e–86c,
   in: Platon, sämtliche Werke, Bd. 1, übers. von Friedrich Schleiermacher, Rowohlt, Reinbek bei Hamburg 1957, S. 22–28.
5. Platon: *Das Höhlengleichnis von der Natur des Menschen.*
   Aus: Der Staat (Politeia), VII. Buch, 514 a–517a, übers. von Ekkehard Martens.
6. Platon: *Stufen des Seins und Erkennens.*
   Aus: Der VII. Brief, 341 b–343 b,
   in: Platon, Mit den Augen des Geistes. Nachwort und Anmerkungen von Bruno Snell, Fischer Bücherei KG, Frankfurt a. M./Hamburg 1955, S. 199–202 (Abdruck aus der Ausgabe des Artemis-Verlags, Zürich 1951) (Übers. Ernst Howaldt).
7. Platon: *Probleme mit der Ideenlehre.*
   Aus: Parmenides, 130 a–133 a,
   in: Platon, Parmenides. Griechisch/Deutsch, übers. und hrsg. von Ekkehard Martens, Reclam, Stuttgart 1987, S. 17–27.
8. Aristoteles: *Vom Wesen der Weisheit.*
   Aus: Metaphysik, Erstes Buch, Kap. 1–2, 980 a–983 a, übers. von Hermann Bonitz, Rowohlt, Reinbek bei Hamburg 1966, S. 9–15.
9. Aristoteles: *Wahre Freundschaft.*
   Aus: Die Nikomachische Ethik, 8. Buch 1155 a–1155 b, 1156 a–1157 a; 9. Buch 1165 b–1166 b, 1171 b–1172 a,
   in: Aristoteles, Die Nikomachische Ethik. Übers. und mit einer Einführung und Erläuterungen versehen von Olof Gigon, Artemis Verlag, Zürich/München 1967, S. 281–283, 284–287, 313–315, 329–330.

10. Epikur: *Glück als Freisein von Unlust.*
Aus: Brief an Menoikeus,
in: Epikur, Von der Überwindung der Furcht, übers. und mit einer Einführung und Erläuterungen versehen von Olof Gigon, Artemis Verlag, Zürich/München 1983, S. 100–105.
11. Epiktet: *Ratschläge für ein innerlich freies Leben.*
Aus: Handbüchlein der Moral, 1, 33,
in: Epiktet, Handbüchlein der Moral. Griechisch/Deutsch. übers. und hrsg. von Kurt Steinmann, Reclam, Stuttgart 1992, S. 5–7, 51–57.
12. Marc Aurel: *Pflichten gegenüber der Gemeinschaft.*
Aus: Selbstbetrachtungen, II, 2, V, 1, X, 6,
in: Marc Aurel, Selbstbetrachtungen, übertragen und eingel. von H. M. Endres, Wilhelm Goldmann Verlag, München 1961, S. 22, 52, 121 f.
13. Aurelius Augustinus: *Zeitgeschehen und Zeitvorstellung.*
Aus: Bekenntnisse, Buch XI, Kap. 14, 16–20,
in: Aurelius Augustinus, Bekenntnisse, eingel. und übertragen von Wilhelm Thimme, Artemis Verlag, Zürich/Stuttgart 1950, S. 312, 315–318.
14. Anselm von Canterbury: *Begriff und Existenz Gottes.*
Aus: Proslogion, Cap. 1–4,
in: Anselm von Canterbury, Proslogion. Lateinisch-deutsche Ausgabe, übers. von P. Franciscus Salesius Schmitt O.S.B., Frommann-Holzboog, Stuttgart/Bad Cannstatt 1962, S. 83–89.
15. Thomas von Aquin: *Fünf Wege Gott zu erkennen.*
Aus: Summa Theologiae, 2. Frage, 3. Artikel,
in: Thomas von Aquin, Gott und seine Schöpfung, übers. von Paulus Engelhardt OP/Dietmar Eickelschulte OP, Herder, Freiburg/Basel/Wien 1963, S. 55–57.
16. Nikolaus von Kues: *Die Kunst des Löffelschnitzers.*
Aus: Idiota de mente (Der Laie über den Geist),
in: Nikolaus von Kues, Philosophisch-Theologische Schriften. Lateinisch/Deutsch, Bd. 3, hrsg. von Leo Gabriel, übers. von Dietlind und Wilhelm Dupre, Herder & Co, Wien 1967, S. 485–487, 493–495.
17. Michel de Montaigne: *Erfahrungen mit der Todesfurcht.*
Aus: Die Essais, II. Buch, 6. Kap.,
in: Michel de Montaigne, Die Essais, ausgewählt, übertragen und eingel. von Arthur Franz, Reclam, Stuttgart 1984, S. 179–183, 186–188.
18. René Descartes: *Zweifel und Gewißheit.*
Aus: Meditationen über die Grundlagen der Philosophie, I, 1–9, II, 6, IV, 1–3,
in: René Descartes, Meditationen über die Grundlagen der Philosophie, hrsg. und übers. von Lüder Gäbe, Felix Meiner Verlag, Hamburg 1960, S. 15–18, 23–24, 48–49.
19. Thomas Hobbes: *Der Krieg aller gegen alle.*
Aus: Leviathan oder Wesen, Form und Gewalt des kirchlichen und bürgerlichen Staates, I. Der Mensch, II. Der Staat, I. Teil, Kap. XIII,
in: Thomas Hobbes, Leviathan, hrsg. von Peter Cornelius Mayer-Tasch, übers. von Dorothee Tidow, Rowohlt, Reinbek bei Hamburg 1965, S. 96–101.

20. Blaise Pascal: *Der Mensch zwischen Nichts und All.*
Aus: Pensées, II. Buch, Fragment 72,
in: Blaise Pascal, Über die Religion und über einige andere Gegenstände (Pensees), Werke, Bd. I, Lambert Schneider, Heidelberg 1978, S. 41–44.
21. John Locke: *Der Geist als unbeschriebenes Blatt.*
Aus: Versuch über den menschlichen Verstand, 2. Buch, 1. Kap.,
in: John Locke, Versuch über den menschlichen Verstand, Bd. 2, übers. von C. Winckler, Felix Meiner Verlag, Hamburg ^{4}1981, S. 391–393.
22. David Hume: *Kausalität als Gewohnheitsprinzip.*
Aus: Eine Untersuchung über den menschlichen Verstand, 4. Abschnitt, 5. Abschnitt,
in: David Hume, Eine Untersuchung über den menschlichen Verstand, übers. und hrsg. von Herbert Herring, Reclam, Stuttgart 1967, S. 56–57, 61–67.
23. Jean-Jacques Rousseau: *Der Gesellschaftsvertrag.*
Aus: Vom Gesellschaftsvertrag oder Grundsätze des Staatsrechts, 1. Buch, Kap. 6, 2. Buch, Kap. 1,
in: Jean-Jacques Rousseau, Vom Gesellschaftsvertrag oder Grundsätze des Staatsrechts, in Zusammenarbeit mit Eva Pitzcker neu übers. und hrsg. von Hans Brockard, Reclam, Stuttgart 1977, S. 17–19, 27–28.
24. Immanuel Kant: *Metaphysik als Wissenschaft.*
Aus: Prolegomena zu einer jeden künftigen Metaphysik, die als Wissenschaft wird auftreten können, A 7/8, A 21–25, A 28, A 40–42, A 99–102, A 126/127, A 192/193,
in: Immanuel Kant, Prolegomena zu einer jeden künftigen Metaphysik, die als Wissenschaft wird auftreten können, Werke, Bd. 3, hrsg. von Wilhelm Weischedel, Wissenschaftliche Buchgesellschaft, Darmstadt 1966, S. 115/116, 124/125, 127/128, 136/137, 179–181, 245.
25. Immanuel Kant: *Der kategorische Imperativ.*
Aus: Grundlegung zur Metaphysik der Sitten, BA 1–4, BA 18–20, BA 37–39, BA 65–68, BA 110–113,
in: Immanuel Kant, Grundlegung zur Metaphysik der Sitten, Werke, Bd. 4, hrsg. von Wilhelm Weischedel, Wissenschaftliche Buchgesellschaft, Darmstadt 1966, S. 18–20, 29/30, 41–43, 60–62, 89–91.
26. Georg Wilhelm Friedrich Hegel: *Wer denkt abstrakt?*
Aus: Wer denkt abstrakt?
in: Hegel-Studien, hrsg. von Friedrich Nicolin und Otto Pöggeler, Bd. 5, bearb. von Gisela Schüler, Bouvier, Bonn 1969, S. 161–164.
27. John Stuart Mill: *Das Prinzip des größten Glücks.*
Aus: Der Utilitarismus, 2. und 4. Kap.,
in: John Stuart Mill, Der Utilitarismus, Übers., Anm. und Nachw. von Dieter Birnbacher, Reclam, Stuttgart 1976, S. 13–18, 21, 60/61.
28. Sören Kierkegaard: *Der Begriff Angst.*
Aus: Der Begriff Angst. Eine einfache psychologisch-hinweisende Überlegung in bezug auf das dogmatische Problem der Erbsünde von Vigilius Haufniensis, Caput 1, § 5, Caput 5,
in: Sören Kierkegaard, Der Begriff Angst, aus dem Dän. übers. Gisela Perlet, mit einem Nachwort hrsg. von Uta Eichler, Reclam, Stuttgart 1992, S. 50, 184–186.

29. Karl Marx: *Die Welt verändern.*
Aus: Thesen über Feuerbach,
in: Karl Marx – Friedrich Engels, Werke (= MEW) Band 3, Berlin 1962, S. 5–7.
30. Friedrich Nietzsche: *Wie kluge Tiere das Erkennen erfanden.*
Aus: Über Wahrheit und Lüge im außermoralischen Sinn,
in: Friedrich Nietzsche, Werke, 3. Bd., hrsg. von Karl Schlechta, Carl Hanser, München 1956, S. 309–315, 320–322.
31. Martin Heidegger: *Zuhandenes und vorhandenes Wissen.*
Aus: Sein und Zeit, § 15,
in: Martin Heidegger, Sein und Zeit, Niemeyer, Tübingen ^{17}1993, S. 68–71.
32. Ludwig Wittgenstein: *Sprachspiele und Lebensform.*
Aus: Philosophische Untersuchungen, 23, 65–67, 100–101, 106–108, 206–207,
in: Ludwig Wittgenstein, Philosophische Untersuchungen, Suhrkamp, Frankfurt a.M. 1971, S. 28/29, 56–58, 76, 77/78, 129.
33. Theodor W. Adorno: *Schenken und Spielen in der Warenwelt.*
Aus: Minima Moralia. Reflexionen aus dem beschädigten Leben, 21, 146,
in: Theodor W. Adorno, Minima Moralia, Suhrkamp, Frankfurt a.M. 1985, S. 46/47, 304–306.
34. Hannah Arendt: *Persönliche Verantwortung und Urteilsbildung.*
Aus: Persönliche Verantwortung in der Diktatur,
in: Hannah Arendt, Israel, Palästina und der Antisemitismus, Verlag Klaus Wagenbach, Berlin 1991, S. 13/14, 20–23, 34/35.
35. Emmanuel Lévinas: *Das Antlitz des Anderen.*
Aus: Ethik und Unendliches, Kap. 7 und 8,
in: Emmanuel Lévinas, Ethik und Unendliches. Gespräch mit Philippe Nemo, übers. aus dem Franz. von Dorothea Schmidt, Passagen Verlag, Wien, ^{3}1996, S. 64–69, 73–75.
36. Hans Jonas: *Das gute Leben im Ganzen der Natur.*
Aus: Philosophie. Rückschau und Vorschau am Ende des Jahrhunderts,
in: Hans Jonas, Philosophie. Rückschau und Vorschau am Ende des Jahrhunderts, Suhrkamp, Frankfurt a.M. 1993, S. 32–43.

Literaturempfehlungen

Im folgenden wird zu jedem Bereich (Einführung, Geschichte etc.) und zu jedem Grundtext eines Philosophen (Parmenides, Platon etc.) zur Konzentration jeweils nur ein Buch bzw. Artikel zum vertiefenden Weiterstudium empfohlen – auch hier ist die Auswahl subjektiv, aber nicht beliebig.

Thomas Nagel, Was bedeutet das alles? Eine ganz kurze Einführung in die Philosophie, Reclam, Stuttgart 1990 (engl. 1987).

Ekkehard Martens/Herbert Schnädelbach (Hrsg.), Philosophie. Ein Grundkurs. 2. Bde. Rowohlt, Reinbek bei Hamburg 1991 (zuerst 1985) (eine grundlegende Einführung anhand einzelner Problembereiche wie Philosophie, Wissenschaft, Das Gute, Gerechtigkeit, Gott, Natur, Kultur, Sprache, Technik, Bewußtsein, Didaktik der Philosophie etc.).

Wolfgang Röd, Der Weg der Philosophie. 2 Bde. Beck, München ^{3}1995 (eine Geschichte der Philosophie, die nicht bloß – doxographisch – Meinungen, sondern Argumente wiedergibt und prüft, und dies in klarer Sprache).

Otfried Höffe (Hrsg.), Klassiker der Philosophie. 2 Bde. Beck, München ^{3}1995 (jeweils als erste Einführung zu den in dieser Textsammlung vertretenen Philosophen).

Bernd Lutz (Hrsg.), Philosophen Lexikon, Metzler, Stuttgart/Weimar 1995 (kurze Einführungsartikel zu weiteren Philosophen).

Annemarie Pieper (Hrsg.), Philosophische Disziplinen. Ein Handbuch, Reclam, Leipzig 1998 (außer den traditionellen Philosophischen Disziplinen der Philosophie, wie Metaphysik, Ethik oder Erkenntnistheorie, werden auch neuere Einzeldisziplinen vorgestellt, etwa angewandte Ethik, feministische Philosophie, Philosophiedidaktik).

Volker Steenblock, Kleine Philosophiegeschichte, Stuttgart 2002.

Als Einführungen zu einzelnen Philosophen sind verschiedene Reihen erschienen (etwa bei Beck, Campus, Herder, Junius, Reclam, Rowohlt); im folgenden wird jeweils eine Einführung besonders empfohlen (ansonsten empfiehlt sich ein Blick in die verschiedenen Reihen und in den oben genannten Klassiker-Band Höffes sowie in Röds Philosophiegeschichte):

zu 1. Die Sieben Weisen: Bruno Snell, Leben und Meinungen der Sieben Weisen, Griech./Deutsch. Heimeran, München ^{4}1971.

zu 2. Parmenides: Hans-Georg Gadamer, Der Anfang der Philosophie, Reclam, Stuttgart 1996 (bes. S. 130–175).

zu 3/4. Sokrates: Ekkehard Martens, Die Sache des Sokrates, Reclam, Stuttgart 1992.

zu 5.–7. Platon: R. M. Hare, Platon. Eine Einführung, Reclam, Stuttgart 1990 (engl. 1982).

zu 8.–9. Aristoteles: Otfried Höffe, Aristoteles, Beck, München 1996.
zu 10.–12. Epikur, Epiktet, Marc Aurel: Christoph Horn, Antike Lebenskunst, Beck, München 1998.
zu 13. Augustinus: siehe die Darstellungen von Alfred Schöpf, in: Höffe, Klassiker der Philosophie, Bd. I (s. o.) Röd, Der Weg der Philosophie (s. o.)
zu 14. Anselm von Canterbury: siehe die Darstellungen von Kurt Flasch, in: Höffe, Klassiker der Philosophie, Bd. I (s. o.) Röd, Der Weg der Philosophie (s. o.)
zu 15. Thomas von Aquin: siehe die Darstellungen von Richard Heinzmann, in: Höffe, Klassiker der Philosophie, Bd. I (s. o.) Röd, Der Weg der Philosophie (s. o.)
zu 16. Nikolaus von Kues: siehe die Darstellungen von Stephan Otto, in: Höffe, Klassiker der Philosophie, Bd. I (s. o.) Röd, Der Weg der Philosophie (s. o.)
zu 17. Montaigne: Peter Burke, Montaigne zur Einführung, Junius, Hamburg 1999.
zu 18. Descartes: Rainer Specht, René Descartes, Rowohlt, Reinbek bei Hamburg 1964.
zu 19. Hobbes: Wolfgang Kersting, Thomas Hobbes zur Einführung, Junius, Hamburg 1992.
zu 20. Pascal, Eduard Zwierlein, Blaise Pascal zur Einführung, Junius, Hamburg 1996.
zu 21. Locke: Rainer Specht, John Locke, Beck, München 1989.
zu 22. Hume: Jens Kulenkampff, David Hume, Beck, München 1989.
zu 23. Rousseau: Robert Wokler, Rousseau, Herder, Freiburg i. Br. 1999.
zu 24. Kant: Otfried Höffe, Immanuel Kant, Beck, München ^{4}1996.
zu 26. Hegel: Herbert Schnädelbach, Hegel zur Einführung, Junius, Hamburg ^{2}2002.
zu 27. Mill: siehe die Darstellung von Dieter Birnbacher, in: Höffe, Klassiker der Philosophie, Bd. II (s. o.)
zu 28. Kierkegaard: siehe die Darstellung von Annemarie Pieper, in: Höffe, Klassiker der Philosophie, Bd. II (s. o.)
zu 29. Marx: Walter Euchner, Karl Marx, Beck, München 1983.
zu 30. Nietzsche: Volker Gerhard, Friedrich Nietzsche, Beck, München ^{2}1995.
zu 31. Heidegger: Günter Figal, Heidegger zur Einführung, Junius, Hamburg 1992.
zu 32. Wittgenstein: Wilhelm Vossenkuhl, Ludwig Wittgenstein, Beck, München 1995.
zu 33. Adorno: Rolf Wiggershaus, Theodor W. Adorno, Beck, München ^{2}1998.
zu 34. Arendt: Hauke Brunkhorst, Hannah Arendt, Beck, München 1999.
zu 35. Lévinas: Bernhard Taureck, Emmanuel Lévinas zur Einführung, Junius, Hamburg ^{2}1997.
zu 36. Jonas: Franz Josef Wetz, Hans Jonas zur Einführung, Junius, Hamburg 1994.

Beck'sche Reihe „Denker"
Herausgegeben von Otfried Höffe

Theodor W. Adorno, von Rolf Wiggershaus (bsr 510)
Antike Skeptiker, von Friedo Ricken (bsr 526)
Hannah Arendt, von Hauke Brunkhorst (bsr 548)
Aristoteles, von Otfried Höffe (bsr 535)
Augustinus, von Christoph Horn (bsr 531)
Avicenna, von Gotthard Strohmaier (bsr 546)
Francis Bacon, von Wolfgang Krohn (bsr 509)
George Berkeley, von Arend Kulenkampff (bsr 511)
Giordano Bruno, von Paul Richard Blum (bsr 551)
Rudolf Carnap, von Thomas Mormann (bsr 554)
Ernst Cassirer, von Andreas Graeser (bsr 527)
Nicolaus Cusanus, von Kurt Flasch (bsr 562)
Jacques Derrida, von Uwe Dreisholtkamp (bsr 550)
René Descartes, von Dominik Perler (bsr 542)
Epikur, von Malte Hossenfelder (bsr 520)
Johann Gottlieb Fichte, von Peter Rohs (bsr 521)
Michel Foucault, von Urs Marti (bsr 513)
Gottlob Frege, von Verena Mayer (bsr 534)
Hans-Georg Gadamer, von Kai Hammermeister (bsr 552)
Galileo Galilei, von Klaus Fischer (bsr 504)
Max Horkheimer, von Zvi Rosen (bsr 528)
Wilhelm von Humboldt, von Tilman Borsche (bsr 519)
Indische Denker, von Kuno Lorenz (bsr 545)
Karl Jaspers, von Kurt Salamun (bsr 508)
Immanuel Kant, von Otfried Höffe (bsr 506)
Sören Kierkegaard, von Annemarie Pieper (bsr 556)
Konfuzius, von Heiner Roetz (bsr 529)
Nikolaus Kopernikus, von Martin Carrier (bsr 558)
Gottfried Wilhelm Leibniz, von Michael-Thomas Liske (bsr 555)

Verlag C.H.Beck München

Beck'sche Reihe „Denker"
Herausgegeben von Otfried Höffe

John Locke, von Rainer Specht (bsr 518)
Niklas Luhmann, von Detlef Horster (bsr 538)
Niccolò Machiavelli, von Wolfgang Kersting (bsr 515)
John Stuart Mill, von Peter Rinderle (bsr 557)
Isaac Newton, von Ivo Schneider (bsr 514)
Friedrich Nietzsche, von Volker Gerhardt (bsr 522)
Wilhelm von Ockham, von Jan P. Beckmann (bsr 533)
Willard Van Orman Quine, von Henri Lauener (bsr 503)
Blaise Pascal, von Wilhelm Schmidt-Biggemann (bsr 553)
Charles Sanders Peirce, von Klaus Oehler (bsr 523)
Jean Piaget, von Thomas Kesselring (bsr 512)
Karl R. Popper, von Lothar Schäfer (bsr 516)
Karl Rahner, von Albert Raffelt / Hansjürgen Verweyen (bsr 541)
John Rawls, von Thomas W. Pogge (bsr 525)
Jean-Jacques Rousseau, von Dieter Sturma (bsr 549)
Max Scheler, von Wolfhart Henckmann (bsr 543)
F. W. J. Schelling, von Hans Michael Baumgartner / Harald Korten (bsr 536)
Friedrich Schleiermacher, von Hermann Fischer (bsr 563)
Arthur Schopenhauer, von Klaus-Jürgen Grün (bsr 559)
Adam Smith, von Karl Graf Ballestrem (bsr 561)
Sokrates, von Günter Figal (bsr 530)
Baruch de Spinoza, von Wolfgang Bartuschat (bsr 537)
Paul Tillich, von Werner Schüßler (bsr 540)
Vorsokratiker, von Christof Rapp (bsr 539)
Max Weber, von Gregor Schöllgen (bsr 544)
Alfred North Whitehead, von Michael Hampe (bsr 547)
Ludwig Wittgenstein, von Wilhelm Vossenkuhl (bsr 532)

Verlag C. H. Beck München